Bibeanna

Bibeanna

MEMORIES FROM A CORNER OF IRELAND

Edited by Brenda Ní Shúilleabháin

MERCIER PRESS

WHAT YOU NEED TO READ

Contents / Clár

Introduction / Réamhfhocal

Corca Dhuibhne is a place apart. Geographically isolated, with its own unique language, it was a remote self-contained region until recent times. Nonetheless, in the last century, it lived through the same changes that have taken place in the whole of the developed world. The women who have participated in the *Bibeanna* project have experienced these changes, and in this book, we hear their voices in individual description. We see that circumstances change, but that these strong women and their solid value system remain essentially unaltered.

The Bibeanna span a generation. The oldest was born in 1913, and the youngest in 1944. Many have experienced considerable hardship. Four of them, including the youngest Cathy Corduff, lost their mothers before they were three years of age, a figure that, according to Mary Henry in her contribution on the Bibeanna experience, was reflected across the nation. The loss of either spouse was a huge blow, economic as well as emotional.

The model of family proposed by Ivana Bacik in her piece in this book did not apply in Corca Dhuibhne. In the subsistence economy which sustained the area, both men and women were economically necessary, and in the book and television programmes, we hear of women's work: milk-

Áit ann féin is ea Corca Dhuibhne. Scoite amach go tíreolaíoch, lena theanga shainiúil féin, ceantar iargúlta féinchothaitheach ab ea é go dtí le déanaí. Sa chéad bliain seo d'imigh tharainn, áfach, mhothaigh sé na hathruithe céanna a tharla ins an domhan forbartha go léir. Mhothaigh na mná atá rannpháirteach i dtionscnamh na m*Bibeanna* na hathruithe seo, agus ins an imleabhar seo, cloisimid a nguthanna pearsanta ag cur síos orthu. Feicimid go n-athraíonn toscaí an tsaoil, ach go bhfanann na mná tréana seo, agus a luachanna daingeana, do-athraithe.

Tá glún idir na Bibeanna. Saolaíodh an té is sine acu sa bhliain 1913, agus an té is óige sa bhliain 1944. Bhuail an cruatan cuid mhór acu. Chaill ceathrar acu, an té is óige, Cathy Corduff, san áireamh, a máithreacha sula rabhadar in aois a dtrí mblian. De réir píosa Mary Henry ar thaithí na mBibeanna, bhí an fhigiúir seo coitianta ar fud na tíre. Cailliúint mhór ab ea céile, cailliúint eacnamaíoch chomh maith le cailliúint mhothálach.

An tsamhail den teaghlach a chuireann Ivana Bacik i láthair ina píosa féin, níor bhain sé le Corca Dhuibhne. San eacnamaíocht leorchothaitheach a thaithigh an ceantar, bhí riachtanas eacnamaíoch leis an bhfear agus leis an mbean araon, agus ins an leabhar agus ins na cláracha teilifíse, cloisimid mar gheall ar obair na mban: crú na mba, déanamh na

ing, butter-making, care of calves, raising of poultry, sale of eggs, and more recently, raising of turkeys as a cash crop bringing in much needed money for Christmas. On the other hand, Ivana's piece points out an important reality that still characterises life in Corca Dhuibhne: farms were typically inherited by sons, so daughters migrated to the cities or emigrated. When the girls leave, there is no one to marry, and to this day, bachelorhood, whether by choice or by necessity, is very common.

Many of the Bibeanna had their marriages arranged, and sometimes the girl herself initiated the arrangement. There was no societal taboo against this, and indeed, respect between the genders is a characteristic of the area. In arranged marriages, love was not a precondition, but respect was. Out of that respect, over time, affection and love developed, as can be seen in the stories contained in this book. As a model of marriage, the match seems, on the evidence of this small community, to be at least as successful as any which followed it.

Although marriages were, on the whole, arranged, especially for the older Bibeanna, social contact between young men and women was not forbidden. Dances were frequent; young people went, unsupervised. Romances were routine, and matches arising out of romances were common enough. That there were abhorrent matches where young girls were sacrificed to family greed is indubitable, but these were very much

cuiginne, cúram gamhna, tógaint éanlaithe clóis, díol ubh, agus ní déanaí, tógaint turcaithe, mar fhoinse airgid a thug isteach pinginí riachtanacha timpeall na Nollag. Ar an dtaobh eile den scéal, díríonn píosa Ivana aird ar fhíric thábhachtach a bhaineann fós leis an saol i gCorca Dhuibhne: mac, de ghnáth, a fuair an fheirm, agus chuaigh na cailíní go dtí na cathracha nó ar imirce. Nuair a fhágann na mná, níl éinne le pósadh, agus go dtí an lá atá inniu ann tá baitsiléirí, más dá ndeoin nó dá n-ainneoin mar sin iad, an-choitianta.

Cleamhnaistí a deineadh do chuid mhaith do na Bibeanna, agus uaireanta b'í an cailín a thosnaigh na socruithe. Ní raibh aon chosc sa tsochaí ar a leithéid, agus go deimhin, baineann an meas idir-inscneach go dlúth leis an gceantar. Ins a' chleamhnas, níl an grá mar réamhchoinníoll ann, ach tá an meas. As an meas san, i bhfad na h-aimsire, fásann cion agus grá, mar a fheicimid ins na scéalta sa leabhar seo. Mar shamhail den bpósadh, dealraíonn sé, de réir na fianaise ón bpobal beag seo, go bhfuil an cleamhnas ar a laghad chomh rathúil le haon tsamhail a lean é.

Cé gur chleamhnaistí formhór na bpóstaíocha, go mór-mhór don gcuid is sine de na Bibeanna, ní raibh aon chosc ar theagmháil shóisialta idir fhir agus mná óga. Bhí rincí flúirseach, agus thaithíodh daoine óga iad, gan maoirseacht. Bhíodh scéalta grá coitianta, agus is minic a deineadh cleamhnas ar bhonn scéil grá. Níl aon bhaol ach gur deineadh cleamhnaistí uafásacha, inar deineadh íobairt as chailín óg ar mhaithe le saint teaghlaigh,

the exception rather than the rule. In one of the Bibeanna songs, at the end of the book, 'Ó 'Dhera 'Sheanduine', we hear a clear warning against this – a strong assertive female statement counselling against marriage to an old man.

Life contained all the joy and pain that is normal. Several women lost children, to miscarriage, in infancy, and most tragically of all, as full adults. Here, above all, we see the strength of these women, and their acceptance of what life brings. 'That,' they say, 'is life. You have to take what life sends you.' And through a combination of their strong religious faith, and their understanding that life cannot be controlled, they survive, and overcome their tragedies.

They are proud of their families, and understanding of the very different circumstances which their children and grandchildren face. They understand that young people have largely fallen away from religious observance – a huge change in this community. Even as they regret it, because they would like their children to have the comfort that faith has brought themselves, they understand how it has come about. 'And in the end,' they say, 'the important thing is to live a good life, isn't it?'

Their belief in an after-life and in a spiritual dimension to all things illuminates their lives and their thinking. For them, it is not surprising that every now and then, the other world makes a brief

ach ba mhór-eisceachtaí a leithéidí sin. I gceann d'amhráin na mBibeanna, ar chúl an leabhair, cloisimid rabhadh soiléir in 'Ó 'Dhera 'Sheanduine' – ráiteas láidir treallúsach baineannach ag comhairliú i gcoinnibh pósta le seanduine

Bhí an t-áthas agus an dólás nádúrtha i saol gach éinne. Chaill cuid de na mná leanbh, cuid acu de dheascaibh breithe anabaí, cuid acu a cailleadh ina naíonáin, agus, an rud is tragóidí ar fad, cailleadh leanaí breátha fásta. Anseo, thar aon áit eile, feicimid neart na mban so, agus an glacadh atá acu lena gcuireann an saol faoina mbráid. 'Sin é,' a deir siad, 'an saol. Caitheann tú cur suas lena gcuirtear chugat.' Agus trí neart a gcreidimh agus trína dtuiscint nach féidir an saol a chur faoi smacht, maireann siad, agus tagann siad chucu féin óna dtragóidí.

Táid mórálach as a gclann, agus tuigeann siad na coinníollacha ana-dhifriúla a bhaineann le saol a gclainne agus a ngarchlainne. Aithníonn siad go bhfuil daoine óga ag tréigint cleachtadh an chreidimh – athrú ollmhór sa phobal seo. Agus cé gur oth leo é, mar gur mhaith leo an compord a thug an creideamh chucu féin a bheith ag a gclann, tuigeann siad conas a tharla sé i gceist. 'Agus, thiar ar deireadh,' a deir siad, ''sé an rud tábhachtach ná saol maith a chaitheamh, nach shin é é?'

A gcreideamh sa tsaol eile, agus sa ghné spioradálta de gach aon rud, soilsíonn sé a saol agus agus a gcuid machnaimh. Ní chuireann sé aon iontas orthu go bhfaighfí, anois is arís, spléachadh ar an saol eile ar an saol seo.

appearance in this one. Although they insist that the electric light did away with all that, in the next breath, they recount an incident that they experienced themselves, or a story their mother told them. They know that there is more in the world than what we yet understand.

They were, in their early years, the keepers of the family health, and in those days, no antibiotics or powerful medicines were available, nor was the money to call a doctor. So people healed naturally, or used herbal remedies or special prayers to combat their afflictions. Unfortunately, many died or were maimed. One woman speaks of her uncle who fell off a fence while carrying a bag of potatoes as a boy, and was lamed for life. 'You recovered as best you could, and that was it,' she said. They were hard times.

The time of TB, in the first half of the last century, was perhaps the cruellest. It attacked the young, the beautiful, the strong, and there was no cure. Mothers buried children – sometimes several in one year. There is a headstone in Kilmalkedar Cemetery which reads: 'John O' Sullivan, his wife Ellen, and six children.' Three of those children died in one year – three grown men, victims of TB. Caitlín a' Phóist, Bean Uí Mhurchú, describes the practice of shaking disinfectant around the shop when a TB sufferer came in, and she speaks of the priest hearing confession in the chapel yard, with his clothes reeking of disinfectant.

Agus cé go ndeirid gur imigh na rudaí sin go léir leis an solas leictreach, an chéad rud eile a déarfaidh siad ná eachtra éigin a tharla dóibh féin, nó scéal a fuaireadar óna máthair. Is eol dóibh níos mó a bheith sa tsaol ná mar a thuigimid fós.

Ar feadh cuid mhaith dá saol, b'iad a bhí i mbun sláinte an teaghlaigh, agus an uair sin, ní raibh antaibheathaigh ná leigheasanna cumhachtacha ar fáil, ná airgead flúirseach chun fios a chur ar dhochtúir. Leigheas daoine uathu féin, nó ó chógaisí luibheanna, nó ó orthaí speisialta a chabhraíodh lena ngalair. Fairíor, cailleadh mórán agus fágadh máchail ar dhaoine. Labhrann bean ar uncail a bhí sa tigh acu, a thit de chlaí agus é ina bhuachaill ag iompar paca prátaí, agus gur fágadh bacach lena shaol é. 'Tháinís chugat féin faoi mar a fhéadais, agus b'shin a raibh air,' a dúirt sí. Drochshaol ab ea é.

Aimsir na h-eitinne, sa chéad leath den chéad seo caite, an t–am ba chruálaí ar fad, b'fhéidir. Bhuail sé iad, óg, álainn, láidir, agus ní raibh leigheas le fáil. Chuir máithreacha clann – beirt nó triúr in aon bhliain amháin uaireanta. Tá cloch ar uaigh i gCill Mhaol Chéadair, a deir 'John O'Sullivan, a bhean Ellen, agus a seisear leanbh.' Triúr de na leanaí sin, cailleadh ina bhfearaibh fásta, in aon bhliain amháin iad, leis an eitinn. Tugann Caitlín a' Phóist, Bean Uí Mhurchú, cuntas ar an nós a bhí acu díghalrán a scaipeadh sa tsiopa nuair a tháinig othar eitinne isteach, agus labhrann sí ar an sagart ag éisteacht faoistine amuigh i gclós an tsáipéil, agus boladh láidir díghalráin óna chuid éadaigh.

And yet, the women's familiarity with a wide range of possibilities of improving health enables them today to accept and avail of acupuncture, massage, and the many holistic therapies which complement formal medicine.

It bears being repeated that religion is a constant thread in their experience. Not a compliant subservient religion, but a true relationship with God which sustains and supports them, and which is combined with a healthy cynicism about clergy and hierarchy. 'The priest is not God,' they say, 'and what priests do makes no difference to my relationship with God.'

It is a privilege to be permitted to record one's own culture and heritage. As a 'Bib' myself, and the daughter and mother of Bibs, I am deeply grateful to the twenty-five women who welcomed me so hospitably into their lives, and who tolerated patiently the demands of a television production. May they live in good health. Their work will be a source of inspiration not just to their own community, it has universal relevance. BCI funding enabled TG4 to broadcast the programmes. All of us who worked on *Bibeanna* are immeasurably grateful to both institutions. Many others contributed to the completion of this project: without Cathal Watters, it would never have been initiated, and without Joan Maguire, it would never have reached fruition. Máire Ní Chéilleachair was an unfailing source of information and advice. My thanks to Peter Malone

Ach fós, as an dtaithí a bhí acu ar fhéidireachtaí éagsúla chun feabhas a chur ar shláinte, tá sé ar a gcumas anois glacadh le snáthaidpholladh, le lámhchuimilt agus le teiripí iomlánaíocha a chomhlánaíonn an leigheas foirmeálta dochtúra.

Ní miste a athrá gur snáth leanúnach ina saol é an creideamh. Anois, ní creideamh géilliúil, lúitéiseach é seo, ach fíorghaol le Dia, a neartaíonn agus a thacaíonn leo, agus a bhíonn comhcheangailte go minic le soiniciúlacht shláintiúil i leith na cléire agus an chliarfhlathais. 'Ní h-é an sagart Dia,' a déarfaidis, 'agus ní dheineann aon rud a dheineann sagart aon difríocht don ngaol atá agamsa le Dia.'

Is mór an phribhléid é go gceadófaí do dhuine a cultúr agus a h-oidhreacht féin a chlárú. Mar 'Bhib' mé féin, agus mar iníon agus mar mháthair Bibeanna, táim buíoch óm chroí don gcúigear ban is fiche a dh'fháiltigh chomh fial isteach ina saol mé, agus a chuir suas leis na h-éilimh a bhaineann le léiriú teilifíse. Go maire siad faoi shláinte. Beidh a gcuid oibre ina inspioráid, ní amháin dá bpobal féin – baineann tábhacht uilíoch leis. Chuir airgeadú ón BCI ar chumas TG4 na cláracha a choimisiúnú. Táimid go léir a dh'oibrigh ar *Bibeanna* buíoch don dá institiúid. Is mó duine go raibh lámh acu sa togra: Cathal Watters, ná beadh an togra ann gan é, agus Joan Maguire ná beadh sé tagtha chun blátha ina héamais. Máire Ní Chéilleachair a thug eolas agus comhairle gan stad. Peter Malone a thug comhairle agus cabhair chiallmhar.

for cogent advice and assistance. Gearóid Ó Brosnacháin of Dovinia was steadfast and unwavering. Dónall Mac Síthigh of CFCD gave unfailing assistance. Valerie O'Sullivan for her beautiful photographs, and also for her enthusiasm for the project. Muckross House and Ionad an Bhlascaoid for their kind assistance. And of course, my friends and family for their unfailing support, and especially my husband Michael who suffered the most.

To the women who provided reflections on the Bibeanna and their story, my most grateful thanks. It is important that the Bibeanna be recognised for the 'mighty women' that Dr Maureen Gaffney calls them. Every one of the outside contributors, Minister Mary Hanafin, Senator Mary Henry, Professor Angela Bourke and Professor Ivana Bacik as well as Dr Maureen Gaffney, illustrates in her own way the relevance and importance of this record. For adding another pressure to your busy lives, for meeting deadlines, and especially for your valuable insights, thank you.

A special word to those in Mercier Press – Mary Feehan, Catherine Twibill, Brian Ronan, and Patrick Crowley. They had sufficient faith in this project to take on the book. Writing it was a pleasure, which was entirely due to their support, courtesy and good humour. Thank you all.

Finally, I dedicate this volume to my own personal Bibeanna: my mother, Neil Phádraig, and my three daughters, Déirdre, Aoileann and Sibéal.

Gearóid Ó Brosnacháin ó Dovinia, fear daingean diongbháilte. Dónall Óg Mac Síthigh ó CFCD as a chabhair leanúnach. Valerie O'Sullivan as a pictiúirí breátha, agus as a díograis i leith an togra. Buíochas as cabhair Theach Mhucrois agus Ionad ne Bhlascaoid. Mo chairde agus mo theaghlach as a dtacaíocht, go mór mhór mo chéile, Mícheál, a d'fhulaing níos mó ná a chuid.

Do na mná cumasacha a sholáthair a dtuairimí i leith na mBibeanna agus a scéalta, mo mhórbhuíochas. Ní fol-áir na Bibeanna a aithint mar na 'mná cumhachtacha' a thugann Dr Maureen Gaffney orthu. Léiríonn gach aon duine de na scríbhneoirí seachtracha, an tAire Mary Hanafin, an Seanadóir Dr Mary Henry, an tOllamh Aingeal de Búrca agus an tOllamh Ivana Bacik, agus Dr Maureen Gaffney, ábharthacht agus tábhacht an taifid seo. Toisc gur ghlacabhair le le brú eile in bhur saolta gnóthacha, toisc gur shásaigh sibh sprioc-dhátaí, agus go háirithe, ar son bhur léargais luachmhara, gabhaim buíochas libh.

Focal buíochais faoi leith dóibh siúd i Mercier Press – Mary Feehan, Catherine Twibill, Brian Ronan agus Patrick Crowley. Bhí muinín a ndóthain sa togra seo acu gur ghlacadar ar láimh an leabhar. Ba phléisiúr é a scríobh, rud a eascair óna dtacaíocht, óna gcúirtéis, agus óna ngealgháire. Go raibh maith agaibh go léir.

Agus ar deireadh, tiomnaím an leabhar seo dom' Bhibeanna pearsanta: mo mháthair, Neil Phádraig, agus mo thriúr iníon, Déirdre, Aoileann agus Sibéal.

Foreword / Brollach

Voices from Corca Dhuibhne

Not alone is memory very important for every individual person but it is also very important for us as a national community. The living memories of the women in this book are both rich and interesting. They provide a deep insight into the lives of the people from about the time of the Second World War. In truth, they reveal a historical context that is in danger of being lost.

The writers of Corca Dhuibhne endowed us with an imposing heritage and their work commands world attention. Peig Sayers gave a detailed account of the life of women and provided penetrating insights on the circumstances of life as it was a century ago. There are echoes of these to be heard in this volume especially in aspects such as work, pastimes, education, religion, marriage, health, emigration, and all the challenges of life. They are voices from the Gaeltacht and we are fortunate that they have been collected and recorded as a source and as a store of knowledge. The collection is a special gift and it enhances our understanding of the past.

The collection reveals the shortage that was a constant obstacle to be overcome and the necessity always that work had to be given the highest priority to ensure

Guthanna ó Chorca Dhuibhne

Ní hamháin go bhfuil an chuimhne antábhachtach do gach duine ar bhonn pearsanta ach thairis sin tá sí an-tábhachtach dúinn uile mar phobal tíre. Tá cuimhní cinn na mban sa leabhar seo saibhir agus suimiúil. Tugann siad léargas leathan ar shaol na ndaoine ó aimsir an Dara Cogadh i leith. Le fírinne, léiríonn siad comhthéacs staire atá i mbaol a chailliúna sa lá atá inniu ann.

Bhronn scríbhneoirí Chorca Dhuibhne oidhreacht mhaorga ar phobal na hÉireann agus tá clú agus cáil dhomhanda ar a saothar. Dhein Peig Sayers cur síos mion ar shaol na mban agus thug sí léiriú domhain ar chúinsí an tsaoil faoi mar a bhí céad bliain ó shin. Tá macallaí le clos i gcuimhní an leabhair seo go háirithe i réimsí mar obair, caitheamh aimsire, oideachas, creideamh, pósadh, sláinte, imirce agus dúshláin uile an tsaoil. Guthanna ón nGaeltacht féin is ea iad agus tá an t-ádh linn go bhfuilid cnuasaithe agus cláraithe mar fhoinse agus mar stór eolais. Tabhartas faoi leith is ea an bailiúchán agus méadaíonn sé ár dtuiscint ar an saol mar a bhí.

Léiríonn an cnuasach seo nach raibh aon speilp ar na daoine agus léiríonn sé a riachtanaí a bhí sé i gcónaí tús áite a thabh-

that there would be enough to eat from day to day. On the farm, the women were taken up with milking the cows, work in the fields, care of animals and housework. Water had to be drawn daily from the well and washing had to be done in a great tub with a bar of soap. Every single thing had to be done by one's own two hands. The women's work aprons were ubiquitous.

It is not surprising that young people were attracted by emigration to the United States or to England in search of a better life. They were most generous in sending money back home to assist their families. The great majority of them did not return to Ireland except perhaps for a holiday. Of those who remained and who could continue in education, some were able to gain qualification as nurses or teachers or could take up employment sometimes far from home. It was apparent always that they were seeking a better life so that they could live with comfort and sufficiency.

Though life was hard in many ways, it was not without consolation. A keen interest in dancing was common and Muiríoch and Ventry were frequently places of resort for the young on foot or by bicycle. In the homes, there were varied activities including music, songs, dancing, card playing, storytelling and house visiting. People made their own entertainment and found enjoyment in one another's company. There was always a welcome for the visitors no matter where they came from.

Marriage and family areas are empha-

airt don obair ionas go mbeadh go leor le n-ithe ó lá go lá. Ar an bhfeirm bhí na mná gafa le crú na mbó, le hobair na ngort, le cúram na n-ainmhithe agus le hobair an tí. Ní raibh lá nach raibh uisce le tabhairt ón tobar agus níochán le déanamh i dtobán mór le barra gallúnaí. Do dhá láimh féin a dhein gach aon rud. Bhí bibeanna na hoibre go forleathan ar mhnáibh!

Ní nach ionadh ansin go raibh fonn ar dhaoine óga dul ar imirce go dtí na Stáit Aontaithe nó go Sasana ag triall ar shaol níos fearr. Bhí siad fial flaithiúil ag cur airgid abhaile chun cabhrú lena muintir. A bhformhór, níor fhill siad go hÉirinn ach ar saoire b'fhéidir. Díobh siúd a d'fhan sa bhaile agus a raibh sé ar a gcumas leanúint ar aghaidh leis an oideachas, bhain cuid acu cáilíocht amach mar altraí nó mar mhúinteoirí nó bhain siad fostaíocht amach in áiteanna eile – uaireanta i bhfad ó bhaile. Ba léir i gcónaí go raibh siad ag súil le saol níos fearr ionas go bhféadfadh siad maireachtaint ar a gcompord agus bheith deisiúil.

Cé go raibh an saol dian go leor, ní raibh sé gan sólás. Bhí dúil sa rince comónta agus bhíodh triall na ndaoine óga ar Halla na Muirí nó ar Cheann Trá de chois nó de rothar. Bhí an-chuid ar siúl sna tithe le ceol, amhráin, rince, cártaí, scéalaíocht agus bothántaíocht. Dhein na daoine a gcuideachta féin agus bhain siad taitneamh as comhluadar a chéile. Gan amhras, bhí fáilte i gcónaí roimh chuairteoirí ba róchuma cárbh as dóibh.

Leagtar béim mhór ar chúrsaí cleam-

sised as might be anticipated. Arranged marriage was common and the custom allowed the woman to take the initiative as well as the man. The weddings were simple with meals in the homes and dancing and song for the day. Birth and rearing of children are definite themes for the writers for whom grandchildren are now the coming generation.

Health and the want of it are major strands in the writers' accounts. Tuberculosis was the greatest threat and often there was no cure for those who contracted it. Tuberculosis was a scourge for young and old but frequently young men and women were swept away, their deaths tragic losses for themselves and their dependent families. On top of that, there were other diseases that could prove fatal. The sea was another enemy and too often fishermen were lost in wind and storm. Certainly, life was tough and commonly it was sad and pitiable.

It is difficult to believe that so great a change has been wrought on the life of the country by comparison with times past. Poverty and hardship are nothing like they were and health and medicine are on a different plane. Enormous changes have taken place in educational affairs by comparison with the days when primary schooling was the only level of education that the vast majority of our people aspired to. When the economic expansion of the country was planned, much higher levels of investment were committed to education. Revolutionary growth came with the

hnais agus clainne, rud a mbeifeá ag súil leis i scéalta na mban. Bhí gnás an chleamhnais coitianta agus bhí an nós ann go bhféadfadh bean scéala pósta a chur go dtí fear díreach chomh maith is a d'fhéadfadh fear scéala a chur go dtí bean. Póstaí simplí a bhíodh ann le béile sa bhaile agus rince agus amhrán ar feadh an lae. Breith agus tógáil clainne atá mar théama ar leith ag na mná agus sliocht a sleachta go hiondúil faoi bhláth anois.

Snáithe mór eile sna cuntais ná sláinte agus easláinte. An eitinn an galar ba mhó a scanraigh daoine agus go minic ní raibh aon leigheas air. Leagadh an eitinn idir óg agus aosta ach go minic is fir agus mná óga a sciobadh, tubaiste mhór agus a muintir ag brath orthu. Anuas ar sin, bhí galair eile a d'fhéadfadh a bheith marfach. Bhí an fharraige ina namhaid i gcónaí agus ba rómhinic a bádh iascairí le linn doininne. Go deimhin, bhí an saol dian, brónach, truamhéalach go minic.

Tá sé deacair a chreidiúint go bhfuil athrú chomh mór san ar shaol na tíre anois i gcomparáid leis na laethanta a bhí. Níl bochtanas ná cruatan sa saol faoi mar a bhíodh agus tá feabhas as cuimse ar shláinte agus ar chúrsaí leighis. Níl insint scéil ar an bhfeabhas a tháinig ar chúrsaí oideachais i gcomparáid leis na laethanta fadó nuair is leibhéal an bhunoideachais amháin a bhaineadh formhór na ndaoine amach. Nuair a cuireadh béim níos mó ar fhorbairt eacnamaíoch na tíre, féachadh le hinfheistíocht níos fearr a sholáthar don oideachas chomh maith. Tháinig borradh

provision of 'free education' forty years ago in 1967. The yellow buses were the most visible proof for the people that a new generation could benefit from post-primary education. Significantly, from the point of view of girls, education provided opportunities and options on the basis of equality with boys. Gradually, the education system advanced and people's aspirations increased so that not alone was there a demand for secondary education but a high percentage sought third-level qualifications. It is apparent that it was education that helped to hasten change for the lives and circumstances of the people and also for the vitality and well-being of the country. This is clearly apparent at the beginning of this century. We may be proud of the development that has been accomplished.

Although progress has been made the past lingers on as a part of our heritage and part of the history of Ireland. Let us not permit the stories of the aprons to be forgotten.

réabhlóideach sa tír nuair a cinneadh ar shaor-oideachas a chur ar fáil dhá scór bliain ó shin i 1967. Is dócha gurbh iad na busanna buí ba mhó a chuaigh i bhfeidhm ar an bpobal nuair ba léir go bhféadfadh na daltaí leas a bhaint as an oideachas dara leibhéal. Ó thaobh na gcailíní de, sholáthraigh an t-oideachas deiseanna agus roghanna ar chomhchéim leis na buachaillí dóibh. Diaidh ar ndiaidh dhein an córas dul chun cinn, tháinig ardú ar ionchais na ndaoine agus ní hamháin go raibh éileamh ar oideachas meánscoile ach bhí céatadán ard ag súil le cáilíocht tríú leibhéal a bhaint amach. Is léir gurb é an t-oideachas a chuir dlús leis an athrú an-mhór ar shaol na ndaoine agus ar bheocht na tíre atá le feiscint go soiléir againn anois ag tús an chéid seo. Is féidir linn a bheith mórálach as an bhforbairt atá déanta.

Bíodh is go bhfuil dul chun cinn suntasach déanta, b'olc an mhaise dúinn an seansaol a ligean chun dearmaid toisc go bhfuil sé fós inár gcuimhne mar chuid dár n-oidhreacht agus mar chuid de stair na hÉireann. Ná ligimís scéalta na mbibeanna le sruth.

Mary Hanafin TD was born in Thurles, and educated in the Presentation Convent there and in St. Patrick's College Maynooth. Before her election, she taught Irish and History. She was first elected as a Fianna Fáil TD for Dún Laoghaire in the 1997 general election. In September 2004, she took up her current post as Minister for Education and Science.

Rugadh i nDurlas Éile, Co. Thiobrad Árann í, agus fuair sí a cuid oideachais i gClochar na Toirbhirte ann, agus i gColáiste Phádraig, Má Nuad. Sular toghadh í, bhí sí ina múinteoir Gaeilge agus Staire. Céadthoghadh chun na Dála í mar theachta Fianna Fáil do thoghcheantar Dhún Laoghaire sa bhlíain 1997. Ceapadh mar Aire Oideachais agus Eolaíochta í Meán Fómhair 2004.

Biographies

Beathaisnéisí

Bríd Bean Uí Cheallacháin

My father died young. He had knocked down a fairy rath on the land, and some people said that was why he died so young. I had no brother, and so I had to stay and look after the farm and help my mother. Things were very bad in my youth – I was born here in Gallarus in 1929, and I have never left it. It was like the third world, living here.

I didn't want the land. I would have preferred to continue with my schooling, and perhaps become a teacher like my sisters, but there were no choices in those days. I wasn't particularly strong or sturdy, and the farm work was hard, but that was my fate. I had an uncle, who was a great help to me, and without him, I would have found things impossible, and my neighbours were also great.

Still, the work was heavy. From lunchtime on we were boiling huge heavy pots of potatoes, to feed the animals. They were so heavy that they often caused injury. They were awful days, and I don't know anybody who would go back, regardless of what they might say.

During the war, there were great scarcities – no tea, no sugar, no flour, and especially I remember, no soap. We waste soap nowadays, and I often remember, when I am using it plentifully, the days when we had none. We had all we needed to eat, mainly potatoes, and there was fish, and we had our own pigs and poultry, but candles were scarce, so the only light at night was often the firelight.

Cailleadh óg m'athair-se. Réab sé lios a bhí ar an dtalamh againn, agus bhí daoine a dúirt gurb' shin é an chiall gur cailleadh chomh h-óg é. Ní raibh aon deartháir agam, agus chaitheas fanacht agus cabhrú lem' mháthair leis an bhfeirm. Bhí rudaí ana dhian le linn m'óige – rugadh anseo i nGallaras mé sa bhliain 1929 agus níor fhágas ó shoin é. Ba gheall leis an tríú domhan é san am sin.

Níor theastaigh an talamh riamh uaim. B'fhearr liom go mór is go fada dul ar scoil ar nós mo dheirféaracha, agus a bheith im mhúinteoir, ach ní raibh aon rogha an uair sin againn. Ní rabhas ró-láidir, agus bhí obair na feirme trom, ach b'shin é a bhí romham. Bhí uncail agam a thug an-chabhair dom, agus gan é sin agus na comharsain, bheadh thiar orm.

Fós, obair dhuaiseach is ea obair feirme, ag tarrac corcáin mhóra phrátaí, chun soláthar d'ainmhithe. Is mó duine a gortaíodh leis an obair sin. Drochlaethanta ab ea iad, agus ní raghadh aon duine thar n-ais chucu, is cuma cad deir siad.

Bhí rudaí gann aimsir an chogaidh – easpa tae, siúcra agus plúir, agus an rud is mó is cuimhin liom, easpa gallúnaí. Bhástálaimid gallúnach anois, agus nuair a bheirim orm féin á dhéanamh, cuimhním ar na drochlaethanta. Bhí ár ndóthain le n-ithe againn, prátaí ba mhó, agus bhí iasc againn, agus ár muca féin agus ár n-éanlaithe clóis ach bhí coinnle gann, agus is minic ná raibh de sholas againn ach solas na tine.

After the war in 1948, America opened up for emigration, and all the young people left. A place is never desolate until the youth leaves. Very few of them came back to stay.

This was a political house, full of discussion. My mother had a very high regard for Dev, even though he wasn't without fault, she said. She considered him pigheaded. But he visited Dingle once, and she was dying to see him, but she couldn't think of an excuse to go to town for the occasion. In those days, you didn't do frivolous things like going to Dingle just to see the Taoiseach. The neighbours would disapprove. She told a neighbour of her problem.

'Yerra,' he said, 'Put a little bundle in the cart, and say you are going selling eggs.'

'But I have no eggs!'

'Who is going to look in your bundle to see whether you have or not?'

Off she went, and she saw Dev, one of the great occasions of her life.

As we grew older, we used to go dancing. There was a family called Hanifin in Murreigh, and they allowed us to dance in the house. They had endless patience with young people. Then we used to go the Shed in Murreigh, which was not a shed at all but a dance hall owned by the Begleys. It was three pence to go in, and it went up to four pence. It was hard to get that money. Even though we had worked hard all week, we often had to ask three or four times for the four pence!

Tar éis an chogaidh, sa bhliain 1948, d'oscail Meiriceá arís chun imirce, agus d'fhág an t-aos óg ar fad. Níl dúthaigh riamh dealbh go n-imíonn an óige as. Ní mór in aon chor acu a tháinig ar ais go buan.

Tigh polaitiúil ab ea an tigh seo, lán de phlé. Bhí an-mheas ag mo mháthair ar Dev, cé ná raibh sé gan locht, a dúirt sí. Fuair sí ana stuacach é. Ach thug sé turas ar an nDaingean uair, agus bhí an-fhonn uirthi é a fheiscint, agus ní fhéadfadh sí cuimhneamh ar leithscéal chun dul 'on Daingean. San am san, ní dhéanfá rud áiféiseach ar nós dul 'on Daingean gan aon chúram ann agat ach Dev a fheiscint. Bheifí ag caint ort. D'inis sí a scéal do chomharsa.

'Dhera,' ar seisean, 'cuir buindil beag isteach 'on chairt, agus abair go bhfuil tú ag dul ag díol ubh.'

'Ach níl aon uibhe agam!'

'Cé tá chun féachaint isteach sa bhuindil féachaint an bhfuil nó ná fuil?'

Chuaigh sí 'on Daingean, chonaic sí Dev, agus bhí sé ar cheann de mhórlaethanta a saoil.

Agus sinn ag fás suas théimis ag rince. Bhí teaghlach de mhuintir Ainiféin ar an Muirígh agus ligidís dúinn rince a bheith sa tigh againn. Ní raibh aon teora leis an bhfoighne a bhí acu le daoine óga. Ansan, théimis go dtí Seid na Muirí, nár sheid in aon chor é ach halla rince mhuintir Bheaglaoich. Trí pingne a bhí ar dhul isteach ansan, agus ansan chuaigh sé suas go dtí toistiún. Ba dheacair an t-airgead a fháil. Cé go mbeifeá ag obair go dian ar feadh na seachtaine, is minic a chaithis an toistiún a lorg a trí nó a ceathair de bhabhtaí.

I remember the Creamery Milk Fever. It was mostly in Parish of Moore, and from where we lived in Gallarus, we could see the ambulances travelling the road along the hill to the north. The school was closed, because the disease was thought at first to be contagious, so every time we saw the ambulance, we cheered. Another week free from school. My mother was shocked at our callousness, when neighbours were ill and in pain, but we were only children, and did not understand the circumstances. In the end, it turned out not to have been contagious at all, it was copper poisoning.

TB was also rampant in those days. They are talking about obesity now, but believe me that in the 1930s and 1940s, if you were getting too skinny, people would look at you closely. Loss of weight was one of the signs of TB. We knew plenty of people who went to hospital and didn't come out, unless they wanted to come home to die. It was a disease that attacked mainly young people. When the cure came, it was a real miracle. People who were never expected home again began to come back.

Religion was very important long ago, and the priests were much more powerful than they are now. Dances were forbidden during Lent. I remember one year, and old Begley must have been short of money, because he had a dance during Lent. We all went, of course, but we were nearly excommunicated.

Is cuimhin liom Galar an Bhainne Créamaraí. I bParóiste Múrach is mó a bhí sé, agus chímis an t-otharcharr ag gabháil ó thuaidh ónár dtigh féin i nGallaras. Bhí an scoil dúnta mar ceapadh ar dtús go raibh an galar tógálach, agus gach aon uair a chímis an t-otharcharr, bhíodh gach aon scréach áthais againn. Seachtain eile istigh ó scoil. Bhíodh an gomh ar mo mháthair ná raibh aon trua againn do dhaoine breoite, suaite, ach ní raibh ionainn ach leanaí, níor thuigeamar cúrsaí. Ar deireadh thiar, níorbh aon fhiabhras tógálach é, ach nimh chopair.

Bhí an eitinn coitianta leis an uair sin. Bíonn siad ag caint ar *obesity* inniu, ach mise á rá leat, dá mbeifeá ag cailliúint meáchana na laethanta san sna triochaidí agus sna dachaidí, bheifí ag féachaint ort. Comhartha eitinne ab ea an loime. Bhí aithne againn go léir ar dhaoine a d'imigh go hospaidéal agus nár tháinig abhaile, munar thánadar abhaile chun bás a fháil. Daoine óga is mó a buaileadh síos. Ba gheall le míorúilt an leigheas, nuair a thosnaigh daoine ag teacht abhaile ná raibh aon tsúil go deo arís leo.

Rud mór ab ea an creideamh sa tsaol san, agus bhí i bhfad níos mó cumhachta ag na sagairt ná mar atá anois. Bhí rince coiscthe i rith an Charghais. Is cuimhin liom bliain, agus ní foláir nó go raibh easpa airgid ar Shean-Bheaglaoich, mar rith sé rince i rith an Charghais. Chuamar go léir ann, gan dabht, ach ba dhóbair nár cuireadh faoi choinnealbháthadh sinn.

Filleting fish in Ballinleague
Ag scoltadh éisc i mBaile an Liaigh

© Peig Rí Bean Mhic Ginneá

I think the young people are very upset by things that have happened in the church, but all the same, I think they are very good. They are not as petty minded as our generation. We would never be forgiven for a mistake, we would be reminded, and there would be no forgetting. If you had a child outside marriage, it was a catastrophe. I think if it had happened to me, that I would have thrown myself over the cliff. People were merciless. Occasionally, the girl's family raised the baby, but usually the girl had to leave, and many a girl spent the rest of her life in a home.

I married Seán Ó Ceallacháin in 1962, and he has run the farm ever since. My mother lived with us until she was nearly 104. She had her wits till the very end, and loved reading the paper. She knew more about the Middle East than I did. She could walk, with the aid of a walking frame, until about a month before her death. A granny is a great help in a house. She talks to children and she spends time with them. We had three children, two daughters, and our son Pádraig, who now runs the farm. This is not enough for a living these days, so he has a job as well. He had to sell the cows as a result.

That is, I think, the greatest change in my life – the silence. All through the years, when I woke in the morning, the cows were lowing, the calves were noisy, the hens, the turkeys, the geese, everything was shouting to be fed in the morning. Now, I hear

Is dóigh liom go bhfuil aos óg an lae inniu ana-shuaite ag rudaí atá tarlaithe san eaglais, ach mar sin féin, is dóigh liom go bhfuil an óige an-mhaith. Níl an tsuaraíocht aigne ag baint leo a bhí ag gabháil lenár nglúin-ne. Ní maithfí dearmad duit, meabhrófaí duit é, ní ceadófaí duit é a dhearmad. Dá mbeadh leanbh lasmuigh de phósadh agat, go bhfóire Dia ort. Dá mbeinn sa chás san, is dóigh liom go gcaithfinn le h-aill mé féin. Bhí daoine míthrócaireach. Anois is arís, thóg teaghlach an chailín an leanbh, ach de ghnáth, chaith an cailín fágaint, agus is minic a chaith sí an chuid eile dá saol i *home*.

Phósas Seán Ó Ceallacháin sa bhliain 1962, agus rith sé an fheirm ó shoin. Mhair mo mháthair inár dteannta go raibh sí nach mór 104. Bhí a ciall is a meabhair aici, agus ba bhreá léi an páipéar a léamh. Bhí cur amach níos fearr aici ar an Meán Oirthear ná mar a bhí agam féin. Bhí a coisíocht aici, leis an siúladúir, go dtí b'fhéidir mí sarar cailleadh í. Is iontach an rud máthair chríonna i dtigh. Labhrann sí leis na leanaí, tugann sí am dóibh. Triúr muirir a bhí orainne, beirt iníon agus mac, Pádraig, atá i mbun na feirme anois. Níl slí bheatha i bhfeirm níos mó, agus caitheann sé post a bheith chomh maith aige. Mar sin chaith sé na ba a dhíol.

Sin é, is dóigh liom, an t-athrú is mó a mhothaím ar mo shaol – an ciúnas. I gcaitheamh na mblianta, nuair a dhúisínn luath ar maidin, chloisinn ba ag géimnigh, gamhna ag méiligh, cearca agus turcaís agus géanna, gach aon rud ag lorg a choda ar maidin. Ní

only the sound of the wind. It is strange, and it makes me sad. There is no tillage either, not even vegetables. We plant a few early potatoes, that is all.

I have not had a bad life. A friend of mine was talking to a French woman in Ballydavid, and the French woman asked how long she was married.

'Forty four years,' said my friend.

'My God, what persecution' said the French woman.

Well, it has been no persecution for me.

chloisim anois ach glór na gaoithe. Is ait liom é. Cuireann sé uaigneas orm. Ní déantar aon churadóireacht níos mó, fiú amháin glasraí. Cuirimid ladhar phrátaí luatha, sin uile.

Ní raibh aon drochshaol agam. Bhí cara liom ag caint le bean ón bhFrainc thuaidh i mBaile na nGall. D'fhiafraigh an Francach an fada a bhí mo chara pósta.

'Cheithre bliana is daichead,' arsa mo chara.

'A leithéid de *phersecution*' arsa an bhean Fhrancach.

Bhuel, níorbh aon *phersecution* domsa é.

Bríd Bean Uí Mhaoileoin

There are three 'liosanna' (fairy forts) between my home here and the school in Ballyferriter. When I was a child, I was terrified of going to school. I was sure something was going to come out of a lios and get me. What? I didn't know, and that was the scariest bit, the formless fear. I had heard lots of stories of people who were abducted into the lios, and I used to go a very long way around to avoid them, until I grew up a bit and got sense.

Still, I have a kind of belief in fairies. I am an O'Sullivan, and it is said that the Banshee follows the O'Sullivans, and also, they are said to die on a Saturday. Certainly my father died on a Saturday. They also say the robin follows us and that is true. She is supposed to foretell death, but she often visits me and she brings all sorts of news, by no means always bad.

We walked three miles to school, and back again. There was no central heating at school, only an open fire like we had at home. We all had to carry a sod of turf with us in the morning to keep the fire going, and in later years, when we went to Secondary School in Dingle, we cycled seven miles each way every day. And many of us did well, and we are grateful to our teachers.

Doing well was important. We worked hard to qualify for a good job. I became a nurse. I trained in England. I found the training difficult at first. My Sister Tutor, who was fond of me, asked me why I was

Tá trí lios idir an áit seo agus Scoil an Bhuailtín agus nuair a bhíos im' leanbh, bhíos scanraithe roimis an turas ar scoil. Bhíos siúrálta deimhnitheach go raibh rud éigin chun teacht amach as an lios agus mé a bhreith leis. Cén rud? N'fhéadfainn a rá leat, agus b'shin é an chuid ba mheasa don scanradh, ná raibh ainm ná cló air. Bhí an-chuid scéalta cloiste agam mar gheall ar dhaoine a fuadaíodh isteach i liosanna, agus théinn timpeall fada chun iad a sheachaint, go dtí gur gur tháinig ciall chugam.

Tá saghas creideamh fós sna púcaí agam. Súilleabhánach is ea mé, agus deirtear go leanann an bhean sí sinn. Deirtear go gcailltear ar an Satharn sinn, agus níl aon bhaol ná gur cailleadh ar Shatharn m'athair féin. Leanann an spideog chomh maith sinn, deirtear, agus is fíor san. Deirtear gur scéala báis a thugann sí léi, ach is minic a thagann sí chugamsa agus cé go mbíonn scéal nua i gcónaí aici, ní droch-scéal i gcónaí é, in aon chor.

Shiúlaímis trí mhíle ar scoil, agus an fhad chéanna abhaile. Ní raibh aon teas lárnach sa scoil, ná in aon áit eile san am san, ach tine oscailte faoi mar a bhí ag baile againn. Chaitheamar go léir fód móna a thabhairt linn gach aon mhaidin, chun an tine a choimeád ar siúl. Níos déanaí inár saol, chaitheamar roth-aíocht seacht míle ar scoil an Daingin gach aon lá, agus seacht míle eile abhaile. Agus dhein cuid mhaith againn go maith, agus táimid buíoch dár múinteoirí.

Bhí sé tábhachtach go ndéanfaimis go maith. D'oibríomar go dian chun post maith a fháil. Cháilíos-sa mar bhanaltra, i Sasana.

having trouble, and I explained that I had to translate everything into Irish so that I could memorise it. England was not the place for me. I enjoyed my training and the work on the wards, but my heart was at home near Ceann Sibéal. So as soon as I was qualified, home I came for good. Towards the end of my training, my mother fell ill. I came home and nursed her until she died. I might not have qualified if my father had not insisted that I finish. And in those days, you did what you were told, especially by your father.

Social life in those days in Corca Dhuibhne was limited. There was a dance on Sunday night, perhaps in Murreigh, or in Cavan's hall in Ballyferriter, or in Ventry. I remember cycling to Ventry one night on an old crock of a bike with only a turnip with the top cut off as a saddle. They were days of great fun. There was no drink, no girl would go into a pub. If we had boyfriends, we kept quiet about about it. I used to climb out the window often, with my parents thinking I was in bed all night. Sometimes, we took the pendulum out of the clock so that it would not strike and let our parents know what time it was.

This was the time when a hostel for Cork boys who were learning Irish was built here next door to me. We used to have great fun then. Long before the present building was put up, there was a sort of hovel known as the 'Bothán

Fuaireas an traenáil deacair ar dtús. Bhí mo mhúinteoir an-mhór liom, agus d'fhiafraigh sí díom cad ina thaobh go rabhas á fháil deacair. Mhíníos gur chaitheas gach aon rud a aistriú go Gaelainn istigh im' cheann ar dtús sara bhféadfainn é a chur de ghlanmheabhair. Níorbh aon áit dom Sasana. Bhaineas sásamh as mo thraenáil agus as mo chuid oibre i measc na n-othar, ach bhí mo chroí faoi Cheann Sibéal. Thána abhaile chomh luath is a cháilíos. Buaileadh breoite mo mháthair i rith mo chúrsa traenála, agus thána abhaile chun aire a thabhairt di go dtí gur cailleadh í. B'fhéidir ná cáileoinn in aon chor ach gur chuir m'athair iachall orm críochnú. Agus an uair sin, dheinis mar a dúradh leat, go mór mhór focal d'athar.

Ní mór an saol sóisialta a bhí i gCorca Dhuibhne an uair sin. Bhíodh rince oíche Dhomhnaigh, b'fhéidir, ar an Muirígh, nó i Halla Cheaibhin, nó i gCeann Trá. Is cuimhin liom rothaíocht go Ceann Trá oíche agus gan d'iallait ar mo rothar agam ach turnap gearrtha. Laethanta cuideachtan ab ea na laethanta san. Ní raibh aon deoch i gceist, ní raghadh aon chailín isteach i bpub an uair sin. Má bhí buachaillí againn, choinníomar ár mbéal dúnta mar gheall orthu. Is minic a chuas amach an fhuinneog, agus mo thuismitheoirí cinnte go rabhas im' leaba. Uaireanta, bhainimis an *pendulum* den gclog, chun ná buailfeadh sé, agus ná beadh a fhios ag ár dtuismitheoirí cén t-am den oíche é.

Sin iad na blianta nuair a tosnaíodh an Brú do bhuachaillí Chorcaí a bhí ag foghlaim Gaeilainne béal dorais liom anseo. Bhíodh an-chuideachta againn ansan. I bhfad sarar tógadh

Dubh', the Black Shed. It was a one-room dormitory, washroom, kitchen and assembly roon for up to thirty boys at a time, and they held Céilís there every evening. We had such fun at those céilís! The mattresses were piled in a corner to make room for the dancing, and we used them as seats, and sang and danced the night away under the watchful eyes of the Christian Brothers. After the new building, Brú na Gráige, was built in 1955, there was never as much fun as in the old shed.

I met my husband when I was nineteen, and I couldn't have met a better man. Matches were still being made at that time, and many of them worked out very well, but Jack and I had a romance. It was chance that I met him. All of life is chance in the end, I suppose, but that was one of the lucky ones for me. My father welcomed him into the house. We needed a man, he said, and he and Jack got on very well always. It was a good marriage.

The greatest sadness of our lives was the burning of our house. I had lived there all my life, and Jack moved in with us on our marriage. Everything we had was in that house, all our possessions and all our memories. We were in Cork on an overnight trip, visiting one of our daughters, who is principal of the Gaelscoil in Carrigaline. Only three of the other children were at home, and all of them were grown up.

an foirgneamh atá ann faoi láthair, bhí saghas bothán ann, thugaimis 'An Bothán Dubh' air. Seomra amháin a bhí ann, suanlios, seomra níocháin, cistin agus seomra tionóil do suas le triocha buachaill sa turas. Bhíodh céilí againn gach aon oíche, agus an spórt a bhíodh againn! Bhíodh na tochtanna go léir ina gcarn sa chúinne, chun spás a dhéanamh don rince, agus d'úsáidimis mar shuíocháin iad. Chaithimis an oíche ag amhrán agus ag rince, agus súil ghéar ag na Bráithre Críostaí orainn. Nuair a tógadh an Brú nua sa bhliain 1955, ní raibh an cuideachta céanna riamh ann agus a bhíodh sa Bhothán Dubh.

Naoi mbliana déag a bhíos nuair a bhuaileas lem' fhear céile. Ní fhéadfainn bualadh le fear níos fearr. Bhí cleamhnaistí á ndéanamh fós ag an am, agus go deimhin, ba mhaith na póstaíocha a bhformhór, ach ní haon chleamhnas a deineadh dúinn. Le seans a bhuaileas leis. Seans, is dócha, is ea an saol go léir, agus bhí an deasheans sin liomsa. D'fháiltigh m'athair isteach 'on tigh roimis. Theastaigh fear uainn, a dúirt sé, agus bhí caradas saoil idir an bheirt acu. Pósadh maith a bhí againn.

An rud is mó a chuir tinneas orainn ná an lá a dódh an tigh. Bhí mo shaol caite sa tigh sin agam. Tháinig Jeaic isteach ann tar éis ár bpósta. Gach a raibh sa tsaol againn, bhí sé sa tigh sin. Gach aon chuimhne a bhí bailithe lem' shaol agam bhí sé sa tigh sin. Bhíomar as baile, ar cuairt i gCorcaigh ar thuras thar oíche ag iníon linn, atá in príomhoide sa Ghaelscoil i gCarraig Uí Leighin. Bhí triúr den gclann ag baile, iad go léir fásta.

Dressed up for the photographer in Cloghane in the 1930s
Déanta suas don ngrianghrafadóir i Scoil an Clocháin 1930í

© Síle Bean Uí Mhaolchatha

We don't know exactly what happened to start the fire, but we are very grateful to God that the three children who were there escaped, and that nobody was hurt. But we lost every single possession we had. People were very good and sent us things to help us begin again. One woman sent a packet of needles, and I was glad of it, because I didn't even have that much. For years afterwards we were missing things, and of all the things, what I miss most regularly is photographs. All our photos were destroyed. But you have to accept what is sent to you.

We had seven children, and they have all grown up well and healthy, and that is far more important than a house in the end. I think modern young people are very good. They have to cope with much more than we did. They know more, information goes instantly all over the world. You can call Australia on your mobile phone. Because of this, young people know everything that is going on in the church and some of them fall away. Some come back as they grow older, but in the end, living a good life is the important thing, isn't that it?

Ní heol dúinn i gceart cad a thosnaigh an tine, ach táimid buíoch do Dhia gur éalaigh an triúr a bhí age baile agus nár gortaíodh aon duine. Ach chailleamar gach aon rud a bhí againn. Bhí daoine an-mhaith dhúinn, agus chabhraíodar linn, agus chuireadar rudaí chugainn. Aon bhean amháin, chuir sí paicéad snáthadaí chugam, agus bhí an oiread sin fáilte agam rompu, mar ní raibh oiread is an tsnáthad fágtha. Ar feadh blianta, fiú amháin suas go dtí an lá inniu féin, bímid ag cuimhneamh ar rudaí a bhí caillte againn, ach siad na rudaí is mó a mhothaím uaim ná na grianghrafanna. Dódh gach aon phictiúir a bhí againn. Ach caitheann tú glacadh leis an rud a cuirtear chugat.

Bhí seachtar leanbh againn, agus táid go léir fásta, sláintiúil, buíochas le Dia, agus is tábhachtaí é sin ná tigh ar deireadh. Is dóigh liom go bhfuil daoine óga an lae inniu an-mhaith ar fad. Caitheann siad cur suas le níos mó ná mar a cuireadh faoinár mbráidne. Tá níos mó ar eolas acu, taistealaíonn eolas de gheit ar fud an domhain. Féadann tú glaoch ar an Astráil led' fhón póca. Mar gheall air sin, tuigeann daoine óga gach a bhfuil ar siúl san eaglais, agus tréigeann cuid acu í. Tagann cuid acu thar n-ais faoi mar a théann siad in aois, ach ar deireadh, is é an rud atá tábhachtach ná deashaol a chaitheamh, nach shin é é?

Lunch time at the Blasket school. The teacher is Bean Uí Éalaithe, mentioned by
Bríd Bean Uí Mhuircheartaigh in her biography
Am lóin ar scoil na mBlascaodaí. Sí Bean Uí Éalaithe, a luann Bríd Bean Uí
Mhuircheartaigh ina beathaisnéis, an múinteoir

Bríd Bean Uí Mhuircheartaigh

My grandmother lived with us throughout my childhood, and was the greatest influence on me. It was from her that I learnt all my stories and prayers. We lived in Baile Dháith, under the Tower, looking west to the Tiaracht. Nana had a hard life. She married at seventeen and had nine children. Only three of them lived, and my father was the eldest. She was a great help to my mother while we were growing up.

I was good enough at school. I was good at writing poetry. It must be in the family, because once, when our teacher, Mrs Healy, entered us in a poetry competition, the three winners were myself and my two first cousins.

It was a very different world here in my youth. There were no toilets and no electricity and no running water. We took no notice, because we were used to it.

I remember at that time, the priests gave the young people a very hard time for dancing and for going to Ball Nights. There was one night we were at a ball and the priest came. All the girls took fright and ran upstairs. The priest was on his way up after them, with his book open, when one of the girls accidentally kicked the chamber pot that had been left upstairs for the ladies' convenience, and down the stairs it went, with its contents, straight in the priest's face.

One Saturday, I went to confession in Dingle. I was going with a boy at the

Bhí mo Neain sa tigh an fhad a bhíos ag fás suas, agus sin í an bhean is mó a chuaigh i bhfeidhm orm i gcaitheamh mo shaoil. Uaithi sin a fuaireas mo scéalta go léir agus mo phaidreacha go léir. Mhaireamar i mBaile Dháith, faoi scáth an Túir, ag féachaint siar ar an Tiaracht. Bhí saol cruaidh ag Neain. Phós sí agus gan í ach seacht mbliana déag, agus bhí naonúr leanbh aici. Níor mhair ach triúr, agus b'é m'athair an té ba shine acu. Ba mhór an chabhair dom' mháthair í Neain agus sinne ag fás suas.

Bhíos maith mo dhóthain ar scoil. Bhíos go maith ag scríobh filíochta. Ní foláir nó go bhfuil sé sa dúchas, mar aon uair amháin a chuir Bean Uí Éalaithe isteach ar chomórtas filíochta sinn, triúr againn a bhuaigh, mé féin agus beirt chol ceathrair liom.

Saol difriúil ar fad ab ea é le linn m'óige. Ní raibh leithris, ná leictreachas ná uisce reatha againn. Níor thógamar aon cheann de, mar bhí taithí againn air.

Is cuimhin liom na sagairt a bheith andian ar dhaoine óga as a bheith ag dul go dtí rincí agus go dtí *Ball Nights*. Bhí oíche agus bhíomar ag *ball* agus tháinig an sagart. Scanraigh na cailíní agus ritheadar in airde staighre. Bhí an sagart ina ndiaidh suas agus a leabhar amuigh aige. Pé cailín deireanach a bhí suas an staighre, thug sí cic de thimpist don *bpot* a bhí fágtha ar bharr an staighre do na cailíní. Raid sí uaithi síos an staighre é féin agua a raibh ann, isteach sa phus ar an sagart.

Chuas chun faoistine 'on Daingean aon tSatharn amháin. Bhí garsún ag an am agam,

time, and the priest asked me what we were doing. It wasn't much, God knows, but the priest asked if I was going to marry him. I said I had no notion of it, and he said that then I could see him no more. I was meeting him the following evening, and said so, and he refused me absolution. I came out of the confessional very upset. 'My mother will kill me if I don't go to Communion tomorrow,' I thought. 'I have to go to Confession before I go home.' So I went across the church, and into the box across the way. The priest there asked me how long since my last confession, and I told him my story. 'Go home and go to Communion, little girl,' he said, giving me absolution. See the difference between the two priests?

Mind you, lots of people used to go to confession to our old priest, Father Tom, because he was said to be deaf. It's my belief he wasn't as deaf as all that. He was a terrible man to keep people in church. You would go for Mass on a Sunday morning, fasting since midnight, without a drink of water because you were going to Communion. Immediately after Mass, he would announce the Holy Hour, so people didn't get home till all hours of the day, fainting with the hunger.

I worked for a long time in Tralee Hospital, the old one, where the County Council Offices are now. The nuns were hard, not very kind, we were afraid of them in those days, even the doctors were afraid of them. We worked from half past six in

agus d'fhiafraigh an sagart dom cad a bhí ar siúl againn. Tá's ag Dia nach mór a bhí, ach d'fhiafraigh an sagart dom an rabhas chun é a phósadh, agus nuair a dúrt ná raibh aon taibhreamh agam air, dúradh liom gan bualadh leis níos mó. Dúrt go rabhas ag bualadh leis an oíche ina dhiaidh sin, agus diúltaíodh absolóid dom. Thána amach as bosca na faoistine, agus mé trína chéile. 'Maróidh mo mháthair mé mara raghaidh mé chun Comaoine amárach' arsa mise liom féin. 'Caithfidh mé faoistin a fháil sara raghaidh mé abhaile.' Trasna an tsáipéil liom, agus isteach sa bhosca thall. D'insíos mo scéal don sagart sa bhosca san. 'Téir abhaile agus téir chun Comaoine amárach, a chailín bhig,' a dúirt sé, agus thug sé absolóid dom. Féach an difríocht idir beirt shagart!

Théadh an-chuid daoine chun faoistine go dtí ár sean-shagart, Father Tom, mar deirtí go raibh sé bodhar. Ní dóigh liom féin go raibh sé chomh bodhar san go léir. Choimeádadh sé leath an lae sa tsáipéal na daoine. Raghfá go dtí an Aifreann Dé Domhnaigh, ar céalacan ó mheánoíche roimh ré, fiú amháin gan deoch 'on uisce toisc tú a bheith ag dul chun Comaoine. Díreach tar éis an Aifrinn, d'fhógraíodh sé an *Holy Hour*, agus ní bheadh daoine ag baile go dtí lár an tráthnóna agus laigíocht leis an ocras orthu.

Chaitheas tamall maith ag obair in Ospaidéal Thrá Lí, an seancheann a bhí mar a bhfuil oifigí an Chomhairle Contae anois. Bhí na mná rialta cruaidh. Ní rabhadar ró-dheas, agus geallaim dhuit go raibh eagla ar na dochtúirí féin rompu. D'oibríomar óna

the morning until nine in the evening. It was hard enough, more or less the same work as a nurse.

In fact, I had intended to study to be a nurse, but as a young woman I had a lot of surgery. An appendicitis operation went wrong, and I was very ill for a long time, with many operations. It all had a great effect on my life because after all the surgery, I didn't feel strong enough for nursing. I believe it also left me childless. We accepted that as the will of God, but I think it affected me more than my husband. I suppose the only thing I can say is that if I didn't have them to make me laugh, I didn't have them to make me cry.

After I recovered from the appendicitis, I went to England, and worked in a private nursing home. It was wartime, and times were hard. First I remember the incendiaries. The nursing home was on a hill, and the bombers would come over, and you would see flames bursting out everywhere. We were not far from Kensington, and they really pounded the shops there.

One day I was out with a friend, and we had just left the church, after saying a prayer, when the sirens went. My friend wanted to go to the air raid shelter, but I wouldn't go near them. I had heard things about them. Terrible things happened in them, women were attacked regularly. It was safe down in the Tubes, there were families down

leath uair tar éis a sé ar maidin go dtí a naoi a chlog istoíche. Bhí sé cruaidh. Ar nós obair banaltra, sin é mar bhí sé.

Bhí sé im' cheann a bheith im' bhanaltra, ach nuair a bhíos im' bhean óg bhí cuid mhaith sceanairte agam. Bhí *appendicitis* agam, agus níor oibrigh an sceanairt i gceart, agus bhíos ana-bhreoite ar feadh ana-thamaill, agus chuas faoin scian go minic. Bhí ana-thionchar ar mo shaol aige, mar tar éis mo sceanairte go léir níor mhothaíos mo neart mór a dhóthain chun dul le banaltracht. Creidim gurb shin é an chiall ná raibh aon chlann orainn. Ghlacamar le toil Dé maidir leis sin, ach is dóigh liom gur mó de thinneas a chuir sé ormsa ná ar mo chéile. Is dócha ná fuil faic le rá mar gheall air sin ach, munar chuireadar ag gáirí sinn, nár chuireadar ag gol sinn.

Tar éis dom mo shláinte a fháil tar éis an *appendix*, chuas go Sasana, agus bhíos ag obair i dTigh Banaltrais príobháideach. Aimsir an chogaidh a bhí ann, agus bhí sé dian. Is cuimhin liom na buamaí tine. Bhí an Tigh Banaltrais in airde ar chnoc, agus nuair a thagadh na heitleáin bhuamála anall, chífeá na lasracha ar fad thíos fút. Ní rabhamar i bhfad ó Kensington, agus ionsaíodh na siopaí san áit sin go fíochmhar.

Bhíos amuigh in éineacht le cara liom lá, agus bhíomar díreach tar éis an sáipéal a fhágaint, tar éis paidir a rá, nuair a d'imigh na *sirens*. Theastaigh óm' chara dul go dtí an Ionad Fothana, ach ní raghainnse ann. Bhí an iomad cloiste agam mar gheall air. Tharlaíodh rudaí uafásacha iontu, ionsaítí mná go rialta. Bhí sé difriúil ins na Tiúbanna, bhíodh teagh-

Bríd Uí Mhuircheartaigh with members of her family
Bríd Uí Mhuircheartaigh agus baill dá clann

© Bríd Bean Uí Mhuircheartaigh

there, decent people, but no respectable young woman went into a bomb shelter. Anyhow, on this day, we took shelter in a corner, and when things eased off a bit, we ran for the nursing home, where the shelter was the basement kitchen and we had a cup of tea.

The next day, we heard that the church had burnt to a shell, nothing left – except the Tabernacle containing the Blessed Sacrament. That was untouched, without a scratch, a real miracle.

I came home soon after, and although I was walking out with my husband, Tom, I wasn't sure what I wanted to do, so I went back to England. This time things were even worse. The flying bombs were coming over and they were utterly terrible. The noise of them! And it was worse when the noise stopped over your head, because then they were falling, and God help you if you were underneath. They did terrible damage. Streets would be covered in glass and rubble, but I stuck it out, and after the war, I had made up my mind. I came home and married Tom. He had no land, but he had sheep, worked for the Council, and did a bit of fishing.

Everybody fished in the autumn, to get some of the mackerel, because they are very good in that season. We salted them for the winter. They were cleaned and put in coarse salt with saltpetre. After a while, they were removed and re-salted. Every house had a barrel of them

laigh ansan thíos, daoine deasa, ach ní raghadh aon bhean chreidiúnach isteach in Ionad Fothana. Ar aon chuma, an lá seo, chuamar i bpoll i gcúinne cúng, agus nuair a tháinig sánas, ritheamar ar ais go dtí an Tigh Banaltrais, agus chuamar síos san íoslach mar a raibh an chistin, agus bhí cupa tae againn.

An mhaidin ina dhiaidh sin, fuaireamar amach gur loisceadh go talamh an sáipéal, ná raibh fágtha ach na clocha an Taibearnacal. Bhí sé sin slán sábhálta, gan aon rian dóite air, míorúilt ar fad ab ea é.

Ní fada ina dhiaidh sin gur thána abhaile, agus cé go rabhas ag siúl amach le m'fhear céile, Tom ní rabhas cinnte cad a bhí uaim, agus chuas ar ais go Sasana. Bhí rudaí níos measa an uair seo. Bhí na buamaí eitilte ann faoin am seo, agus bhíodar san millteach ar fad. An glór a bhíodh acu! Agus ansan, nuair a stopadh an glór, bheadh an buama ag titim, agus go bhfóire Dia ort má bhís thíos faoi. Dheineadar scrios. Bhíodh na sráideanna clúdaithe le gloine agus le smionagar ach chuireas suas leis, agus d'fhanas ann agus tar éis an chogaidh, bhí m'aigne déanta suas agam. Thána abhaile, agus phósas Tom. Ní mór an talamh a bhí againn, ach bhíodh caoirigh aige, agus dheineadh sé obair don gComhairle Contae, agus dheineadh sé beagán iascaigh.

Dheineadh gach aon duine iascach mairc-réal sa bhfómhar, mar siad na maircréil fhómhair is fearr. Chuirimis ar salann iad i gcomhair an gheimhridh. Glantaí iad agus cuirtí salann garbh agus *saltpetre* orthu. Tar éis tamaill, tógtaí amach iad, agus cuirtí an dara salann orthu. Bhíodh baraille acu san ins

for the winter. It was also the custom to kill a pig, and that was what we ate along with our potatoes, with a bit of fish or a bit of bacon as condiment.

I worked in the house, and I kept students who were learning Irish. This is how we lived, working hard, and enjoying the company of our neighbours. I'm alone now, Tom died a number of years ago. But my home help comes every day, and I don't know how I'd manage without her. My sister comes out regularly from Tralee, and my brother, Pat, is in the old homestead in Baile Dháith. I am not lonely.

It does not sound a very exciting life by today's standards. It was a different life, and there is so much that will end with my generation. People will forget that although we were poor, we laughed and danced and worked our way through happy lives. That is why I am glad to have been involved in making this programme. It is better that our stories be recorded than that they end up in the graveyard in Cill Chuáin.

gach aon tigh i gcomhair an gheimhridh. Maraítí muc chomh maith, agus sin é an bia a bhíodh againn, agus prátaí, agus blúire éisc nó blúire bagúin mar anlann leo.

Bhíos féin ag obair sa tigh, agus choimeádainn scoláirí Gaeilge. Sin é mar a chaitheamar ár saol, ag obair go cruaidh, agus ag baint sásamh as cuideachta na gcomharsan. Táim im' aonar anois, cailleadh Tom tamall de bhlianta ó shoin. Ach tagann mo chabhróir baile gach aon lá, agus n'fheadar cad a dhéanfainn dá ceal. Tagann mo dheirfiúr amach ó Thrá Lí go rialta, agus tá mo dheartháir, Peait, ar an seanláthair thuas i mBaile Dháith. Níl aon uaigneas orm.

Ní déarfadh daoine inniu gurbh shaol ró-iontach é. Bhí sé difriúil. Tiocfaidh an-chuid chun deiridh lem' ghlúin-se. Dearmadfaidh daoine, cé go rabhamar bocht, gur chaitheamar saolta sona, lán de chuideachta, de cheol agus de rince. Sin é an chiall go bhfuil áthas orm gur dheineas an clár seo. B'fhearr liom mo scéalta a bheith taifeadta ná a bheith thuas sa reilig i gCill Chuáin.

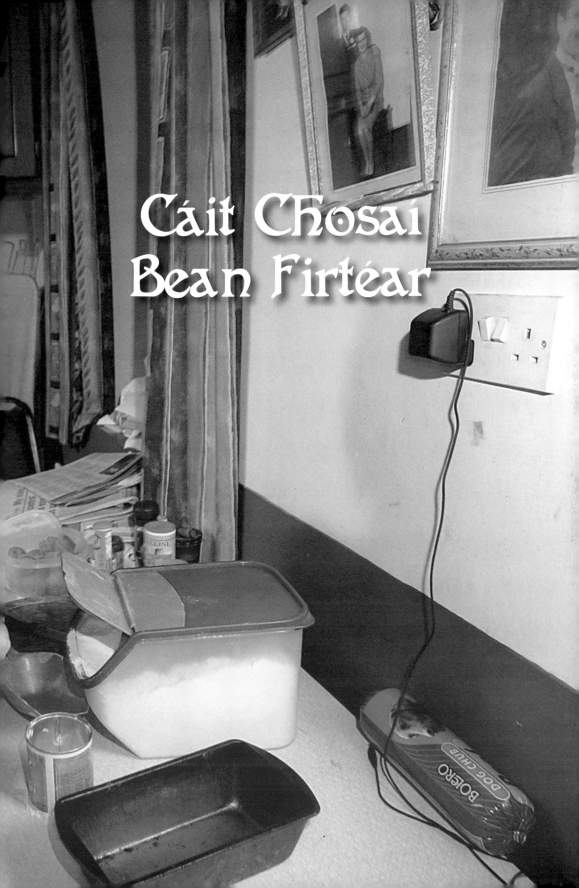

Cáit Chosaí Bean Firtéar

I was born on May Day, the first day of summer, in Baile Uachtarach Thoir, and married into this house in Baile Uachtarach Thiar. So all my life has been spent here at the foot of Ceann Sibéal. Mine was an arranged marriage. My aunt made the match, because I chose my husband. I said no one else would satisfy me, and if I didn't get him, that I would go to America. In those days, a girl could send a man an offer just as easily as a man could send one to a woman. In any case, my match was made, and it was a good one.

Why did I choose him? It was odd, in a way. He was twelve years older than I was, and he didn't share my love of dancing. In fact the poor man had two left feet. But, when I began to think about my future, and had to decide between emigration and marriage at home, I began to take notice of him. I had known him all my life. He was kind, he was good humoured, he was good company. In the end, I decided that if I could marry him, I would be happy.

On our wedding morning, we had a meal in my old home in Baile Thoir, because you couldn't get a cup of tea in Ballyferriter at that time. Then it was off to the village, and the wedding day was spent going from pub to pub, four pubs in all, and singing and dancing in every one of them. And then back to this house, I remember my sister and my cousin came with me, and my mother-in-law made us all a cup of tea. That was the start of my married life.

We have four sons, two now living in

Saolaíodh mise ar Lá Bealtaine, an chéad lá den samhradh, ar an mBaile Uachtarach Thoir, agus phósas isteach sa tigh seo ar an mBaile Uachtarach Thiar. Tá mo shaol ar fad caite agam anseo faoi bhun Cheann Sibéal. Cleamhnas ab ea mo phósadh. M'aintín a dhein an cleamhnas, mar mise a chuir 'scéala' chuige sin. Dúrt ná sásódh aon duine eile mé agus muna bhfaighinn é go raghainn go Meiriceá. An uair sin d'fhéadfadh bean scéala pósta a chur go dtí fear díreach chomh maith is a d'fhéadfadh fear scéala a chur go dtí bean. Ar aon chuma, deineadh mo chleamhnas, agus ba chleamhnas maith é.

Cad ina thaobh gur phiocas é? B'ait é, ar shlí. Bhí sé dhá bhliain déag níos sine ná mé, agus ní raibh aon ghrá don rince aige. Dhá chois chlé a bhí faoin bhfear bocht. Ach nuair a bhíos ag cuimhneamh ar mo shaol, agus ag meá imirce agus pósadh, thosnaíos á thabhairt faoi ndeara. Bhí aithne lem' shaol agam air. Bhí sé deas, gealgháireach, cuideachtúil. Cheapas, dá bpósfainn é, go mbeinn sásta.

Maidin ár bpósta, d'itheamar inár dtigh féin ar an mBaile Thoir, mar ní bhfaighfeá cupa tae ar an mBuailtín an uair sin. Síos ar an mbaile ansan, ó phub go pub ag rince agus ag amhrán ar feadh an lae, cheithre phub ar fad. Thar n-ais 'on tigh seo ansan. Is cuimhin liom mo dherifiúr agus mo chol ceathrair a theacht im' theannta, agus dhein máthair mo chéile cupa tae dúinn go léir. Sin é mar a thosnaigh mo shaol pósta.

Ceathrar mac a bronnadh orainn, beirt acu anois i Meiriceá. Slán mar a n-instear é, tharla cinniúint do dhuine acu. Bhí sé ag obair

America. Sadly, one suffered an accident. He was working on the buildings. He and his companion fell off a scaffolding. He severely injured his back, and never made a proper recovery. He needs crutches still. I am afraid he'll never be able to come home. He couldn't sit on a plane for such a long journey.

I had a great youth. My name comes from my father who was called Cosaí, which means Leggy, because he had such long legs. His grandmother called him that, and the name stuck, it goes down the family still.

I went to school in Ballyferriter, a big long journey, barefoot in summer. On our way to school we had to drive the calves out to the field, and I had a habit of pulling their tails. One morning, there was a donkey in with the calves, and I grabbed his tail and pulled it. You can do this to a calf and there is no trouble. I didn't realise a donkey was different until he lifted both hind hooves and kicked me straight in the mouth. I was bleeding, and my teeth were knocked out, and the others sent me home. When I got there, my parents were milking the cows, and they nearly died when they saw the blood all down my front. My mother gave me a mouthful of whiskey to clean my mouth, and oh, how it stung me! It wouldn't sting me now, I can tell you! But my teeth grew again, good and strong, so there was no real harm done.

After Ballyferriter, I went to Dingle Convent for a couple of years. I never

ar an dtógáil. Thit sé féin agus compánach anuas don scafall agus gortaíodh go h-olc a dhrom. Níor tháinig aon fheabhas ceart riamh air, agus tá maidí croise i gcónaí faoi. Ní móide go dtiocfaidh sé abhaile níos mó, mar ní fhéadfadh sé suí ar eitleán an turas fada san.

Bhí an-óige agam. Tugtar Cáit Chosaí orm, mar b'é m'athair Cosaí, toisc cosa móra fada a bheith faoi. A mháthair chríonna a bhaist é, agus lean an ainm sinn go léir, fiú amháin síos go dtí an chéad ghlúin eile.

Chuamar ar scoil an Fheirtéaraigh, cos-nochaithe i gcaitheamh an tsamhraidh, bóthar mór fada. Thiomáinimis na gamhna romhainn ar maidin, agus bhí sé de bhéas agamsa breith ar eireaball orthu. An mhaidin seo, áfach, bhí asal i measc na ngamhan, agus rugas ar eireaball air agus thugas tarrac breá dó. Ní thógann gamhna aon cheann duit ach an t-asal! Dhera, d'ardaigh sé a dhá chrúb deiridh, agus thug sé fúm díreach isteach sa phus. Bhí fuil ina slaodaibh, agus fiacla soir siar. Chuir an chuid eile iachall orm dul abhaile. Bhí m'athair agus mo mháthair ag crú, agus baineadh an-phreab astu nuair a chonaiceadar an fhuil. Thug mo mháthair braon fuiscí dom chun mo bhéal a ghlanadh, agus bhí sé chomh géar! Ní bhfaighinn chomh géar anois é! Ach d'fhás strannaí maithe fiacal arís chugam, agus ní raibh aon díobháil déanta.

Nuair a fhágas Scoil an Fheirtéaraigh, chuas go Clochar an Daingin ar feadh cúpla bliain. Níor chríochnaíos riamh áfach, mar bhuail breoiteacht mé, fuaireas *gland* nimh-

finished, though, because I got an infected gland in my neck, which became very sore indeed, and in the end I had an operation in Tralee. By the time that was cured, too much time had passed and I didn't bother to go back to school.

We had dances every Sunday in my youth, in all the local halls. I was allowed to go when I was sixteen, and I was so envious of my friend who was let out at fifteen! When I went out first, I hadn't a clue how to do a set, and I had to watch my friend's feet, and that is how I learnt.

I love dancing. I have to go out on the floor for a set when the music starts. There is a French family of musicians that spends the summer here every year, and we often go to listen to them in the pub in Ballyferriter. I always dance, and now they play 'Cáit's tune', composed especially for me. No one dances any more, I can't understand it.

Just as I was growing up, the Drishane nuns founded a factory in Ballyferriter. They had a summer house here, and they realised that all the girls were emigrating because there were no jobs for them, and this meant that the young men were not getting married, and the area was dying. So they did what they could, and they built a knitting factory which worked successfully for many years. I spent six very happy years there. For the first three months, we got no money at all. We were being trained, but after that I spent all I got. I was never thrifty! I spent my first

neach im' mhuineál, agus fuair sé an-olc ar fad, agus chaitheas dul faoin scian i dTrá Lí. Faoin am go raibh feabhas orm, bhí an iomarca ama caite, agus níor bhacas le dul ar ais ar scoil in aon chor.

Bhíodh rincí againn gach aon Domhnach nuair a bhíos óg, ins na hallaí áitiúla ar fad. Fuaireas-sa cead dul nuair a bhíos sé déag, agus an formad a bhí agam le cara liom a scaoileadh amach ag a cúig déag! Ach nuair a chuas ann, ní raibh aon tuairim agam conas seit a rince, agus chaitheas féachaint ar chosa mo charad, agus sin é mar fhoghlaimíos!

Is breá liom rince. Ní féidir liom fanacht socair nuair a thosnaíonn an ceol. Caithim dul amach ar an urlár. Tá ceoltóirí Francacha a thagann ar an mBuailtín gach aon bhliain, agus buailim leo sa phub. Chíonn siad i gcónaí ag rince mé, agus anois seinneann siad 'Port Cháit', port a chumadar féin, dom. Ní bhíonn aon duine ag rince a thuilleadh, ní thuigim é.

Díreach agus mise ag fás suas, bhunaigh mná rialta Dhriseáin monarcha i mBaile an Fheirtéaraigh. Bhí tigh samhraidh anseo acu, agus thuigeadar go raibh cailíní óga na háite ar fad ag imeacht ar imirce, agus dá bhrí sin nach raibh na hóigfhir ag pósadh agus go raibh an dúthaigh ag fáil bháis. Shocraíodar go ndéanfaidís rud éigin, agus bhunaíodar monarcha cniotála a mhair go rathúil ar feadh tamaill mhaith. Chaitheas na sé bliana is suáilcí dom shaol ann. Ní bhfuaireas aon phingin tuarastail an chéad trí mhí a bhíos ann. Ní bhfuair aon duine, bhíothas ár dtraenáil, ach ina dhiaidh sin, chaitheas ar thuilleas! Ní rabhas bailitheach! An chéad £10 a thuilleas, chean-

Cáit Chosaí minding pigs in Baile Uachtarach
Cáit Chosaí i mbun na muc ar an mBaile Uachtarach

£10 on a bike, so that I could go to dances all over the place.

We were very religious in my youth. The Rosary was said every night in the house. I suppose I have the same religion still, but life is a bit different now. It's not so strict, things are changing. I don't go to Confession any more. I like people to be good, to do no harm to anyone, to live good lives. I think people always had questions about the things we were supposed to believe. My husband often asked how our bones would come together on the last day. How will that happen?

Some people will have to rise out of the sea. A friend of my father's, Devane from Ard na Caithne and two others, were drowned when I was young. I remember my father being heartbroken, he was crying for his friend. There were three of them fishing, the weather was fine, but the boat was overloaded, they had too much fish. So they drowned, on a fine calm night, and other boats could see them drown and couldn't help them. My father had deams in which his friend came to him.

'If you had been with us, Cos, it would never have happened. Too much fish, that's what did it. It wouldn't have happened if you were there,' he said.

His body was found, but many a man from here drowned and was never found. How will their bones come together on the last day? Do you believe that they will?

naíos rothar leis, chun go bhféadfainn dul go dtí rincí ar fuaid na háite.

Le linn m'óige, bhí an creideamh an-láidir sa dúthaigh agus deirtí an Choróin gach aon oíche ins an tigh. Is dócha go bhfuil an creideamh céanna ionam féin fós, ach tá an saol difriúil anois. Níl rudaí chomh dian, tá rudaí ag athrú. Ní théim chun Faoistine níos mó. Is maith liom daoine a bheith maith, gan aon díobháil a dhéanamh d'aon duine, saol maith a chaitheamh. Is dóigh liom go mbíodh ceisteanna i gcónaí ag daoine mar gheall ar na rudaí a dúradh leo a chreidiúint. D'fhiafraíodh m'fhear céile go minic, conas a thiocfaidh ár gcnámha le chéile ar an lá deireanach? Conas a thitfidh sé sin amach?

Caithfidh daoine áirithe éirí ón bhfarraige. Cara mór dom' athair, Dubhánach ó Ard na Caithne, báthadh é féin agus beirt eile nuair a bhíos óg. Is cuimhin liom croí m'athar a bheith briste, é a bheith ag gol ag caoineadh a charad. Triúr acu a bhí amuigh, oíche bhreá chiúin, ach bhí an iomarca éisc acu. Chuadar síos, oíche bhreá, chonaic na báid eile á mbáthadh iad, agus gan aon leigheas acu orthu. Tháinig an Dubhánach go dtí m'athair ina thaibhreamh.

'Dá mbeifeá-sa 'ár dteannta, a Chos, ní thitfeadh sé amach in aon chor. An iomarca éisc, sin é a dhein é. Ní thitfeadh sé amach dá mbeifeá inár dteannta,' ar seisean.

Fuaireadh a chorp san, ach is mó fear ón áit seo a báthadh agus nár fuaireadh riamh a gcorpanna. Conas a thiocfaidh a gcnámha siúd le chéile ar an lá deireanach? An gcreideann tusa go dtiocfaidh?

Fireside chat
Caint cois tine

© Ionad an Bhlascaoid

Eibhlín
Bean Uí Shé

I am a tailor's daughter. We lived, nine of us, along with my parents and grandmother, my mother's mother, in a tiny house in the Wood in Dingle. My father's mother died young. When his father remarried, he felt so lonely for his mother that he went to Cnoc na hAbha to learn tailoring, just to get out of the house. In retrospect, of course, his father had to get somebody to look after the children and the house, but my father was too young to understand that.

In the 1930s, it was not an easy life. In that tiny back garden, my mother kept chickens, ducks, and often a pig. We even had a cow at one time, in a field out at Milltown, and friends from the countryside sent us potatoes and vegetables. It was hard to keep a large household on a tailor's earnings, especially a tailor who was accustomed to giving his customers long credit, but she always managed.

It was a time that young people now would consider primitive. We had no running water. The well was where Mara Beo is now. There were no toilets, very little space, no radio, no tv, no computers, nothing but our own initiative to maintain and entertain ourselves. And yet, what I remember of that small house is the warmth, the closeness, and the company.

I came to Dún Chaoin to live with an aunt who had no children of her own, and I inherited their holding. It was a big change in a way, but both my parents were from the country, and I was very fa-

Iníon táilliúra is ea mise, duine de naonúr leanbh, sinn féin agus ár dtuismitheoirí agus ár máthair chríonna, máthair mo mháthar, inár gcónaí i dtigín beag sa Choill sa Daingean. Cailleadh óg máthair m'athar, agus nuair a phós a athair thar n-ais, mhothaigh sé uaidh chomh mór í gur chuaigh sé go Cnoc na hAbha chun táilliúireacht a fhoghlaim, chun teitheadh as an dtigh. Ag féachaint siar, chaith a athair duine éigin a fháil chun féachaint i ndiaidh an tí agus na leanbh, ach bhí m'athair ró-óg chun é sin a thuiscint.

Ins na triochaidí, bhí an saol dian. Sa ghairdín beag cúil sin, bhíodh sicíní, lachain, agus go minic fiú amháin muc ag mo mháthair. Bhí tamall go raibh bó againn ar féarach i mBaile an Mhuilinn. Thugadh cairde ón dtuath prátaí agus glasraí chugainn. Ba dheacair teaghlach mór a chothú ar theacht isteach táilliúra, go mór mhór táilliúr go raibh de bhéas aige cairde fada a thabhairt, ach dhein mo mháthair an bheart i gcónaí.

Déarfadh daoine anois go raibh an saol san ana-neamhfhorbartha. Ní raibh aon uisce reatha againn. Bhí an tobar soir mar a bhfuil Mara Beo anois. Ní raibh aon leithris, bhí an spás cúng, ní raibh teilifís ná ríomhaire, faic ach pé cuideachta a dhéanfaimis féin mar chaitheamh aimsire. Agus fós, sé a thugaim liom as an dtigín beag san ná cuimhne na cluthaire, an chompoird, agus na cuideachtan.

Thána go Dún Chaoin chun cónaithe le haintín ná raibh aon chlann uirthi, agus nuair a fhanas ina dteannta, is liom a thit an gabháltas. Athrú mór ab ea ar shlí é, ach b'ón dtu-

miliar with Dún Chaoin from my visits. I went in and out to Dingle regularly, a long journey over the Clasach. That Clasach is so steep, if you are coming home with a loaded horse and cart, you have to empty the cart at the bottom, carry the goods to the top on your back, and then bring the horse and cart and reload it. I have had to do that many a time, and I sympathise with the old man who said, when lorries came in, 'What a wonderful thing petrol is!'

I first met my husband, Micí, when he used to cycle in to the Christian Brothers' School in Dingle as a boy, and, when I came to Dún Chaoin, he was nearby in Coumeenole. There was very little courtship in those days. We used to meet down in the Bab's house. Bab Feirtéar was a great story-teller and her house was where everybody went in the evenings. Not people from Coumeenole, I have to admit, it was miles away, and Micí only came to see me, and he used to walk me home. Sometimes there were dances in Ballyferriter and in Ventry.

My aunt never knew I had a boy-friend until I wanted to get married. She was very good to us. A man marrying into his wife's holding in those days had to bring a dowry. But my aunt knew that Micí had no money, and she didn't demand it. She knew we needed a man around the house, she liked his looks, and she did all she could to help us.

ath mo thuismitheoirí araon, agus bhí taithí mhaith agam ar Dhún Chaoin ó bheith ag turasóireacht air. Théinn 'on Daingean go rialta, turas fada thar an Clasach. Tá an Clasach chomh géar, nuair a bhíonn tú ar do shlí abhaile agus capall agus cairt agus ualach agat, go gcaitheann tú an t-ualach a bhaint as an gcairt ag bun an Chlasaigh, é a iompar ar do dhrom suas go barra, agus ansan teacht anuas agus an capall agus an chairt a thabhairt in airde. Is mó uair a dheineas é, agus tuigim don seanduine a dúirt, nuair a tháinig an chéad leoraí 'on dúthaigh, 'Nách diail é an peitreal!'

Bhuaileas lem' fhear céile, Micí, don chéad uair nuair a thagadh sé ó Chom Dhíneol 'on Daingean ar a rothar go dtí Scoil na mBráithre. Nuair a thána go Dún Chaoin, bhí sé comhgarach a dhóthain dom, thiar i gCom Dhíneol. Is beag cúirtéireacht a bhíodh ann an uair sin. Bhuailimis le chéile i dtigh an Bhab, an scéalaí iontach go mbíodh gach aon duine ag bothántaíocht istoíche aici. Ní thagadh muintir an Choma, caithfidh mé a rá, ní thagadh Micí ach ar mo thuairisc-se, agus shiúladh sé abhaile mé. Uaireanta théimis ag rince ar an mBuailtín agus i gCeann Trá.

Ní raibh aon tuairim ag m'aintín go raibh buachaill agam go dtí go raibh fonn pósta orm. Bhí sí an-mhaith dhúinn. Níor loirg sí aon spré air, mar bhí a fhios aici ná raibh a leithéid aige, agus san am san, fear a thiocfadh ina chliamhain isteach i sealúchas a mhná, chaithfeadh sé spré a thabhairt leis. Ach níor éiligh m'aintín a leithéid. Theastaigh fear timpeall an tí uainn, thaitin a scéimh léi, agus chabhraigh sí ins gach aon slí linn.

A dressmaker in Dingle made me a new blue wedding suit. Although my father was a tailor, he never made for women. He said it was impossible to please them. He made Micí's suit, of course. In those days, you could guess that a man was getting married if he ordered a new suit. Suits were expensive, and they were made to last a long time.

In any case, we had our wedding breakfast in Dingle, and then the wedding in Ballyferriter. We lived happily here in Dún Chaoin, until Micí died just over a year ago. I miss him sorely, after all the years. He was a very religious man, and he had a picture of Padre Pio in the cab of his tractor during his illness. But he didn't get a miracle. You can't always have miracles, and you have to be satisfied.

And I have the great good fortune that both my children, Áine and Pádraig, live here beside me in Dún Chaoin, Pádraig actually next door. I am not alone, and that is good.

My faith is a great help. I never miss Sunday Mass, you never know when the Sunday will come that will be your last. I remember when I first came here, we used to look out at the sound, and see the Blasket boats coming across for Mass, six or seven of them in a line on the sea. They were a wonderful sight. At that time, Mass was at half past eleven in the late morning, to give the Island people a chance to get in.

Maintín sa Daingean a dhein culaith mo phósta, culaith ghorm. Ba leasc le m'athair déanamh do mhná, níorbh fhéidir iad a shásamh, a dúirt sé. Gan amhras, dhein sé culaith Mhicí. Bheadh a fhios agat, an uair sin, gothaí pósta a bheith ar fhear nuair a ordódh sé culaith nua. Bhí an chulaith daor, agus chaith sí tamall maith fada seirbhíse a thabhairt.

Ar aon chuma, bhí bricfeast an phósta sa Daingean againn, agus ansan an pósadh ar an mBuailtín. Mhaireamar go sásta anso i nDún Chaoin go dtí gur cailleadh Micí díreach breis is bliain ó shoin. Mothaím uaim go dóite é, tar éis na mblianta fada. Fear an-chreidmheach ab ea é, agus bhí pictiúir de Phadre Pio ina tharracóir aige le linn a thinnis. Ach ní bhfuair sé a mhíorúilt. Ní féidir míorúiltí a fháil i gcónaí, agus caitear a bheith sásta.

Agus tá sé d'ádh mór orm mo bheirt chlainne, Áine agus Pádraig, a bheith ina gcónaí i nDún Chaoin lem' ais, Pádraig béal dorais ar fad liom. Ní bhíonn aon uaigneas orm, agus is maith san.

Cabhraíonn mo chreideamh go mór liom. Ní chaillim riamh Aifreann an Domhnaigh, n'fheadaraís riamh cathain a thiocfaidh do Dhomhnach deireanach. Is cuimhin liom fadó nuair a thána anseo ar dtús, a bheith ag féachaint amach ar an mBealach agus naomhóga an Bhlascaoid a fheiscint ag teacht isteach i gcomhair an Aifrinn, sé nó seacht de cheannaibh acu ina sraith ar an bhfarraige. B'iontach an radharc iad. An uair sin, ní bhíodh aon Aifreann ann go dtí leathuair tar éis a h-aondéag, chun seans a thabhairt do mhuintir an Oileáin teacht isteach.

Counting turkeys in Dún Chaoin
Ag comhaireamh turcaithe i nDún Chaoin

© Eibhlín Bean Uí Shé

They were very different times. We made our own entertainment, storytelling in the Bab's or playing cards in Molly's. People came in to our own house as well to pass the time, the Pound, Danny and Charlie, old bachelors every one of them. I remember one Hallowe'en, I was cutting the barm brack for the tea, and I found the ring. "I'll give that slice to Danny,' I said to myself, 'and we'll tease him that he'll soon be married.' But Danny swallowed his slice of the brack practically whole, and was never aware of the ring at all.

When I told my husband that night, he was afraid that the ring would poison Danny. He thought I should tell him, but I did no such thing. And what do you think? A few days later, Danny walked in the door, the ring gleaming in the palm of his hand. 'Would you be looking for that?' he asked mischievously. Of course, there were no flush toilets in those days.

In the end, Danny died, suddenly, on the sofa in my kitchen. His last words were to his mother. The priest who was there said, 'How powerful the love of a mother is!'

Even when visitors were in for an evening, the woman of a house was not idle. We knitted a lot. We used to knit socks, and bring them to Joe Curran's shop in Dingle for sale. We sewed garments and repaired them. Now it is not worth your while to do that, the materials are too expensive, and it is truly cheaper to buy the finished product. But in my day, there was no time

Saol ana-dhifriúil ab ea é. Dheinimis ár gcuideachta féin, ag scéalaíocht i dtigh an Bhab, nó ag imirt chártaí i dtigh Mhalaí. Thagadh daoine ag bothántaíocht chugainn féin, an Pound, Danny agus Charlie, sean-bhaitsiléirí gach aon duine acu. Is cuimhin liom Oíche Shamhna amháin a bheith ag gearradh an bhairín breac chun tae, agus d'aimsíos an fáinne. 'Tabharfaidh mé an píosa san do Danny,' arsa mise liom féin, 'agus beidh tamall cuideachtan againn air, a' rá nach fada go bpósfaidh sé.' Ach, mo chráiteacht, d'alp Danny siar an bairín breac, agus níor mhothaigh sé fáinne ná aon tuairisc air.

Nuair a dúrt an scéal le Micí, bhí eagla air go dtabharfadh an fáinne nimh do Danny, agus gur cheart dom é a rá leis. Ach níor osclaíos mo bhéal. Agus cúpla lá ina dhiaidh sin, siúd chugam isteach Danny agus a láimh amuigh aige. 'An mbeadh aon ghnó do san agat?' ar seisean, ag oscailt a láimhe agus an fáinne ar chroí a dhearnan. Gan amhras, ní raibh aon leithris uisce ann an uair sin!

Istigh im' thigh-se, ansan ar an dtolg sa chistin, a cailleadh Danny ar deireadh. Lena mháthair a labhair sé na focail dheireanacha as a bhéal. Nuair a chuala an sagart iad, 'Nach fada siar a théann grá máthar?' a dúirt sé.

Fiú amháin nuair a bhíodh daoine is-tigh ag bothántaíocht, ní bhíodh bean an tí díomhaoin. Dheinimis a lán cniotála. Chniotálamar stocaí, agus dhíolaimis le Tigh Churráin sa Daingean iad. Dheineamar balcaisí a fhuáil agus a dheisiú. Ní fiú é sin a dhéanamh anois, tá an t-ábhar ró-chostai-

for reading. My aunt would have called reading laziness! There was too mmuch work to be done, according to her.

My aunt was very good on herbal cures. To my great regret, I paid little attention, and there is very little I know myself. But in earlier days, I remember the bunches of herbs hanging on the loft. They dried out completely, but when they were infused in water, they still had their curative powers. I remember the herb for jaundice, and whitethorn was good for animals with blood in the urine, and there were many others.

There was no cure for TB when I was young. People were terrified. There was a dark gloomy room up at the back of the hospital, and that is where the TB patients were. My mother made us go up to visit anyone we knew there, and it terrified us, it was so dark and horrible. I remember a most beautiful girl from Márthain, so young and so lovely, and she died there. The Lord have mercy on her. On the other hand, my brother got TB and had a portion of his lung removed surgically, and he is now heading for ninety and very well.

My mother deserved the good fortune of his recovery. I had a sister who got meningitis when she was twenty-one. She was in hospital in Tralee, and was very ill. My mother was told that she might linger for a long time, but that she would not recover. My poor mother prayed for the death of her child, imagine the pain of that. And in the morning, when the

seach, agus is saoire go mór balcais nua a cheannach. Ní raibh aon am le mo linnse don léitheoireacht. Thabhafradh m'aintín leisce ar léitheoireacht, bhí an iomarca le déanamh, dar léi.

Bhí eolas maith ag m'aintín ar luibheanna, agus is oth liom nár thugas níos mó tor uirthi. Is beag an t-eolas atá agam féin. Is cuimhin liom, le linn m'óige, na luibheanna ar crochadh ina mburlaí beaga ar an gcúl lochta. Cé go dtriomaídís amach ar fad, bhíodh an neart fós iontu nuair a beirítí iad. Is cuimhin liom luibh an liathbhuí, an sceach gheal d'ainmhithe go raibh fuil sa bhfual acu, agus mórán eile.

Ní raibh aon leigheas ar an eitinn, áfach, agus bhí daoine sceimhlithe roimis. Bhí seomra dorcha gruama thuas ar chúl Ospaidéal an Daingin, agus ansan a bhí othair eitinne. Chuireadh mo mháthair iachall orainn dul suas ann ar thuairisc lucht aitheantais, agus ba ghruama, agus b'uafar an áit é. Is cuimhin liom cailín óg ó Mhárthain a bheith ann, chomh h-óg agus chomh hálainn, ach cailleadh ann í, trócaire uirthi. Ar an dtaobh eile den scéal, fuair mo dheartháir féin an eitinn, agus baineadh cuid den scámhóg as, ach tá sé ag déanamh ar deich mbliana agus ceithre fichid agus i mbláth a shláinte fós.

Ba mhaith a bhí an deascéal sin tuillte ag mo mháthair. Fuair deirfiúr liom *meningitis* nuair a bhí sí bliain agus fiche. Bhí sí an-bhreoite san ospaidéal i dTrá Lí. Dúradh lem' mháthair ná tiocfadh aon fheabhas uirthi, ach go bhféadfadh sí maireachtaint

word came that Kathleen had died, I remember my mother getting down on her knees in front of the picture of the Sacred Heart and thanking Him for taking her daughter to Heaven, rather than letting her linger in pain. Her beautiful young daughter, twenty-three years old, two years a teacher. Hard times.

Therefore, there was great rejoicing when Pádraig recovered. He still lives in the old house in the Wood where we all grew up, and my father's workshop is still practically intact there.

But to get back to the TB, when the cure came in, mobile x-ray units were going around trying to make sure that the disease was caught early so that it could be cured. Father Tom, our old parish priest, was giving a sermon in Dún Chaoin urging us to avail of the mass x-ray.

'But what am I saying?' he said, 'Sure, there's no x-ray in the world that could read the people of Dún Chaoin!'

tamall maith fada. Ghuigh mo mháthair bhocht ar son báis a linbh, cuimhnigh ar a leithéid de phian. Agus ar maidin, nuair a tháinig an focal go raibh Caitlín caillte, is cuimhin liom í ag dul síos ar a dá glúin ós comhair an Chroí Ró-Naofa agus ag gabháil buíochais Leis toisc a h-iníon a thabhairt leis go dtí na Flaithis, seachas í a fhágaint faoi thinneas. A h-iníon óg álainn, trí bliana fichead d'aois, dhá bhliain ag múineadh. Droch-am.

Dá bhrí sin, bhí gairdeas mór ann nuair a tháinig Pádraig chuige féin ón eitinn. Maireann sé fós sa tseana-thigh sa Choill inar tógadh sinn go léir, agus tá saotharlann m'athar slán beacht nach mór fós ann.

Ach chun filleadh ar an eitinn, nuair a tháinig an leigheas, tháinig an x-ghathú taistil chun go bhféadfaí breith ar an aicíd i dtosach a saoil. Bhí Father Tom, ár sean-shagart paróiste, ag tabhairt seanmóna i nDún Chaoin ag moladh dúinn úsáid a bhaint as an meaisín taistil.

'Ach cad táim a' rá?' a dúirt sé, 'Nuathair níl aon x-ray ar domhan a léifeadh ar mhuintir Dhún Chaoin!'

Never be idle!
Ná bí riamh díomhaoin!

Hain William
Bean Uí Mhurchú

In the old days every woman wore a bib, a sort of overall covering all the clothing except the sleeves. Women made them themselves, from fabric available in the shops in Dingle. Nowadays, we call an apron a bib, but the old style one covered everything. Children wore bibs to school and at home, and there was always a clean bib on a Sunday morning. They were to keep our clothes clean, because washing was so difficult.

Water had to be fetched from the well. We went to the well every morning, and there the women of the village met and exchanged gossip. They talked about their children, their work, whether anyone was sick or getting married, whether there was any news, whether anybody was going to Dingle. Going to Dingle was a big thing. People went in the horse and cart, and because it took the entire day, it was rarely done. So of course, it would be mentioned at the well. Then every woman walked home carrying two buckets, and believe me, water is heavy. It took about five trips to the well every day to supply a house with water.

Then the water had to be heated in a big pot over an open fire, Clothes were washed in a big tub, with a bar of soap and a washboard. Things were often rinsed in the stream in running water to get the soap out. Then they were wrung dry, and hung on a bush or on a stone wall to dry. So it was hard work, and it's no wonder every effort was made to keep clothes clean!

Bhíodh bib ar gach aon bhean sa tseanshaol, bib a chlúdaíodh a cuid éadaigh ar fad ach amháin an dá mhuinchille. Dheineadh na mná a mbibeanna féín, gheobhfá an t-éadach i siopaí an Daingin. Tugtar bib ar an aprún inniu, ach sa tseanshaol, chlúdaigh sé gach aon rud. Bhíodh bib ar gach aon leanbh, ar scoil agus ag baile, ceann glan i gcónaí i gcomhair an Domhnaigh. Choimeádaidís glan ár gcuid éadaigh, mar ba dheacair níochán an uair sin.

Caithtí an t-uisce a thabhairt ón dtobar. Théimis 'on tobar gach aon mhaidin, bhuaileadh mná an bhaile ar fad le chéile ann. Bhímis ag caint is ag cadaráil, mar gheall ar leanaí, ar obair, an raibh aon duine breoite, an raibh aon duine ag pósadh, aon scéal nua, aon duine ag dul 'on Daingean. Rud mór ab ea dul 'on Daingean, Théadh daoine le capall agus le cairt, agus toisc go dtógadh sé lá ar fad, ní minic a téití ann. Agus gan dabht, luafaí ag an dtobar é. Ansan shiúlaíodh gach aon bhean abhaile agus dhá bhucaid mhóra uisce ar iompar aici, agus mise á rá leat, tá uisce trom. Thóg sé timpeall le chúig turas 'on tobar gach aon lá soláthar an tí d'uisce a thabhairt leat.

Ansan, caithfí an t-uisce a théamh i gcorcán mór ar an dtine oscailte. Nítí éadaí i dtobán mó, le barra gallúnaí agus le clár níocháin. Is minic a rínseáltaí san abhainn iad, san uisce reatha, chun an ghallúnach a bhaint astu. Fáisctí ansan iad, agus crochtaí ar thor nó ar fhalla cloiche iad chun iad a thriomú. Obair chruaidh, agus ní nach iontach gur deineadh gach aon iarracht gan éadaí a shailiú.

I didn't go far to marry. I was born a hundred yards away from where I live now, across the stream, here in Keelerih. I met and liked Maurice, my husband. All the rest of my family went to America, but I stayed here and married him. He was always good to me, and he still is. I am sixty-nine and he is seventy-six, and I hope we are granted another few years together.

I think very little about death. I know it will surely come one day, but I think if you think too much about it, you don't enjoy your life. But I certainly hope I go before Maurice. I think he would be much better at managing on his own. He can drive, for example, and he could go and get himself a pint of milk, while I would be trapped!

We were always farmers, and as a child, I helped with all the farm chores. I hated binding oats. It was backbreaking, and there were thistles through the oats and the sheaves were heavy and awkward. The oats was cut by scythe or by horse-drawn machine, and lay on the ground in rows. You had to bend over the row, gather a bundle of oats, pick out a few stalks, and tie them around the centre of the bundle to make the sheaf. Over and over again, till the field was done. Backbreaking.

Hay was much nicer. It was nice and light, and you didn't have to bend. You used a pitchfork, we called it a pike, to turn the hay to dry it, and then you

Níor chuas i bhfad chun pósadh. Céad slat as an dtigh seo ina bhfuilim anois a saolaíodh mé, le h-ais Tobar Bhréanainn i gCill a' Ruith. Bhuaileas le Maras, m'fhear céile, agus thaitin sé liom. Chuaigh an chuid eile den dteaghlach ar fad go Meiriceá, ach d'fhanas anseo ag baile agus phósas Maras. Bhí sé i gcónaí go maith dhom, agus tá fós. Táimse seasca a naoi, agus tá sé sin seachtó a sé. Tá súil agam go mbeidh cúpla bliain eile againn i dteannta a chéile.

Ní chuimhním puinn in aon chor ar an mbás. Tá a fhios agam go dtiocfaidh sé, lá éigin, ach is dóigh liom má chuimhníonn tú an iomarca air, ná deineann tú aon mhaitheas dod' shaol. Ach deirim i gcónaí go dteastaíonn uaim-se imeacht roimh Maras. Is dóigh liom gur fearr go mór a dhéanfadh sé sin an bheart ina aonar ná mar a dhéanfainnse. Is féidir leis tiomáint, sin aon rud amháin, d'fhéadfadh sé imeacht agus piúnt bainne a cheannach dó féin. Bheinnse teanntaithe!

Feirmeoirí ab ea mo mhuintir, agus nuair a bhíos im' leanbh, dheininn jabanna beaga na feirme. Gearradh le speal nó le meaisín capaill an coirce, agus luíodh sé ina shraitheanna. Chaithfeá cromadh agus gabhál beag a bhailiú ón sraith, cúpla dias a thógaint as, agus an gabhál a cheangal timpeall ar a lár chun punann a dhéanamh. Arís agus arís agus arís go deireadh an ghoirt. Maraitheach.

Ba dheise go mór an féar. Bhí sé deas éadrom, agus níor caitheadh cromadh puinn agus tú ag obair air. Bheifeá ag obair le píce, á chasadh chun é a thriomú, agus ansan é a

had to pike it up into small haystacks. It was work done in early summer, and the weather was always lovely.

One of the nicest, and busiest, days of the year was the day the hay was brought into the yard and stacked in a big stack for the winter. All the neighbours worked on one another's stacks, and it was a lovely sociable day, with a drop of porter for the men to help with the work. The women were busy in the kitchen with the food, tea, currant loaf, cream loaf and a big dinner for the hungry people. And next was the terrible oats!

Picking potatoes wasn't easy either. Again, you were bent over, your back ached, and you had to carry heavy buckets to the sacks or to the pit, depending on how they were going to be stored. But these were the things that had to be done. That was how farmers survived, everybody in the house helped. Old people minded children, cut potatoes for planting, knitted and sewed, and children carried out small tasks in the fields.

Farming now is very different. It was a living for myself and Maurice, with the help of a bit of building he did on the side, but it is hard to believe the changes. First we milked by hand, then by machine, but now the cows have been sold. We used to have hay, oats, potatoes, turnips, carrots, onions, food for ourselves and for the animals and poultry. Now, there is not a living to be made on a small farm, there are few animals and even fewer poultry,

phíceáil suas ina chocaí beaga. Bítí ag gabháil don bhféar i dtosach an tsamhraidh, agus bhíodh an aimsir go h-aoibhinn.

B'é Lá an Choca an lá ba dheise, is dóigh liom, i saol na feirme. Sin é an lá go mbailítí na cocaí beaga go léir isteach san iothlainn chun aon choca mór amháin a dhéanamh. Thagadh na comharsain go léir, agus bhíodh meitheal ins gach aon tigh Lá an Choca. Lá mór cuideachtan ab ea é, braoinín pórtair ag na fearaibh chun cabhrú leis an obair, agus na mná sa chistin ag ullmhú bídh, císte cuiríní, císte uachtair, dinnéar mór do dhaoine ocracha! Agus ansan an coirce gránna!

Níorbh aon dóichín na prátaí a phriocadh, ach oiread. Bhíodh tinneas id' dhrom ó bheith cromtha, agus chaithteá na bucaidí troma prátaí a iompar go dtí na pacaí, nó go dtí an bpoll, ag brath ar conas a bhí na prátaí le cur i gcoimeád. Ach sin iad na rudaí a caitheadh a dhéanamh. Mar sin a mhair na feirmeoirí, gach aon duine ag cabhrú. Thug na seandaoine aire do leanaí, ghearradar scioltáin san Earrach, dheinadar cniotáil agus fúáil. Dhein na leanaí mionobair na ngort agus an chlóis.

Ní mar a chéile in aon chor an fheirmeoireacht anois. Bhí slí bheatha ann dom féin is do Mharas, le cabhair ábhairín tógála a dheineadh sé, ach is deacair na hathraithe a chreidiúint. Nuair a thosnaíomar, bhíomar ag crú de láimh, ansan fuaireamar an meaisín, agus anois, tá na ba ar fad díolta. Bhíodh féar againn, agus coirce, prátaí, turnapaí, cairéidí, inniúin, bia dúinn féin agus do na hainmhithe agus do na héanlaithe. Anois, níl slí bheatha le fáil as an bhfeirm bheag, ní mór na hain-

A break from work in Ballinleague
Sos ón obair i mBaile an Liaigh

© Peig a' Rí, Bean Mhic Ginneá

so there is no need to plant for food. And there are far more costs. Remember that when electricity came, so did the electricity bill, and the same with the phone. Life in older times was much less expensive.

We were poorer, but everybody was the same, and we accepted things. We almost never bought new clothes, for example. Our relatives in America sent us parcels, and all our clothes and shoes came from those. If you got a pair of shoes that were too big, you stuffed the toes with wool, and if they were too small, you stuffed your feet into them anyway. No wonder we have corns now! Young people today would not be satisfied with a life like that, and they are right, times are different.

Who would have pigs in the house today? With the carpets and the tiles, and the ornaments? But they were in long ago. In every house. When a sow was farrowing, it was very important to watch her carefully, because she could quite easily roll on top of her piglets. She was brought in to farrow, and stayed in to be watched for a week or so until the piglets gained some strength. They were very valuable and the loss of any one of them was a blow. They brought in a little money, when we sold them at the pig fair, and one or two were killed for meat for the family. I remember their being in our own house once and they were not put outside until the morning of the Stations, just in time to clean up the house before the coming of the priest. Would young people do that today?

mhithe atá timpeall, agus is lú ná san na héanlaithe. Mar sin ní gá dúinn an churadóireacht. Agus tá costaisí i bhfad níos troime. Nuair a tháinig an leictreachas, tháinig a bhille leis, an rud céanna leis an bhfón. Bhí an saol níos saoire fadó.

Má bhíomar bocht, níor chuir sé aon tinneas orainn, bhí gach aon duine mar a chéile. Ní cheannaímis éadaí nua puinn riamh. Chuireadh ár ngaolta i Meiriceá beartáin chugainn, agus astu san a thagadh ár gcuid éadaigh. Dá bhfaighfeá péire bróg a bheadh ró-mhór, chuirfeá olann isteach ina mbarra. Dá mbeidís ró-bheag, sháfá do dhá chois isteach iontu pé scéal é. Tá a rian air, tá *corns* inniu orainn! Ní shásódh an saol san an dream óg inniu, agus an ceart acu, tá an saol athraithe.

Cé a chuirfeadh muca isteach 'on tigh inniu? Leis na brait urláir agus leis na tíleanna agus na maisiúcháin? Ach bhídís istigh fadó. Bhídís, ins gach aon tigh. Nuair a bheadh an chráin chun banbhaí a bheith aici, chaithfí í a fhaire go cúramach. Luífeadh sí ar na banbhaí gan aon dua. Tugtaí isteach í chun breith agus déantaí í a fhaire ar feadh seachtaine nó mar sin, go dtiocfadh neart éigin ins na banbhaí. Bhíodar an-luachmhar, agus ba mhór an chailliúint aon rud a imeacht ar aon cheann acu. Thugaidís ábhairín airgid isteach nuair a dhíolaimis ar aonach na muc iad, agus maraítí ceann nó dhó mar fheoil don teaghlach. Is cuimhin liom iad a bheith inár dtigh féin aon uair amháin, agus nár cuireadh amach iad go dtí maidin na Stáisiún, díreach in am chun an tigh a bheith glan sara dtiocfadh an sagart. An ndéanfadh daoine óga inniu é sin?

Lovely bag! Hain William on her First Communion Day
Nach deas é an mála! Hain William, lá a Céad Chomaoine

© Hain William Bean Uí Mhurchú

Cathy
Bean Corduff

The banshee cried for my mother's death. At least, that is what my uncle believed. He was coming down the road past the graveyard one night late, himself and a friend, and they heard the keening in the graveyard. The following weekend my mother died quite unexpectedly, at my birth. She left me and two other small children, and my heartbroken father.

I was so well looked after as a child that I never missed her. I saw my aunt as my mother. I was sent to Gallarus to live with her in my grandmother's house. When she married, she brought me with her to Baile Uachtarach, which, in my heart, is home. So as a child I didn't miss my mother. But as I get older, I think of her a lot. Whenever I am in the graveyard in Dún Urlann, I think of her, and of how young she was when she was put down into that grave, and of my poor father's grief.

But I had a great childhood. I was the only child in Baile Uachtarach, spoilt and loved. Santa was always very good to me. I remember a beautiful doll, with clothes that you could snap on. I loved her, and never saw another like her. Mind you I also remember taking out the Child of Prague and knocking the hands off him as I was 'teaching' him!

As teenagers, we had a great life in Ballyferriter, cycling to dances in Cavan's hall and in Murreigh, and in Brú na Gráige with the boys from Cork. We

Chaoin an bhean sí mo mháthair. Sin é a chreid m'uncail, ach go háirithe. Bhí sé ag teacht anuas Bóthar na Mine thairis an reilig aon oíche amháin déanach, é féin agus cara, agus chualadar an caoineadh sa teampall. An deireadh seachtaine ina dhiaidh sin a cailleadh mo mháthair, gan aon choinne leis, dem' dhroim-se. Fágadh mise, agus beirt leanbh óg eile, agus m'athair bocht croíbhriste.

Fuaireas aire chomh maith le linn m'óige nár mhothaíos uaim mo mháthair. Cheapas gurbh í m'aintín mo mháthair i gcónaí. Cuireadh go Gallaras mé chun maireachtaint ina teannta i digh mo mháthar críonna. Nuair a phós m'aintín, thug sí léi ar an mBaile Uachtarach mé, agus istigh im' chroí, sin é an baile. Ní raibh aon easpa máthar orm nuair a bhíos im' leanbh. Ach anois, agus mé ag dul in aois, cuimhním an-chuid uirthi. Nuair a bhím thíos i Reilig Dhún Úrlann, cuimhním uirthi, agus chomh h-óg is a bhí sí ag dul síos sa chré ann, agus ar uaigneas m'athar.

Ach bhí an-óige agam. Ba mé an t-aon leanbh ar an mBaile Uachtarach, an peata ceana. Bhíodh Saintí i gcónaí an-mhaith dom. Is cuimhin liom bábóg álainn, d'fhéadfá éadaí a chur uirthi. Ní fhaca a leithéid riamh ó shoin. Aon lá amháin, thugas amach Leanbh Prague, agus bhriseas an dá láimh dó, á mhúineadh, mar dhea!

Mar dhéagóirí, bhí an-shaol againn i mBaile an Fhirtéaraigh, ag rothaíocht go dtí na rincí i Halla Cheaivin agus ar an Muirígh, agus i mBrú na Gráige i dteannta bhuachaillí Chorcaí. Ba bhreá linn na rincí, ach bhíodh

loved the dances but cycling home about one o'clock in the morning was no fun. We had all heard the fairy stories, and we knew that anything might happen at night. One night, a friend and I were coming down the hill past the graveyard. We saw two women, also on bicycles, with scarves on their heads, go up Bóithrín na Marbh, the boreen of the dead. At that hour of the night? We thought they were from the other world, and to tell you the truth, I still wonder.

I know for sure, though, that my neighbour Joe Cheaivin played a trick on me one night. He knew I would be coming home late one night, and that I was afraid of the *púcaí*. So he put a lighted candle in a jam jar just at the entrance to the graveyard. I could see it a mile away, and although I was absolutely terrified, I had no choice but to go on as I had to get home. By the time I got close enough and saw that it was a candle, I was nearly dead of fright. Joe had a good laugh at that. That was the entertainment we had long ago, the tricks we came up with ourselves.

When I was sixteen, I went to Belfast and trained as a children's nurse, so from then on, I was only home on holidays. My brother married in New York when I was twenty one, and I decided to go over to the wedding. That is when I met Christy Corduff, my brother's best man. We fell in love and he is now my husband. It took some time for us to get married, of course. I had to come back home, get my papers

neirbheas ag rothaíocht abhaile ar a haon ar maidin orainn. Bhí na scéalta púcaí cloiste againn, agus bhí a fhios againn go bhféadfadh aon rud titim amach istoíche. Bhíos féin agus cailín eile oíche ag teacht anuas Ard na Ceártan, thar an reilig. Chonaiceamar beirt bhan ar rothair, scairfeanna ar a gceann acu, ag dul suas Bóithrín na Marbh i dtreo na reilige. An tráth san den oíche? Cérbh iad féin, agus cad a bhí ar siúl acu? Bhíomar siúrálta gur púcaí iad, agus chun na fírinne a insint, n'fheadar fós cad deirim leo.

D'imir mo chomharsa, Joe Cheaivin, cleas orm oíche. Bhí a fhios aige go mbeinn ag teacht abhaile déanach, agus go raibh eagla púcaí orm. Las sé coinneall istigh i bpróca, agus d'fhág sé ag bun bhóthar na reilige é. Chonac míle ó bhaile é, agus dhóbair nár thit an t-anam asam. Chaitheas leanúint orm, chaitheas dul abhaile, agus níorbh fhiú trí leathphingní mé faoin am go rabhas comhgarach mo dhóthain chun a fheiscint cad a bhí ann. Bhain Joe an-shásamh as, an rógaire. B'shin é ár gcuideachta, na cleasa a cheapaimis féin.

Nuair a bhíos sé mbliana déag, chuas go Béal Feirste, agus thraenálas mar bhanaltra leanbh. Níor thána abhaile ach ar saoire as san amach. Phós mo dhearthair i Nua Eabhrac nuair a bhíos bliain agus fiche, agus shocraíos dul sall ar an bpósadh. Sin é an uair a bhuaileas le Christy Corduff, an fear a sheas le mo dhearthair. Thiteamar i ngrá lena chéile, agus sé m'fhear céile anois é. Gan dabht, thóg sé am orainn pósadh. Chaitheas filleadh abhaile, mo pháipéir a chur i gceart,

in order and get back to the States. Fr Tom, our old parish priest, was being buried the day I left, and I cried all the way to Tralee. My aunt had no idea that I was getting married and that made me nervous! But it all worked out, and soon we will have our fortieth wedding anniversary.

I had to write to Fr Kissane for a Letter of Freedom, acknowledging that I had no previous marriage. I must have sent him a few dollars, because I have a letter in response thanking me for the 'greenbacks'!

My first child was born here, in Tralee, and believe me, it was an ordeal. I was very taken aback by how difficult it all was, and I swore, if I had another, that I would be knocked out for the duration. And I was, too. Our second child was born in America, and was no trouble, or, if there was trouble, I have no recollection of it!

I worked in a nursing home in New York, and many of my colleagues were black. At one of their weddings, we were the only white people in the hall and we felt quite nervous. I told my friend later and she replied that she felt exactly the same way when she was in a completely white environment, and I could understand. Imagine a black woman in Ballyferriter at that time! It is so different now.

I loved America. City life suited me, even though the heat was terrible. But my father was here on his own, and Christy, my husband, felt sorry for him and always wanted to come back. So we did, in the end, and moved in with my father, to a house

agus dul sall arís, Cuireadh ár seanshagart paróiste, Father Tom, an mhaidin a d'fhágas, agus ghoileas gach aon mhíle den dturas go Trá Lí. Ní raibh aon tuairim ag m'aintín go raibh fonn pósta orm, agus bhí neirbheas orm a rá léi! Ach d'oibrigh gach aon ní amach ar deireadh, agus ní fada go mbeimid daichead bliain pósta.

Chaitheas scríobh go dtí an Athair Ó Cíosáin, chun litir a fháil ag rá ná rabhas pósta cheana. Ní foláir nó gur chuireas cúpla dollar chuige, mar tá litir agam uaidh ag gabháil buíochais as na 'greenbacks'!

Anseo, i dTrá Lí a saolaíodh mo chéad leanbh, agus mise á rá leat, níorbh aon dóichín é. Ní raibh aon tsúil agam go mbainfeadh a leithéid de bhráca leis, agus dúrt, dá ndéanfainn arís é, go mbeinn leagtha amach. Agus bhíos, leis. Thall i Meiriceá a saolaíodh an dara leanbh, agus ní raibh aon dua agam, nó má bhí, ní raibh aon chuimhne agam air!

D'oibríos i dTigh Banaltrais i Nua Eabhrac, agus daoine gorma ab ea anchuid dem' chomhleacaithe. Chuamar ar phósadh duine acu, agus ní raibh aon duine geal ann ach sinn féin. Dúrt lem' chara ina dhiaidh sin gur mhothaíomar aonarach, agus ar sise, 'Mar sin a mhothaím-se i bpobal geal.' Thuigeas di. Cuimhnigh ar bhean ghorm ar an mBuailtín an uair sin! Tá sé chomh difriúil anois.

Thaitin Meiriceá liom. Ba bhreá liom saol cathrach, ach bhí an teas diamhaireach. Bhí trua i gcónaí ag Christy dom' athair a bhí ina aonar anseo i mBaile an

A young Cathy Corduff
Cathy Bean Uí Chorduibh ina cailín óg

© Cathy Bean Uí Chorduibh

which hadn't been touched in many years. It was hard to know where to start. The laundry was done with rainwater gathered in a barrel at the side of the house, and dried on the bushes. The whole house had to be refurbished, and we were soon going to have the Stations. The Stations was a big day. Mass was at eleven in the morning, and you had to make a meal for the priests and for all your neighbours. And of course your house had to be spotless or everybody would be talking!

And after that, life went on. I spent many years teaching a Naíonra, an Irish language playschool, in Ventry. In the end, there was so much red tape growing around that job that my pleasure in it was ruined. I moved to helping children with special needs in Ballyferriter, and I loved that too. In my present job, I do the same kind of work in the Monastery in Dingle, and I find it very satisfying.

And I can say, and it has taken me a long time to get to say it, because I missed America, that I am living in the place I love best in the world.

Éanaigh, agus theastaigh uaidh go dtiocfaimis abhaile. Ar deireadh, thánamar, isteach go tigh m'athar, tigh nár leagadh lámh le blianta air. N'fheadar cá dtosnóinn! Caitheadh éadaí a ní leis an uisce báistí sa bharaille le taobh an tí, agus a thriomú ar na toir. Bhí an tigh ar fad le glanadh, agus níorbh fhada uainn na Stáisiúin. Lá mór é sin, Aifreann ar a haon déag ar maidin, béile don sagart agus do na comharsain, agus gan dabht, chaithfeadh an tigh a bheith gan smál nó bheadh daoine ag caint!

Leanamar leis an saol. Chaitheas blianta i mbun Naíonra, ach ar deireadh bhí an oiread san rialacha costaiseacha ag teacht isteach gur loiteadar mo shásamh ann. Bhogas go dtí post ag cabhrú le leanaí le riachtanais speisialta i Scoil an Fheirtéaraigh, agus thaitin san chomh maith liom, agus faoi láthair, táim fós ag gabháil dó i Scoil na mBráithre sa Daingean. Is breá liom é.

Agus anois, ar deireadh, agus thóg sé tamall maith uaim teacht chuige toisc gur mhothaíos uaim Meiriceá, táim sásta go bhfuilim im' chónaí san áit is fearr liom ar domhan.

Cathy Corduff's wedding day
Lá pósta Cathy Bean Corduff

© Cathy Bean Uí Chorduibh

Máirín Ní Dhuinnshléibhe, Bean Uí Bheoláin

The Great Blasket was my home until I was ten. My mother taught there during that period, and we left when she got a job on the mainland, and we went, with regret, to live in Cill Mhic a' Domhnaigh. We thought we were special, we who lived on the Blaskets, and indeed there were fine men and women on the island. There was no doctor, no nurse, no shop, no Post Office, no horses, even. And yet we never felt deprived.

Children played freely across the island. There were no fences to protect us from the sheer cliffs, and yet nobody fell. We helped each other up and down, hand over hand. When I look now at those cliffs we played on, they make me shiver.

We loved the summer when the visitors came. We would sit at the Top of the Cliff, or at the slip. and watch the boats coming in. Two in this boat, four in that boat. All asking for directions to one house or another, and all of us rushing to help them, hoping for a bag of sweets. We loved looking at the style and the clothes.

One visitor I specially remember is Cearbhall Ó Dálaigh who was later President of Ireand. He and his wife Máirín Ní Dhonnchadha spent their honeymoon with us on the Great Blasket. Little did we think that the man swimming on the White Strand would one day be the president of Ireland.

We loved the White Strand ourselves.

Ar an mBlascaod Mór a mhaireas go dtí go rabhas deich mbliana d'aois. B'í mo mháthair an múinteoir scoile ann, agus nuair a fuair sí post ar an mórthír, bhí uaigneas orainn agus sinn ag teacht amach go Cill Mhic a' Domhnaigh. Cheapamar go rabhamar speisialta ar na Blascaodaí, agus go deimhin, is ann a bhí na fearaibh agus na mná breátha. Ní raibh dochtúir, ná banaltra, ná siopa, ná Garda, ná Oifig Poist ná capall fiú amháin againn. Agus níor mhothaíomar uainn iad.

Bhí saoirse an Oileáin againn. Ní raibh aon chlaí idir sinn féin agus an fhaill dhiamhair a bhí faoinár mbun, ach níor thit aon duine. Chabhraíomar go léir lena chéile, gach aon fhear ag tabhairt lámh don bhfear lastuas. Nuair a fhéachaim ar na faillteacha san anois, tagann creithneamh ionam.

Ba bhreá linn an samhradh, agus na daoine a thagadh ar saoire. Bhímis ar Bharra na hAille nó ar Bharra na hInneonach ag faire ar na báid ag teacht isteach. Beirt i gceann, ceathrar i gceann eile. Gach aon duine acu ag lorg an tí seo nó an tí eile, agus sinne ag rith rompu, súil le mála milseán againn. Ba bhreá linn a bheith ag faire ar a gcuid éadaigh, ar an bhfaisean.

Duine is cuimhin liom thar daoine eile ná Cearbhall ó Dálaigh, a bhí ina dhiaidh sin ina Uachtarán ar Éirinn. Chaith sé féin agus a bhean, Máirín Ní Dhonnchadha, mí na meala ar an Oileán. Is beag a shíleamar go mbeadh an fear a bhí ag snámh thiar ar an Trá Bhán lá ina uachtarán ar Éirinn.

Ba bhreá linn féin an Trá Bhán. Thógaimis

We built little castles, and the boys played football with a sock stuffed with rags. The only time we had any trouble was when the Government sent us a bull. It was a huge beast with a great brass ring in its nose that bellowed constantly. We couldn't move out of the houses. The bull could be anywhere, the fields were just beside the houses. Finally, we were so trapped that it was decided to send the bull to Beginish. We children were delighted. We had our freedom back. The bull would be bellowing on Beginish, and the cows would be lowing in the fields, but we didn't care, we were safe.

And then, one day, we were playing on the White Strand, and there we saw him, swimming towards us. Well, we scampered for safety, up the banks and into the village. On the bull came, through the ocean to the White Strand, up the dunes and into the fields to the cows. We were trapped again!

In winter on the island, it was a great time for ghost stories, myths and legends, and stories from history. Fionn Mac Cumhaill was as real to us as our next door neighbour. We would dance in Máire Lyne's house, with mouth music. We didn't know the word bored. In fact, we had no word for bored in Irish.

Christmas was our great festival. About two or three weeks before Christmas, there was often what we called The Christmas East Wind, a period of calm seas. At that time the men would row the long journey to Dingle for the Christmas stores. At other times they had to go through Dún

caisleáin bheaga, agus bhíodh na buachaillí ag imirt caide le seanstoca lán de cheirteacha. An t-aon rud amháin a chuir le gréin sinn ná an uair a tháinig an tarbh ón nGobhairmint chugainn. Tarbh mór groí, fáinne buí ina shrón. Gach aon bhúir as. N'fhéadfaimis corraí amach, ní bheadh a fhios agat cá mbeadh an tarbh, ní raibh na goirt ach siar ó na tithe. Bhíomar chomh teann taithe gur socraíodh ar deireadh an tarbh a chur go Beiginis. Bhíomar ana-shásta. Bhí seans arís againn dul amach. Bhíodh an tarbh ag búirthigh i mBeiginis, agus na ba ag géimnigh istigh, ach ba chuma linne.

Agus ansan, aon lá amháin agus sinn thíos ar an dtráigh, cad a chífimis chugainn isteach tríd an uisce ach mo tharbh ag snámh. Chuireamar dínn, fad a bhí inár gcroí, tríd na poirt suas go dtí na tithe. Isteach leis an dtarbh, suas an Trá Bhán, thar poirt is clathacha go dtí na ba. Leaindeáilte. Bhí beirthe arís orainn.

An-am scéalta ab ea an geimhreadh ar an oileán, scéalta púcaí, scéalta Fiannaíochta, fabhalscéalta, stair. Ba gheall le comharsa Fionn Mac Cumhaill. Bhímis ag rince chomh maith, i dtigh Mháire Laighin, poirtíní béil againn. Ní rabhamar riamh gan cuideachta. Ní raibh aon fhocal againn ar *bored*.

B'í an Nollaig féile mhór na bliana. Timpeall le coicíos nó trí seachtaine roimh Nollaig, thagadh tréimhse go dtugtaí Gaoth Anoir na Nollag air, tréimhse chiúin ar an bhfarraige. Ansan, théadh na fearaibh 'on Daingean, an turas fada farraige. Uaireanta eile chaithidís dul trí Dhún Chaoin. Ní

Chaoin. I don't ever remember women going for Christmas supplies. But they sent for the decorations, the candles, the food and the drink, usually a drop of Guinness and a drop of whiskey. There was no holly on the island, it was as bare as my palm, no tree would grow on its windswept slopes. But there was lots of ivy, and we pulled quantities of that.

Candles were packed in jam jars, and one was put in every window of every house. This was the only time of year when there was light anywhere other than the kitchen. We hung paper chains around the windows, and on the fire place, and hung our socks for Santa. Even Santa was poor in those days. A pencil case was a big thing to get.

Christmas was also a great time to get parcels from America, or a letter with dollars. We were miserable that we had nobody there to send us parcels, but the neighbours did not let us go empty handed, we always got some little thing when a parcel came. I think it was at that time that I heard of Chickopea Falls. I thought it a strange and wonderful name. Many years later, in the States myself, I saw the sign, and for old times' sake, I had to make a detour to see the town I had dreamed so much about in my childhood.

After leaving the Blaskets, I went from primary school to Coláiste Íde, a preparatory college which prepared girls for careers as primary teachers. I had a very easy time there, because my Blasket background and my acquaintance with great writers made me a bit of a favourite with the headmistress.

cuimhin liom riamh aon bhean a dhul ag triall ar lón na Nollag. Ach chuiridís fios ar na maisiúcháin, na coinnle, an bia agus an deoch – braon Guinness agus braon fuisce de ghnáth. Ní raibh aon chuileann ar an Oileán, bhí sé chomh lom lem' láimh, gan crann ag fás air, ach bhí fuílleach eidhneáin againn, agus bhailimis ualaí de sin!

Shocraímis na coinnle i bprócaí suibh, agus bhíodh ceann ins gach aon fhuinneog ins gach aon tigh. Ní bhíodh solas ach sa chistin aon am eile den bhliain. Chrochaimis slabhraí páipéir ar na fuinneoga, agus ar an iarta. Chrochaimis ár stocaí do Saintí, ach an fear bocht, ní mór a bhíodh aige an uair sin. Ba mhór an rud cás peann luaidhe a fháil.

Am mór beartán ó Mheiriceá ab ea an Nollaig, agus thagadh litreacha agus dollaeirí iontu. Fairíor, ní raibh aon duine againne a chuirfeadh beartán chugainn, ach ní fhágadh na comharsain dealbh sinn! Is dóigh liom gur tríd na beartáin a chuala don chéad uair mar gheall ar Chickopea Falls. Cheapas gurbh ait agus gurbh iontach an ainm í sin. Blianta fada ina dhiaidh sin agus mé i Meiriceá, ná faca comhartha bóthair dó, agus chaitheas casadh i leataoibh chun turas a thabhairt ar an mbaile sin a chuir draíocht ar m'óige.

Ar fhágaint an Bhlascaoid dom, chríochnaíos an bhunscoil, agus chuas go Coláiste Íde, Coláiste Ullmhúcháin chun cailíní a ullmhú don bhunmhúinteoireacht. Bhí an-saol agamsa ann, mar thaitin mo chúlra sna Blascaodaí, agus m'aithne ar na

Clifftops on the Great Blaskets. Máirín Ní Dhuinnshléibhe on left at front

Barra na hAille ar an Oileán Tiar. Máirín Ní Dhuinnshléibhe ar chlé chun tosaigh

© Ionad an Bhlascaoid

All the same, it was a very stern school. We were allowed no contact at all with any boys, and we were forbidden to look at a man. We were expected to live the life of novice nuns. And they knew a lot about us, believe me, the grapevine worked and they heard what we got up to in the holidays!

One year, a girl was doing a steady line during her holidays. The day we came back, the two nuns were at the door to greet us, as they always were. When the girl I referred to arrived, they fixed her with a basilisk eye and asked 'And did you spend a pure and chaste summer?' Look at that for a question! How would you answer that?

I met my own husband while I was in Coláiste Íde, and while our relationship was not serious, we were always together when we were home. When we started working, he was in Cavan, and I heard that there was an attractive young woman on the staff. That worried me. Then, one holiday, he and I were in Ventry, and he said, out of the blue, one day, 'I'm thinking of getting married.'

You can imagine who I thought of, the young assistant. But I said, 'Oh, do I know her?'

'Quite well, I'd say,' he answered.

'But I have never seen you with anyone, how would I know her?' I asked.

'There will be no more nonsense now,' he said, 'We'll get engaged at Christmas and married in the spring.' And that is

mórscríbhneoirí go mór leis an bpríomhoide.

Mar sin féin, bhí an scoil ana-dhian. Ní raibh aon teagmháil le buachaillí againn, ná aon chead againn féachaint ar aon fhear. Ba gheall le nóibhísigh sinn. Agus bhí eolas maith acu ar cad a bhí ar siúl againn i gcaitheamh na saoire!

Bhí an cailín seo, samhradh, agus 'líne' á dhéanamh aici. An lá a thánamar ar ais, bhí an bheirt bhan rialta ag an ndoras mar ba ghnáth leo chun fáilte a chur romhainn. Nuair a tháinig an cailín go bhfuilim ag caint uirthi isteach, féachadh idir an dá shúil uirthi, agus dúradh 'Agus ar chaithis-se samhradh glan, geanmnaí?' Féach air sin! Conas a fhreagrófá é sin?

Bhíos i gColáiste Íde nuair a bhuaileas lem' fhear céile féin. Ní rabhamar an-dáiríre ar fad ach nuair a bhíomar age baile, bhíomar i gcónaí i dteannta a chéile. Nuair a thosaíomar ag obair, bhí Mícheál sa Chábhán, agus chuala-sa go raibh cailín óg ana-dheas sa scoil sin. Bhí sé sin ina luí ar m'aigne. Ansan, aon tsaoire amháin, bhíomar i gCeann Trá, agus ar seisean, gan aon choinne agam leis, 'Táim ag cuimhneamh ar phósadh.'

Beidh a fhios agat cad air a chuimhníos, an cailín óg sa scoil. Ach ní dúrt ach 'Ó, an bhfuil aon aithne agam uirthi?'

'Déarfainn go mbeadh,' ar seisean.

'Nuathair, ní fhaca-sa riamh i dteannta aon duine thú, conas a bheadh?' arsa mise.

'Cuir uait anois,' ar seisean, 'agus ná bíodh a thuilleadh air. Gheobhaimid geallta sa Nollaig agus pósfaimid san Earrach.' Agus sin é mar a bhí sé, agus sin é mar a bhí sé

how it was, and it was meant to be, no one else would have put up with me.

Well, I became a teacher, and it suited me. I never stopped. I was fortunate, the Marriage Ban, which forbade married teachers from holding down jobs, was rescinded the very year I got married. I had wanted to be an actress, and do you know, teaching is much like acting, Every time you stand in front of a class, you have to bring it with you, and I loved that.

I have a special birthday this year. You will work out which one it is if you realise that I retired from formal teaching in 1991. Mind you, I am still teaching, I have never fully left. Last year I took four immigrant children for an hour a day, to teach them English, a Chilean, a Chinese. an Estonian, and a child from Vietnam. Not a word of English among them at the beginning of the year, but they came on by leaps and bounds. I love the work. It keeps me young, I believe.

ceaptha a bheith, mar níl aon duine eile a chuirfeadh suas liomsa.

Bhuel, chaitheas mo shaol im' mhúinteoir, agus d'oir sé dom. Níor stopas riamh. Bhí an t-ádh liom, an bhliain a phósas-sa, cuireadh deireadh leis an gcosc ar mhná pósta a bheith ag múineadh. Theastaigh uaim a bheith im' aisteoir, agus tá dealramh ag an múinteoireacht leis an aisteoireacht. Gach aon uair a sheasaíonn tú os comhair ranga, caitheann tú iad a thabhairt leat. Bhaineas ana-shásamh as san.

Bhí lá breithe speisialta i mbliana agam. Oibreoidh tú amach cén ceann é má thuigeann tú gur éiríos as an múinteoireacht, de réir na hoifige, sa bhliain 1991. Ach dáiríre, táim fós ag gabháil dó. Anuraidh, thógas ceathrar inimirceach ar feadh uair an chloig sa lá, chun Béarla a mhúineadh dóibh. Duine ón tSile, Síneach, Eastónach, agus leanbh ó Viet Nam. Ní raibh aon fhocal acu ag tosach na bliana, ach dheineadar ana-dhul chun cinn. Is breá liom an obair. Is dóigh liom go gcoimeádann sé óg mé.

Máirín
Bean Uí Lúing

Làthair Fraoigh

In my youth, God help any girl who had a child out of wedlock. No one would respect either the child or the mother. It was a terrible thing. Now, it has changed altogether, there is no shame now. I am glad of that. The way we used to be was senseless. And it is strange, because in many ways the life long ago was wonderful.

I was an only child, and not only that, I was the only child in Carhoo in Dún Chaoin in my youth. We lived a simple life, no electricity or running water. My mother cooked everything over the open fire in a three legged pot. Even the bread was baked like this, with burning turf coals on the cover of the pot as well as underneath it. So if you wanted to see if your bread was baked, you had to lift off all the coals, and then be careful not to drop any ashes into the pot or your bread would be ruined. And you had to make sure that you had a bright enough fire to replace the top coals if it needed to bake some more.

There was no proper well in Carhoo, so we had a pump and the water was horrible and yellow. For drinking, we used a tiny spring down nearly Molly an Bhowlair's house.

In spite of all that, my mother, Lisa, kept students. At first, she had students from University College, Cork who wanted to learn Irish, but as the years went by she took all sorts of students, even primary school children who spent three months in the Gaeltacht. She really loved those lit-

Nuair a bhíos-sa im' chailín óg, go bhfóire Dia ar aon chailín a bheadh ag súil le leanbh roimh pósadh di. Ní bheadh aon mheas ar an leanbh ná ar an máthair. Rud scanrúil ab ea é. Tá san go léir athraithe, níl aon náire ag gabháil anois leis. Is maith liom é sin. An tslí a bhíomarna, ní raibh aon chiall leis. Agus is ait liom é, mar ar shlite eile bhí an saol ana-dheas fadó.

Leanbh aonair ab ea mise, agus ba mé an t-aon leanbh ar an gCeathrúin lem' linn. Saol simplí a chaitheamar, gan aon leictreachas, gan aon uisce reatha. Dhein mo mháthair an chócaireacht go léir ar an dtine oscailte, i gcorcáin trí gcos. Mar sin a bhácálamar an t-arán, fiú amháin, in oigheann iarainn, sméaróidí ar chlúdach an oighinn chomh maith le faoina bhun. Má theastaigh uait féachaint an raibh do chíste bácálta, chaithis na sméaróidí ar fad a bhaint anuas, agus an clúdach a thógaint go cúramach chun gan an luaith a dhoirteadh ar an gcíste. Agus ba mhaith dhuit tine mhaith a bheith agat ar eagla ná raibh sé bácálta agus go gcaithfeá é a chlúdach arís!

Ní raibh aon tobar ceart ar an gCeathrúin, ach ceainnín beag a bhí thíos ag tigh Mhalaí go dtugaimís fíoruisce le n-ól as. Bhí caidéal ar an mbaile, chun uisce níocháin agus mar sin, ach uisce gránna buí a thagadh amach as.

Bhíodh mic léinn ar lóistín ag mo mháthair, Lisa, ina ainneoin sin. Ar dtús, thóg sí mic léinn ó Ollscoil Chorcaí a bhí ag staidéar na Gaeilge, ach le h-imeacht na haimsire, thóg sí scoláirí de gach aon aois, fiú amháin leanaí bunscoile a chaitheadh trí mhí sa Ghaeltacht.

tle ones, and they her. All their mothers said they put on weight in Dún Chaoin because my mother fed them so well. Although she is long dead, her old visitors still come back and ask about her.

One girl who stayed with her was listening to all the fairy stories. She and a local boy decided to have some fun with a couple who had a holiday home in the village. She and the boy got a fishing line and tied a stone to the bottom. Up with them on to the back of the house. They dangled the line down in front of the door and knocked with the stone. The visitors came out, and saw nothing, naturally, because the fishing line had been pulled up. They went back in, taking no notice. Another knock. Nobody outside. They were getting nervous. On the third knock, the woman was screaming. To this day, they probably think that they heard a fairy in Carhoo. My mother only heard that story when the girl involved was a grown woman.

Ours was a great house for visiting and for political argument. Some of the well known Dún Chaoin characters like Danny and Charlie used to visit us regularly. They would be Fine Gael, I think, and my father was Fianna Fáil, and there used to be great arguments. I missed their fun and crack when they died.

I worked in the knitting factory in Ballyferriter until I married my husband, Mike. I met him in Kruger's and I liked him right away. He was very popu-

Ba bhreá léi na leanaí beaga, agus ba bhreá leo san í. Deireadh na máithreacha ar fad go gcuiridis meáchan in airde, mar go raibh bia Lisa go maith. Cé gur fada caillte í, bíonn seana-scoláirí fós ag cur a tuairisce.

Bhí aon chailín amháin a d'fhan acu, agus bhí sí ag éisteacht leis na scéalta púcaí go léir. Shocraigh sí féin agus buachaill beag ón áit go mbeadh tamall cuideachtan acu ar lánú go raibh tigh saoire aici ar an mbaile. Fuair sí féin agus an garsún dorú agus cheanglaíodar cloch lena bhun. Suas leo ar chúl an tí. Chrochadar an dorú anuas thar cheann an tí os comhair an dorais, agus chnagadar an chloch ar an doras. Tháinig na cuairteoirí amach, agus ní fhacadar faic, gan dabht, mar bhí an dorú tarraingthe in airde. Chuadar isteach, níor thógadar aon cheann de. Cnagadh arís. Faic amuigh. Bhí neirbheas ag teacht orthu. Ar an tríú cnag, bhí gach aon scréach as an mbean. Go dtí an lá atá inniu ann, déarfainn go gceapann siad gur chualadar púca ar an gCeathrúin. Níor chuala mo mháthair an scéal sin go raibh an leanbh i gceist ina bean fásta!

Tigh mór cuideachtan agus polaitíochta ab ea an tigh. Thagadh caractaeirí Dhún Chaoin ar nós Danny agus Charlie chugainn go rialta. Fine Gael ab ea iad san, is dóigh liom, agus Fianna Fáil ab ea m'athair, agus bhíodh argóintí móra suáilceacha eatarthu. Mhothaíos uaim iad nuair a cailleadh iad go léir, duine ar dhuine.

Bhíos ag obair sa mhonarcha cniotála ar an mBuailtín go dtí gur phósas Maidhc, m'fhear céile. I dtigh Kruger a bhuaileas

lar in Dún Chaoin, especially with the young ones, because he was home from America, and had a little truck in which he gave lifts home from dances to everybody and their bicycles. My mother was very happy with Mike, and he was always very good to her. The day I got married was the best day of my life, I think.

Do you know, I knew very little about the birth of children or anything to do with the body at that time. I learnt with the birth of my first child, you might say. Now that I think of it, I said very little to my own children. They were learning it at school by then, I think. Mike's parents were with us here in Ventry for a long time. We started a little business renting horses to tourists for riding. It was very simple in those days, we had no insurance, very little paper work. Now, it's very professional, we have to meet all sorts of standards, provide toilets, have our tack in perfect order, all that. My son runs the business now, and I sometimes help. I used to do a lot more before I fell ill last year.

I had meningitis, toxaemia, and a little bit of pneumonia. I was expected to die, and I spent three or four days in a coma. I was not expected to recover. Everyone was expecting the worst. But then one morning, I woke up. I am told that the first thing I said was, 'I want to go to T. K. Maxx!' (I love shopping!)

It took a while to recover fully. I had to relearn to walk, to make a cup of tea, all the simple things you take for granted. I

leis, agus thaitin sé láithreach liom. Thaitin sé le gach aon duine i nDún Chaoin, go mór mhór na daoine óga, mar bhí sé tagtha abhaile ó Mheiriceá, agus bhí leoraí beag aige a thugadh marcaíocht abhaile ó na rincí do mhuintir an pharóiste ar fad, agus dá rothair! Bhí mo mháthair ana-cheanúil air, agus bhí sé ana-maith dhi i gcónaí. An lá a phósas an lá ab' fhearr im' shaol, is dóigh liom.

A' bhfeadaraís, is beag eolas a bhí againn ar shaolú leanaí, nó ar aon rud a bhain leis an gcorp an uair sin. D'fhoghlaimíos-sa mo cheachtanna le saolú mo chéad linbh, d'fhéadfá a rá. Agus anois nuair a chuimhním air, ní mór a dúrt lem' chlann fhéin. Bhíodar á fhoghlaim ar scoil faoin am sin, is dóigh liom. Bhí athair agus máthair Mhaidhc inár dteannta anseo i gCeann Trá ar feadh tamaill mhaith. Thosnaíomar gnó beag ag ligint capall ar cíos chun marcaíochta. Bhí sé simplí an uair sin. Ní raibh árachas i gceist, is beag an páipéarachas a bhí ann. Anois ní folair gach aon rud a bheith i gceart, leithris a bheith agat, gach aon ghléas a bheith i gceart. Sé mo mhac atá i mbun an ghnó anois agus dheinin-se i bhfad níos mó sular buaileadh breoite anuraidh mé.

Bhí meiningíteas orm, *toxaemia*, agus blúirín beag niúmóine. Bhíos gan aithne gan urlabhra ar feadh trí nó ceathair de laetheanta, agus ní rabhthas ag súil go dtiocfainn as, bhí an scéal go h-olc. Ach ansan, aon mhaidin amháin, dhúisíos. Deirtear liom gurbh é an chéad rud adúrt ná, 'Teastaíonn uaim dul go T K Maxx!' (Siopadóir mór is ea mé!)

Thóg sé tamall uaim teacht chugam féin. Ní raibh mo choisíocht agam, ná ní

Tobar ab Phuncáin, the Great Blasket
Tobar an Phuncáin, an Blascaod Mór

© Ionad an Bhlascaoid

remember a nurse helping me to make a jigsaw and failing.

'I'll never do it,' I said, frightened.

'You will,' she said, 'be patient.'

And she was right. I am still improving every day.

Before that, I had cancer, and I recovered from that, too. After the operation, I had twenty three clips in my stomach, and when the nurse was removing them, she asked me if I wanted to bring them home. 'Throw them away out of my sight into that bin,' I said, 'I don't want to be looking at them!' What would I want bringing the like of that home with me?

I don't do as much with the horses as I used to, but please God, little by little I will do more. I like to walk, but I can't go as far as I used to. When I go as far as the strand, the steep climb back is hard. But I want to see my grandchildren grow, so I keep walking, and I keep getting better.

My husband, Mike, died some years ago, and I miss him greatly. he was a great man for the company. I found the nights very long after his death, but it is true, things improve with time, and I am better now. Will I see him again? Oh, I don't know. They say that I will, but I don't believe that at all.

rabhas ábalta cupa tae a dhéanamh dom féin, na rudaí beaga simplí ná cuimhníonn tú orthu. Is cuimhin liom banaltra ag cabhrú liom mír mearaí a chur le chéile agus bhí sé ag teip orm.

'Ní dhéanfad go bráth é,' arsa mise go scanraithe.

'Déanfaidh tú,' ar sise, 'bíodh foighne agat.'

Agus bhí an ceart aici. Táim ag dul i bhfeabhas gach aon lá.

Roimis sin, bhí an ailse orm, agus thána as san leis. Tar éis na sceanairte bhí trí chlip is fiche im' bholg, agus nuair a bhí an bhanaltra á mbaint amach, d'fhiafraigh sí dhíom ar theastaigh uaim iad a bhreith liom abhaile. 'Caith uaim as mo radharc isteach sa bhrúscar iad,' arsa mise, 'agus ná bím ag féachaint orthu!' Cad ab áil liom a leithéid sin a thabhairt abhaile liom?

Ní dheinim oiread leis na capaill agus a dheininn, ach le cúnamh Dé, déanfaidh mé níos mó. Is maith liom a bheith ag siúl, ach ní féidir liom fós dul chomh fada is a théinn. Nuair a théim ar an dtrá, is deacair liom an cnoc aníos abhaile a chur díom. Ach teastaíonn uaim clann mo chlainne a fheiscint ag fás, agus coimeádaim ag siúl, agus coimeádaim ag dul i bhfeabhas.

Cailleadh mo chéile, Maidhc, cúpla bliain ó shoin. Mhothaíos uaim go mór é. Fear mór cuideachtan ab ea é. Fuaireas na h-oícheanta anfhada tar éis a bháis. Ach is fíor é, feabhsaíonn rudaí leis an aimsir, agus táim maith go leor anois. An gcífidh mé arís é? Ó, n'fheadar. Deir siad go gcífead, ach ní chreidim é sin in aon chor.

Farming under Mount Brandon. Cathy Corduff at the horse's head
Ag feirmeoireacht faoi bhun Chnoic Bhréanainn. Cathy Corduff ag ceann an chapaill

© Cathy Corduff

Máirín Bean Uí Mhuircheartaigh

I had the greatest affection for Pope John Paul II. He was like someone I had known all my life, not like the current man. When he died, there was a lovely picture of him in the paper, and I cut it out and had it framed, and hung it on the wall with all my other holy pictures.

Well, I was asking him for something, and it wasn't coming. Now, there is no use in being impatient with holy people. They are very busy, at this time especially, with the devil running free around the world, and he is not affected by the price of petrol either! So you have to wait a bit, and I waited a good long time for Pope John Paul, and nothing was coming.

So, one night, on my way to bed, I stopped in front of the picture. 'Look here, John Paul,' I said, 'I put a frame on you, and that didn't happen without money. So now, it's time for you to get to work for me, I am tired of waiting.' Two days later I got what I had been asking for.

It is really a very different world now from the one that I was born into. We had no television or radio. Stories of the Fianna were our entertainment, the Rosary was said in every house, every night. Now, there are three or four televisions in every house, and a lot of what is shown is not good, we'd be better off without a lot of it. Sex and drugs and violence. Drugs are the worst things in the modern world, I believe. They turn people into animals. Even here in this remote area, they are available, there are people who sell them.

Bhí an-chion agam ar an bPápa Eoin Pól II. Ba gheall le duine é go raibh aithne lem' shaol agam air, ní ar nós an fear atá anois ann. Nuair a cailleadh é, bhí pictiúir deas ar an bpáipéar dó, agus ghearras amach é agus chuireas fráma air. Chrochas ar an bhfalla i dteannta mo phictiúirí beannaithe eile é.

Bhuel, bhíos ag lorg rud éigin air, agus ní raibh sé ag teacht. Anois, caithfidh tú foighne a bheith agat leis na daoine beannaithe. Tá siad an-chúramach, go mór mhór an aimsir seo agus an diabhal ag rith chomh scaoilte sin timpeall an domhain, agus gan praghas an pheitril ag cur aon tinnis air! Caitheann tú fanacht tamall, agus d'fhanas tamall maith fada leis an bPápa Eoin Pól, agus ní raibh faic ag teacht!

Aon oíche amháin agus mé ag dul a chodladh, stadas agus d'fhéachas air. 'Cogar anois, a Eoin Pól,' arsa mise, 'chuireas-sa fráma ortsa, agus níor dheineas é sin gan airgead. Is dóigh liom go bhfuil sé in am anois agat dul ag obair dom, táim cortha de bheith ag fanacht leat.' Dhá lá ina dhiaidh sin, fuaireas an rud a bhí uaim.

Tá an saol ana-dhifriúil anois ón saol gur tógadh mise ann. Ní raibh teilifís ná raidió againn. Scéalta Fiannaíochta an caitheamh aimsire a bhí againn, deirtí an Choróin ins gach aon tigh gach aon oíche. Anois, tá trí nó ceithre theilifís ins gach aon tigh, agus cuid mhaith dá dtaispeánann siad, ní maith é. Bheimis níos fearr as gan cuid mhaith dá bhfeicimid. Gnéas agus drugaí agus foréigean. Siad na drugaí is measa, is dóigh

Surely the Government should be able to stop them, but then again, when you see the Government paying themselves thousands and thinking €5 of an increase is a great thing for pensioners, you begin to realise that they don't care. Fianna Fáil was good long ago when there was no money in the country, but wherever the Celtic Tiger went, he didn't pass by here.

Maybe children nowadays know too much. I don't know, people say they should know everything, but since they started telling children all about sex from a very young age, the number of single pregnant women is higher than ever. How does that make sense?

And then there is a lot of blaming of men. I know there are some bad men, but what about the women? You see them, even in church, and for all the difference the couple of wisps they are wearing makes, they might as well have come out naked as they were born. Now if you have four or five men in a pub, and they have a few pints taken, and a couple of these women gather round them, what will happen? What you would expect to happen, of course.

You have to live a good life, That's the last thing my father said to me. 'We have no money to leave you,' he said, 'but I will give you one bit of advice: do good and avoid evil through all your life.' And that is what I have tried to do. We will all have to answer for ourselves one day.

I started this story with my life at

liom. Deineann siad ainmhithe do dhaoine. Fiú amháin anseo, tá daoine a dhíolann iad. Conas ná stopann an Rialtas iad? Ach ansan arís, nuair a chíonn tú an Rialtas ag tabhairt na mílte euro dóibh féin agus €5 sa tseachtain do phinsinéirí, tuigeann tú gur cuma leo. Bhí Fianna Fáil go maith fadó nuair ná raibh aon airgead sa tír, ach pé áit gur chuaigh an Tíogar Ceilteach, níor ghaibh sé thairis an áit seo.

N'fheadar ná go bhfuil an iomarca eolais ar leanaí na h-aoise seo. Deir daoine gur ceart gach aon eolas a thabhairt dóibh, ach ó tosnaíodh ar eolas gnéis a thabhairt do leanaí, ní fhacaís riamh oiread leanaí á saolú gan lánú laistiar dóibh. Conas a bhainfeá ciall as san?

Agus ansan, tá milleánú mór á dhéanamh ar fhearaibh. Tuigim go bhfuil droch-fhearaibh ann, ach cad mar gheall ar na mná? Feiceann tú iad, sa tsáipéal, fiú amháin, agus ní fiú dhóibh é a chur de bhráca orthu féin aon éadach a chur orthu, mar gheall ar a bhfuil ann dó. Bheidís chomh maith as dul amach faoi mar a thánadar ar an saol. Anois má tá ceathrar nó cúigear fear istigh i bpub, cúpla piúnt ólta acu, agus go mbailíonn na mná so timpeall orthu, cad a thitfidh amach? An rud go mbeadh súil agat leis, cad eile?

Caitheann tú saol maith a chaitheamh. Sin é an rud deireannach a dúirt m'athair liom. 'Níl aon airgead againn le fágaint agat', a dúirt sé, 'ach tabharfaidh mé aon chomhairle amháin duit: dein an maitheas agus seachain an t-olc i gcaitheamh do shaoil.' Agus dheineas mo dhícheall é sin a dhéanamh. Caithfimid go léir cuntas a thabhairt orainn féin lá éigin.

Thosnaíos an scéal seo lem' shaol anois,

present, so I must tell you that I was born in Baile an Lochaigh, the only daughter in a family of six children. All my brothers became teachers, and every one of them was very good to me. They never sent home an empty letter. Looking back, if I had my life again, I would stick to the books and be a teacher like them.

Instead, I stayed at home, and met my husband Seán when I was about fifteen or sixteen. He went to America, and I followed him there, and we got married. I hated America, every day of the heat killed me. So eventually we came home, and lived first in Seán's family home. We wanted a place of our own, so we bought this house and we have been here ever since.

The night my father died, I thought I heard a car come to the door about two o'clock in the morning. I looked out. There was no car, but I saw a small blue light burning in the ditch. The following morning, we got word of my father's death.

I was very very close to my mother. When she was dying at home in Baile an Lochaigh, I went to see her one evening. On the way home, there in the ditch was the same blue light. There was no way I would walk the road home on my own, a couple of the Baile an Lochaigh women had to come with me. Nobody saw that light on either occasion except myself and it followed me all the way home. I would not say I am a great believer in these things, but I can't deny what I saw myself.

agus caithfidh mé dul siar. Saolaíodh i mBaile an Lochaigh mé, an t-aon ghearrchaile amháin i measc cúigear dearthár. Múinteoirí ab ea mo dheartháracha ar fad, agus bhíodar an-mhaith dhom. Níor chuireadar riamh litir fholamh chugam. Ag féachaint siar, dá mbeadh mo shaol arís agam, thabharfainn aire do na leabhair, agus bheinn im' mhúinteoir chomh maith leo.

Ina ionad san, d'fhanas ag baile, agus bhuaileas le m'fhear céile, Seán, nuair a bhíos cúig déag nó sé déag. Chuaigh sé sin go Meiriceá agus leanas ann é, agus phósamar thall. Níor thaitin Meiriceá liom, mhairbh gach aon lá don dteas mé. Ar deireadh thánamar abhaile, agus mhaireamar i dtigh muintire Sheáin ar dtús. Theastaigh áit d'ár gcuid féin uainn. Cheannaíomar an áit seo, agus táimid ann ó shoin.

An oíche a cailleadh m'athair, cheapas gur chuala cairt ag teacht 'on doras timpeall a dó ar maidin. D'fhéachas amach. Ní raibh aon chairt ann, ach chonac solaisín beag gorm ar lasadh sa díg. Ar maidin, fuaireas tuairisc báis m'athar.

Bhíos ana-ana-mhór lem' mháthair. Nuair a bhí sí ag dul chun báis i mBaile an Lochaigh, chuas ar a tuairisc oíche. Ar mo shlí abhaile, cad a bheadh sa díg ach an solaisín gorm céanna. Ní fhéadfainn an bóthar a shiúl im' aonar, chaith beirt bhan ó Bhaile an Lochaigh teacht im' theannta. Ní fhaca aon duine an solas gorm ach mé féin, ach lean sé abhaile ar fad mé. Agus ní déarfainn go bhfuil creideamh mór ins na rudaí sin agam, ach ní féidir liom an rud a chonac féin a shéanadh.

Sheep over Cuas a' Bhodaigh
Cuas a' Bhodaigh, agus caoire

© Valerie O Sullivan

Now that my husband has died and my children have grown, what do I do? Well, I like to go to the pub on a Saturday evening and have a little brandy. When I am feeling well, I feel young, and when I am not, well, that's when I feel the weight of my years.

I have a home help, and that's the greatest thing that has been done for old people around here. They come in every day, they clean the house, they look after dinner. But the main thing is they chat. Old people have been accustomed to more people in the house, more conversation. It is wonderful when someone sits down and has a cup of tea and a chat with you, even better than the work. And they are wonderful women, the home helps.

Not everything in the health service is as good. When there was no money in the country, we could understand our doctors, but now there is no understanding them. How can you get the best help from someone you can't talk to? And again, with all the money in the country, you can't get a bed in a hospital, even though there are three or four wards closed in that same hospital. What way is that to spend money?

Anois, tá m'fhear céile caillte, agus mo chlann tógtha. Cad a dheinim? Is maith liom dul 'on phub tráthnóna Sathairn agus braoinín branda a bheith agam. Nuair a mhothaím go maith, mothaím óg, ach nuair ná bím ar fónamh, sin é an uair a mhothaím na blianta.

Tá cabhróir baile sa tigh agam, agus níl aon rud is fearr a tharla do sheandaoine sa dúthaigh seo ná san. Tagann siad gach aon lá, glanann siad an tigh, féachann siad i ndiaidh dinnéir. Agus thar aon rud eile, bíonn siad ag caint linn. Bíonn taithí ag seandaoine ar chomhluadar sa tigh, ar chomhrá. Is breá linn duine éigin a shuí síos chun cupa tae a dh'ól inár dteannta, is fearr é ná an obair fiú amháin. Mná iontacha is ea na cabhróirí baile.

Níl gach aon rud sa tseirbhís sláinte chomh maith céanna. Nuair ná raibh aon airgead sa tír, bhíomar ábalta ár ndochtúirí a thuiscint, ach níl aon tuiscint anois orthu. Conas a gheobhaidh tú cabhair ó dhuine nach féidir leat labhairt leis? Agus arís, ainneoin a bhfuil d'airgead sa tír, níl leaba le fáil in ospidéal, fág is go bhfuil trí nó ceathair de bháirdeanna dúnta ins gach aon ospaidéal. Cén saghas slí é sin chun airgead a chaitheamh?

A cosy house in Brandon
Tigín cluthar in aice le Srón Bhrain

© Síle Bean Uí Mhaolchatha

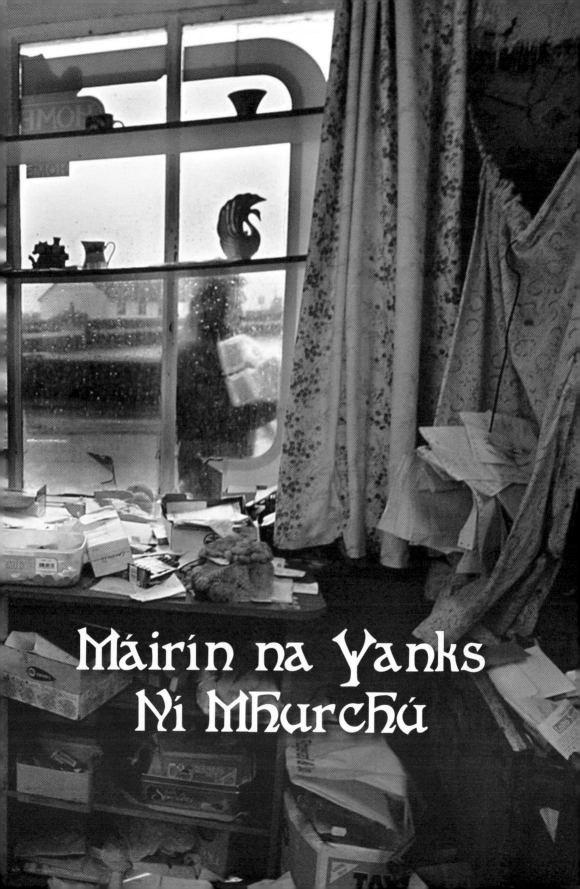

Máirín na Yanks
Ní Mhurchú

I was born in Caherscullibeen, in the most easterly house in the village, in 1933. I lived with my parents and my grandfather.

When I was three, two aunts, my mother's sisters, came home on holiday from America, One of them had been there for thirty three years. When she left Ireland she was only thirteen years old. A relative had taken care of her on the boat across. In America she went to night school. She worked as a cook, and later as a barmaid. She was the first female barmaid in Springfield, Massachusetts, and maybe in all of America. That was where most people from this area lived in America.

In any case, during the holiday, another aunt, who was married in Smerwick, became ill with cancer of the throat, and died. She left a young family, and the aunts decided to prolong their holiday to help settle the children.

Six months later my mother died, very suddenly. The doctor was called. He thought at first that she was pregnant again, because her stomach had swollen, but it was kidney trouble. The kidneys failed and she died.

The aunts were in difficulty. Their heartbroken parents were still alive. There were two small motherless families. They decided to stay at home, and look after everybody. They had very little money really. Their jobs in America had paid poorly. And they had always

I gCathair Scoilbín a rugadh mé, sa tigh is sia soir ar an mbaile, sa bhliain 1933. Mé féin, mo thuismitheoirí, agus m'athair críonna a bhí sa tigh.

Nuair a bhíos trí bliana d'aois, tháinig beirt aintíní liom abhaile ó Mheiriceá ar saoire. Bhí duine acu thall le trí bliana déag is fiche. Ní raibh sí ach trí bliana déag nuair a fhág sí Éirinn. Thug gaol léi aire di ar an turas sall. Chuaigh sí ar scoil oíche i Meiriceá. D'oibrigh sí mar chócaire, agus níos déanaí mar fhreastalaí i dtigh tábhairne. B'í an chéad fhreastalaí ban í i Springfield, Massachusetts, nó i Meiriceá ar fad, b'fhéidir. Go Springfield a chuaigh furmhór de mhuintir na háite seo.

Ar aon chuma, an fhad a bhíodar anseo, cailleadh le h-ailse scornaí aintín eile liom a bhí pósta in Ard na Caithne, agus lán tí de dhílleachtaithe óga ina diaidh. Chuir na h-aintíní tamall lena saoire chun an teaghlach a shocrú síos beagán.

Leathbhliain ina dhiaidh sin, cailleadh go han-obann mo mháthair-se. Cuireadh fios ar an ndochtúir, agus cheap sé ar dtúis gur ag súil le leanbh eile a bhí sí mar bhí a bolg ataithe suas ar fad. Ach is iad na duáin a bhí ag cur uirthi. Theipeadar ar fad agus cailleadh í.

Bhí na h-aintíní teanntaithe. Bhí a dtuismitheoirí fós ina mbeathaidh, a gcroíthe briste. Bhí dhá theaghlach óga gan máithreacha. Shocraíodar go bhfanfaidís age baile chun féachaint i ndiaidh gach aon duine. Ní mór na pingní a bhí acu, mar is beag a bhí á thuilleamh i Meiriceá acu. Agus níor

remembered the poverty they had left behind and sent money home to help their siblings.

Out of their meagre funds, they bought this house in 1937, and brought me to live here. That is why I am known to this day as Máirín na Yanks. My being taken away broke my grandfather's heart. 'The mother's death was bad enough', he said, 'but to lose Máirín was the end entirely.' It must have been very hard for him, the end of all his hopes.

From then on I only saw him occasionally, maybe on Sunday after Mass. He lived on for a few years after I left. I still think about him all the time. Every time I am in the graveyard, I visit his grave.

Funny, I don't dream about him, but I do dream of my father. Last week, I dreamt I was back in my father's house. He was dying, in the bedroom. Everyone thought he had actually gone, but he opened his eyes and said that he would like to see Máire, that's what he called me, once more. I was brought up to the room. He looked at me, and then closed his eyes. There were neighbours around, one with a tin of sand, another with a bag of turf, and a woman with orange squash, whatever she was doing with orange, it wasn't the time of the Stations.

Of course, that is not how my father died at all. He died in Dingle Hospital, of a stroke. But when I woke up, I was kind of sad.

dhearmadadar riamh an ainnise a bhí fágtha ina ndiaidh acu, agus chuireadar airgead abhaile i gcónaí.

Pé beagán a bhí acu, cheannaíodar an tigh seo leis sa bhliain 1937, agus thugadar leo mise chun cónaithe ann. Sin é an chiall go dtugtar Máirín na Yanks go dtí an lá inniu orm. Bhris croí m'athar críonna an lá a tógadh as Baile an Lochaigh mise. 'Bhí an bás olc a dhóthain,' a dúirt sé, 'ach b'é deireadh ar fad é nuair a fhág Máirín an tigh.' Bhí sé dian air, deireadh an dóchais.

Ní fhaca ach anois is arís ina dhiaidh sin é, Domhnach tar éis Aifrinn b'fhéidir. Cúpla bliain a mhair sé tar éis dom fágaint. Cuimhním go minic air. Gach aon uair a bhím sa reilig, tugaim turas ar a uaigh.

Nach ait é, ní bhím riamh ag taibhreamh air, ach bím ag taibhreamh ar m'athair go minic. An tseachtain seo d'imigh tharainn, taibhríodh dom go rabhas ar ais i dtigh m'athar. Bhí sé ag fáil bháis thíos sa tseomra. Cheap gach aon duine go raibh sé caillte, ach d'oscail sé a dhá shúil agus dúirt sé gur mhaith leis Máire a fheiscint. Sin é a thugadh sé ormsa. Tugadh suas 'on tseomra mé. D'fhéach sé orm, agus dhún a shúile. Bhí comharsain timpeall, ceaintín gainimhe ag duine acu, paca móna ag duine eile agus buidéal oráiste ag bean eile. N'fheadar cén gnó a bhí don oráiste aici, níorbh é aimsir na stáisiún é.

Gan dabht, ní mar sin a cailleadh m'athair in aon chor. Cailleadh in Ospaidéal an Daingin é, stróc a bhuail é. Ach nuair a dhúisíos, bhí saghas uaigneas orm.

In the 1930s the small shops were in their heyday. So to make a living, the aunts opened one of their own. The first day, they stocked it completely from Jack Musgrave in Cork for a total sum of £50.

In those days, everything had to be measured out. Tea, sugar, lard, currants and raisins all came in big boxes. Tea chests were very much in demand. People used them for storage, or as playpens for children, with rubber bicycle tyres tacked around the top to protect against splinters.

A brother of my mother's lived with us over the shop. He was lame in one leg. He had fallen off a wall while carrying a bag of potatoes when he was a boy. In those days, there was no help for him. He recovered as best he could and that was it. But he was very useful around the house, doing all the harder jobs. He was very generous. Whenever I was going to Tralee, he always offered me money. 'The more I have, the more I'll spend,' I used to say.

My whole life has been this shop. I didn't do much at school. I went to Murreigh, a long way away, on foot, every day. The teachers were nice. Nice enough, we didn't give them much reason to be nasty.

I went straight from school to the shop, and I have been here ever since. It's a good thing I like it. I always have. In the old days, there was always a crowd in the evenings, playing cards and chatting. During the war, when tobacco was scarce,

Bhí na siopaithe beaga in ard a réime ins na triochaidí. Chun slí bheatha a thuilleamh, d'oscail na h-aintíní an siopa seo. An chéad lá riamh, líon Jack Musgrave na seilfeanna go léir ar leathchéad punt.

Caithtí gach aon rud a thomhas an aimsir sin. Tae, siúcra, saill, cuiríní, rísíní, thánadar go léir i mboscaí móra. Bhí an-éileamh ar na boscaí tae. Cuirtí rudaí i gcoimeád iontu, nó cuirtí leanbh isteach iontu, faoi mar a bheadh *playpen*, agus boinn rothair greamaithe don mbarra chun ná gearrfadh aon phíosa briste adhmaid an leanbh.

Bhí uncail ina chónaí inár dteannta sa tsiopa. Bhí leathchois bhacach faoi. Thit sé de chlaí agus paca prátaí á iompar aige nuair a bhí sé ina bhuachaill óg. San am san, ní raibh aon chabhair le fáil aige. Pé feabhas a tháinig air, tháinig sé air, agus b'shin a raibh air. Ach fear iontach timpeall an tí ab ea é, dheineadh sé na jabanna crua ar fad. Fear fial ab ea é. Aon uair a a bhínn ag dul go Trá Lí, d'ofráileadh sé airgead dom. 'Dá mhéid dá mbeidh agam, sea is mó a chaithfidh mé,' a deirinn leis.

Anseo sa tsiopa a chaitheas mo shaol. Ní mór a dheineas ar scoil. Chuas ar an Muirígh, tamall maith ó bhaile, ag siúl, gach aon lá. Bhí na múinteoirí deas. Deas a ndóthain, ní mór an chúis a thugamar dóibh a bheith gránna.

Chuas díreach ón scoil isteach 'on tsiopa, agus táim anseo ó shoin. Is maith an rud go dtaitníonn sé liom, agus gur thaitin i gcónaí. Fadó, bhíodh slua istigh gach aon tráthnóna, ag imirt chártaí agus ag cadaráil. Le linn an chogaidh, nuair a bhí an tobac gann, is minic

Drishane nuns on holiday
Mná rialta ar saoire

© Drishane Convent

my uncle often got his hands secretly on a bit. He didn't want to share it, and he would go out and hide under the capes or shawls that hung on the bottom of the stairs to have a smoke. He never knew that the cloud of smoke rising through the fabric gave him away, and that the whole company was laughing!

The young people stayed out in the hall, sitting on the counter. As I was growing into my teenage years, the boys would gather in. I could have had a great time, but I didn't.

I had no youth. One of the aunts was very strict. I was never let out. All my friends were going to dances, and I had to stay at home. I never said a word of complaint, not a single word but I cried myself to sleep many a night, thinking of my friends out enjoying themselves. I think I was too patient. You can be too accepting. I tell myself that I was not right, that I had no sense.

The local women sympathised with me, I think. One night, I came into the shop wearing a bit of lipstick. A local woman was there and heard my aunt order me upstairs to clean it off. I could hear her asking my aunt not to be hard, but it was no good. She never changed.

There were dances in Feohanagh, run by the priest. I was allowed there sometimes, if the priest would give me a lift to the hall and back. And it left no room for any personal capers, so I have no experience of that side of life, or of love.

a bhíodh ruainne beag i gan fhios ag m'uncail. Bheadh leisce air é a roint. An uair sin, bhíodh casóga nó seálanna ar crochadh ar bhun an staighre. Isteach fúthu san a théadh sé chun gal a bheith aige, agus níor thuig sé riamh go mbíodh an tigh ag gáirí faoi agus an deatach ag éirí amach tríd na héadaí uaidh!

D'fhanadh an dream óg amuigh sa halla, ina suí ar an gcúntar. Nuair a bhíos ag fás suas im' chailín óg, bhailíodh na buachaillí isteach. Cheapfá go mbeadh an-shaol agam, ach ní raibh.

Ní raibh aon óige agam. Bhí duine de na h-aintíní an-dian. Bhíodh mo chairde go léir ag dul ag rince, agus chaithinn-se fanacht age baile. Ní dúrt aon fhocal riamh, ná níor dheineas aon ghearán, ach is mó oíche a chuas a chodladh ag gol, ag cuimhneamh ar mo chairde amuigh ag aeraíocht dóibh féin. Is dóigh liom go rabhas ró-fhoighneach. Féadann tú cur suas leis an iomarca. Taibhsítear dom ná rabhas i gceart, ná raibh aon chiall agam

Bhí trua ag mná na háite dom, is dóigh liom. Is cuimhin liom oíche teacht anuas 'on tsiopa agus blúire *lipstick* orm. Bhí bean sa tsiopa agus chuala sí m'aintín ag tabhairt ordú géar dom é a ghlanadh dhíom. Chuala í ag rá lem' aintín gan a bheith dian, ach níorbh aon mhaith é. Níor athraigh sí riamh.

Ritheadh na sagairt rincí ar an bhFeothanaigh uaireanta. Bhíodh cead ansan agam, le marcaíocht sall agus abhaile ón sagart. Ní mór na céapars a bheadh mar sin agat, mise á rá leat. Mar sin, níl aon taithí ar an ngrá ag Máirín, go bhfóire Dia uirthi.

That was the time when matches were made. A couple of men made offers for me. They were nice men, too, but the aunt thought I should stay there and look after everybody, so every offer was refused. I suppose they were lucky men not to have been tied to me. If I had had my way, though, I might have accepted an offer. Well, it doesn't matter now. I am satisfied. That is good enough.

I have spent all my life around here. The farthest away I ever went was to Dublin. I went on a train, for the only time in my life. That was long ago. Recently there was a funeral that I would like to have gone to, but I would have had to go on the train. I wouldn't go without someone to come with me on the train. I'd be afraid to go on my own. Isn't that awful for you? Imagine being as green as that!

Once ever, on a Sunday, I went for a walk on the strand, with a neighbour returned from abroad, and a nun. We took off our shoes, and walked at the edge of the water. It was lovely. They say it is the best thing you can do for your feet.

The car was parked a nice distance away, and we had to walk back to it barefoot across some stones. Soon after, the sole of my foot got sore, very very sore. I went to the doctor, and I had to have physiotherapy with Bríde Brosnahan. She put little needles into my toes, acupuncture I think it is called. So that was my first time on the strand, and the last time too.

B'shin é an uair go ndéantaí cleamhnaistí. Tháinig cúpla scéala cleamhnais ó bhuachaillí na h-áite, buachaillí deasa leis, ach cheap m'aintín gur cheart dom fanacht ann agus féachaint i ndiaidh gach aon duine, agus níor glacadh le haon scéala. Is dócha go raibh seans leis an bhfear nár chuaigh ceangailte ionam. Ach dá bhfaighinn mo rogha, b'fhéidir go bpósfainn. Bhuel, is cuma anois. Táim sásta. Sin é mo dhóthain.

Tá mo shaol ar fad caite anseo agam. An fhad is sia a chuas ná go Baile Átha Cliath ar an dtraein aon uair amháin, fadó. Bhí sochraid ansan le déanaí gur mhaith liom dul ann, ach chaithfinn dul ar an dtraein, agus bhí eagla orm dul im' aonar. Nach uafásach an rud é sin? Cuimhnigh ar aon duine a bheith chomh simplí sin!

Aon uair amháin riamh – Domhnach – a chuas ag siúl ar an trá, mé féin agus comharsa a bhí fillte abhaile ar saoire, agus bean rialta. Bhaineamar dínn ár mbróga agus bhíomar ag siúl ar imeall na farraige. Bhí sé go h-aoibhinn, agus deirtear go bhfuil sé an-mhaith do na cosa.

Ar aon chuma, bhí an mótar páirceáilte tamall deas uainn, agus chaitheamar siúl ar ais thar na clocha. Ní fada ina dhiaidh sin go bhfuair mo sháil tinn, ana-ana-thinn. Chuas go dtí an ndochtúir, agus chaitheas fisiteiripe a bheith agam le Bríde Brosnahan. Chuir sí snáthaidí beaga isteach i lúidíní mo chos, *acupuncture* a thug sí air is dóigh liom. B'shin é mo chéad turas ar an trá, agus mo thuras deireanach.

My life now is good. I open my shop every day. I close for a while and go for a little walk. I tell myself that, if I were in hospital, the door would be closed and I would have to put up with it.

I go to see relatives, especially people who have no one to call on them. I don't regret not marrying, now. I think of the dead, my grandfather and my aunts. I pray for them. The church is just across the road from me. My faith is very important to me, and I say the Rosary. Every night in bed, I say all the old prayers. Nothing scares me, except the gale. I hate it, for fear that it might lift the roof of the house. Not even my prayers are enough to send me to sleep on the night of a high wind.

I have no real plan for my life, none, and I am so calm in myself. I take every day as it comes. I thank God for the company, and for the chat, and I will keep my door open as long as I can.

Tá saol maith anois agam. Osclaím an siopa gach aon lá, Dúnaim tamall é chun dul ag siúl. Deirim liom féin, dá mbeinn san ospaidéal, go mbeadh an doras dúnta agus go gcaithfí cur suas leis.

Tugaim turas ar ghaolta liom, daoine ná fuil aon duine acu chun dul ag caint leo. Níl aon aithreachas orm a bheith singil, anois. Cuimhním ar na mairbh, ar m'athair críonna, agus ar m'aintíní. Deirim paidir dóibh go léir. Níl an sáipéal ach trasna an bhóthair uaim, agus is mór agam mo chreideamh. Deirim an Choróin, agus na seanphaidreacha go léir gach aon oíche agus mé sa leabaidh. Ní scanraíonn aon rud mé ach an gála. Tá an ghráin agam air, le h-eagla go mbainfeadh sé an ceann don dtigh. Ní chuireann na paidreacha féin a chodladh mé oíche gaoithe móire.

Níl aon phlean agam dom' shaol. Táim socair suaimhneasach ionam féin. Tógaim gach aon lá mar a thagann sé, agus osclaím mo dhoras. Táim buíoch do Dhia as an gcomhluadar agus as an gcuideachta.

Saving the hay
Sábháil an fhéir

Máire Scanlon
Bean Uí Shíthigh

Baile an Lochaigh is a very stony village, at the foot of Mount Brandon. Just inside it is Com a' Lochaigh, dark and mysterious. It was in there, in Poll na bhFód, where the salmon are six feet long, that I was found as a baby, in the year 1920. This is what my grandmother told me. All Baile an Lochaigh babies were found in Poll na bhFód.

My mother died when I was three. I have no recollection of her face, but I do remember her hand. I was a very naughty child. One day, I had done something to annoy my mother, and she was chasing me. I ran between my grandfather and the fireplace for protection, but she was not going to let me off, and she reached in to drag me out. I remember her hand, and that is my only memory of her.

My youth was, I suppose, hard. Two of my sisters died of diphtheria, within a fortnight of one another, when I was about eight. To console me, the neighbours told me they had gone to heaven and would be back again, for Christmas. I can still remember the shock and sorrow of that Christmas when they didn't come. People shouldn't tell children things like that.

When I was young, TB was a great scourge. I got it in the leg. From Dingle Hospital, I was sent to the Outdoor Hospital in Cappagh, where I spent a year and a half, and where my leg was operated on. I remember my father coming to see me once, and I found it so strange to see him there, such a long way from Baile an

Baile clochach is ea Baile an Lochaigh, ag bun Cnoic Bréanainn. Díreach laistigh dó, tá Com a' Lochaigh, diamhaireach, rúndiamhrach. Istigh ansan, i bPoll na bhFód, mar a mbíonn na bradáin sé troithe ar fhad, a fuaireadh mise im' bhunóc, sa bhliain 1920. Sin é a dúirt mo mháthair chríonna liom. I bPoll na bhFód a fuaireadh gach aon leanbh i mBaile an Lochaigh.

Cailleadh mo mháthair nuair a bhíos a trí. Níl aon chuimhne agam ar a h-aghaidh, ach is cuimhin liom a láimh. Leanbh an-chrosta ab ea mé. An lá seo, dheineas rud éigin a chuir an gomh ar mo mháthair, agus bhí sí ar mo thí. Ritheas idir m'athair críonna agus an iarta, ag lorg cosanta, ach níor leor san, agus chuir sí a láimh isteach chun breith orm. Is cuimhin liom an láimh, sin a bhfuil de chuimhne agam uirthi.

Bhí m'óige, is dócha, dian. Cailleadh le difféire beirt deirféar liom, i ngiorracht coicíse dá chéile, nuair a bhíos timpeall a h-ocht. Chun sólás a thabhairt dom, dúirt comharsain liom go raibh na deirféaracha imithe ar neamh go ceann tamaill, agus go dtiocfaidís ar ais i gcomhair na Nollag. Is cuimhin liom fós an gheit a baineadh asam nuair a tháinig an Nollaig agus nár tháinig aon duine ar ais. Ní ceart rudaí mar sin a rá le leanaí.

Nuair a bhíos óg, ba mhór an phláigh an eitinn. Fuaireas féin sa chois é. Cuireadh ó Ospaidéal an Daingin go dtí an Ospaidéal Faoin Aer sa Cheapach mé, agus chaitheas bliain go leith ann. Déanadh sceanairt ar mo chois. Is cuimhin liom m'athair ag teacht ar

Lochaigh. And do you know, that leg is my best one now! The other one is full of arthritis, but the TB leg is just fine.

Then, when I was eighteen, I became ill again, at the time of the Creamery Milk disease. Lots of people in the Parish of Moore got this disease, and many died. My brother was one if the first. He was away at school, and came home for a summer holiday. I remember his illness, and the first day he became delirious. He had asked me to go to the shop for oranges, and when I came back, he thought they were stones. I came downstairs and told my father, and he explained that the illness had affected his mind. That day he was taken to hospital.

Then I caught the disease myself. I was in Dingle hospital, in a room for those considered to be dying, and I suppose I was, but I was lucky. A British doctor visiting Killarney heard of the outbreak, and came to Dingle to have a look for himself. He recognised that it showed all the signs of copper poisoning, and he knew the antidote. It was given to us all, and we survived.

It was a frightening time, the more so when it was thought to be contagious. Nobody would go to the funerals, and even the priests advised people to stay away from Mass. Certain people were suspected of being carriers. In the end, the cure was simple, and all those people need not have died.

mo thuairisc turas. Dob ait liom é, m'athair a fheiscint chomh fada san ó Bhaile an Lochaigh. Agus ina dhiaidh go léir, sin í an chois is fearr atá agam anois. Tá an ceann eile lán de dhathacha, agus cois na h-eitinne go breá.

Ansan, nuair a bhíos ocht mbliana déag, buaileadh breoite arís mé le linn Ghalar an Bhainne Créamaraí. Bhuail an galar seo cuid mhaith i bParóiste Múrach, agus cailleadh mórchuid. Bhí mo dheartháir ina measc. Bhí sé as baile i gcoláiste, agus tháinig sé abhaile i gcomhair an tsamhraidh. Is cuimhin liom é a bheith breoite agus an chéad lá a tháinig speabhraoidí air. Bhí sé tar éis iarraidh orm dul go dtí an siopa ag triall ar oráistí, agus nuair a thugas chuige iad, cheap sé gur clocha iad. Nuair a dúrt an méid sin le m'athair, mhínigh sé gur speabhraoidí breoiteachta a bhí ag cur isteach air. Tugadh 'on ospaidéal an lá sin é.

Ansan buaileadh síos mé féin. Bhíos in ospaidéal an Daingin, sa tseomra ina gcoimeádtaí othair a bhí ag dul chun báis. Ach bhí an t-ádh liom. Bhí dochtúir Sasanach ar saoire i gCill Áirne, agus chuala sé tuairisc an ghalair. Tháinig sé 'on Daingean go bhfeicfeadh sé féin é, agus d'aithin sé gur nimh chopair a bhí ann. Bhí leigheas ar an nimh sin aige. Tugadh an leigheas dúinn, agus thánamar go léir chugainn féin.

Am scanrúil ab ea é, go mór mhór toisc gur ceapadh go raibh sé tógálach. Ní raibh aon duine ag dul ar shochraid, agus bhítheas á chomhairliú do dhaoine gan dul go dtí an Aifreann fiú amháin. Ceapadh go raibh an galar ar iompar ag daoine áirithe agus iad á scaipeadh. Ar deireadh thiar bhí an leigheas simplí, agus níor ghá go gcaillfí aon duine.

Even though I missed my brother, I was too relieved to be alive myself to grieve too much. My hair was cut while I was in hospital, so I could not go dancing for ages after I came home, and that bothered me.

My father was very strict. 'You can go out,' he would say, 'but be sure you come in as you went out.' If I had had to tell him that I was expecting a baby before I was married, he would have killed me. But that would never happen, not to any one of us in those days. We were too well warned, and too wise. But all the same, I loved dancing. I had a bike, and we used to gather in groups to go to Murreigh or to Dingle, or to Ballyferriter.

I never worked outside the home. We were relatively well to do. My father worked on the roads for the landlord, Lord Ventry, and had a steady income. He also sold turf from Com a' Lochaigh in Dingle, and he fished, like all the local men. That was what decided me not to marry a fisherman. I remember my grandmother praying in the mornings waiting for my father to come home, and I remember the days he was late, and the fear in the house. So I was glad to marry my husband, Jack Sheehy. He had a good place, and we had a good life. It was an arranged marriage, in the sense that I brought my dowry, and the place was legally assigned to us, but we had been walking out together for a while.

My father-in-law, Peats a' tSíthigh, was one of the greatest influences of my

Cé gur mhothaíos uaim mo dhearthráir, bhíos chomh buíoch gur thugas mo chosa féin liom nár chaoineas an oiread sin é. Gearradh mo ghruaig an fhad a bhíos san ospidéal, agus ní fhéadfainn dul go dtí an rince nuair a thána abhaile, agus chuir sé sin tinneas orm chomh maith.

Bhí m'athair ana-dhian. 'Féadfaidh tú dul amach' a deireadh sé, 'Ach tar isteach mar a chuais amach.' Dá gcaithfinn a rá leis go rabhas ag súil le leanbh roimh pósadh, mharódh sé mé. Ach ní tharlódh sé sin an uair sin, d'aon duine againn. Bhí an iomarca smachta orainn, agus bhíomar ró-chiallmhar. Ach ba bhreá liom an rince. Bhí rothar agam, agus bhailímis inár ngrúpaí chun dul ar an Muirígh, nó 'on Daingean nó ar an mBuailtín.

Níor oibríos riamh lasmuigh den dtigh. Bhíomar compordach go maith. Bhí m'athair ag obair ar na bóithre do Lord Ventry, an tiarna talún, agus bhí teacht isteach rialta aige. Dhíoladh sé móin ó Chom a' Lochaigh sa Daingean, leis, agus bhíodh sé ag iascach ar nós gach aon duine eile. Sin é an chiall gur shocraíos gan iascaire a phósadh. Is cuimhin liom mo mháthair chríonna ag paidreoireacht maidneacha nuair a bhíodh m'athair déanach ag teacht ón bhfarraige, agus an scanradh a bhíodh uirthi. Bhí áthas orm mo chéile, Jack Sheehy, a phósadh. Bhí áit mhaith aige. Cleamhnas ab ea é, mar thugas liom mo spré, agus gur tugadh teideal na talún dúinn, ach bhíomar tamall ag siúl amach le chéile roimh phósadh dúinn.

Bhí ana-thionchar ag athair mo chéile, Peats a' tSíthigh, orm. Chabhraigh sé liom

Peats a' tSíthigh

© Máire Bean Uí Shíthigh

life. He made it easy for me to fit into my new home, and he was a sound advisor, and a great confidante for me as long as he lived. His wife, Joan, died before him. In their later days, they would sit up late by the fire chatting, but after Joan died, Peats never sat late at the fire again. I offered to sit with him, but it was not my company he wanted.

Some of my children were born in hospital in Tralee, and some here at home. Áine, my younger daughter, was almost born in the taxi on the way to hospital. The driver was my brother-in-law, Danny Sheehy, who was living with us at the time. 'Hold on,' he kept saying as he flew over the road. How can you hold on to a child? But we were lucky, we made it to the hospital.

It was a good life here in Baile Eaglaise. We reared a successful family, and we did well. My husband Jack died some years ago. I saw him after his death. He was sitting here in the kitchen on this little sofa beside me. 'Move up,' he said, and when I went to move, I took my eyes off him. When I looked back he had gone, and I have never seen him since. People say I imagined it, but I know what I saw.

socrú isteach im' thigh nua, agus thug sé comhairle chiallmhar dom an fhad a mhair sé. Cailleadh Joan, a bhean, roimis. Bhí sé de bhéas acu i ndeireadh a saoil fanacht os comhair na tine ag caint siar san oíche, ach tar éis bháis Joan, níor shuigh Peats níos mó cois na tine. Dúrt go suífinn ina theannta, ach ní mise a bhí uaidh.

Saolaíodh cuid dem' chlann san ospidéal i dTrá Lí, agus cuid eile anseo ag baile. Ní mór ná gur saolaíodh Áine, an iníon is óige, sa mhótar ag dul isteach go Trá Lí. Dearthair mo chéile, Danny Sheehy, a bhí ina chónaí inár dteannta ag an am, a bhí ag tiomáint. 'Fan go fóill, fan go fóill', a deireadh sé. Conas a fhanfadh leanbh? Ach bhí an t-ádh linn. Bhaineamar amach an t-ospidéal.

Saol maith ab ea é anseo i mBaile Eaglaise. Thógamar ár gclann go creidiúnach, agus dheineamar go maith. Cailleadh Jack blianta beaga ó shoin. Chonac tar éis a bháis é. Bhí sé ina shuí anseo sa chistin, lem' ais ar an dtolg beag. 'Druid suas' a dúirt sé, agus nuair a bhaineas mo shúil dó chun bogadh, d'imigh sé as mo radharc. Ní fhaca riamh ó shoin é. Deir daoine gur speabhraoidí a bhí orm, ach tá a fhios agamsa cad a chonac.

Pilgrims
Oilithrigh

Neilí Tom
Nic Gearailt

I would have liked to go to Rhodesia when I was younger. I was a teacher, and there were jobs available. But that is not how my life worked out. My parents were on their own here, and it was my duty to come home and look after them. That is what I did, and I was fortunate enough to get a job here as a teacher. This was not unusual at that time, and it never occurred to me to resent it, and I don't resent it now.

Earlier, I had taught in Dublin. When I was a child at school here in Murreigh, I had a teacher called Sarah Granville. She was a most kind and gentle teacher who never said a hurtful word to a child. When I qualified and started work myself, I decided to take her as a model. Once, when I was teaching in Crumlin, a little girl came in the morning after the Christmas holidays wearing a cardigan with enormous holes in both the sleeves, and a doll as big as herself.

'Who got you the doll?' I asked.

'My mother,' she answered.

'Now,' I said to myself, 'remember Sarah Granville. Don't say anything hurtful to that child.'

So, instead of saying the mother would have done better to buy a new cardigan, I said: 'Oh, she's beautiful.'

The nuns must have known something of the circumstances of that family because the head nun overheard me and said, 'That was very wise of you.'

I think it's very nasty to criticise chil-

Nuair a bhíos óg, bhíos ag cuimhneamh ar dhul 'on Róidéis. Múinteoir ab ea mé, agus bhí postanna ar fáil ann. Ach ní mar sin a d'oibrigh mo shaol amach. Bhí mo mhuintir ina n-aonar anseo, agus b'é mo dhualgas teacht abhaile agus aire a thabhairt dóibh. Sin é a dheineas, agus bhíos ámharach mo dhóthain go bhfuaireas post buan sa dúthaigh seo. B'shin é béas na linne, níor chuimhníos ar chur 'na choinne, ná ní chuireann sé as dom gur dheineas é.

I mBaile Átha Cliath a bhíos ag múineadh ar dtús. Nuair a bhíos im' leanbh anseo ar an Muirígh, bhí múinteoir agam, Sarah Granville. Múinteoir cneasta cineálta ab ea í, nár chaith aon asachán le h-aon leanbh riamh. Nuair a thosnaíos ag obair mé féin, chuireas romham mar shamhail í. Aon uair amháin agus mé ag múineadh i gCroimghlinn, tháinig cailín beag isteach tar éis na Nollag agus *cardigan* uirthi go raibh an dá mhuinchille stracaithe stollta ann, agus bábóg aici chomh mór léi féin.

'Cé thug an bhábóg duit?' arsa mise.

'Mo mháthair,' ar sise.

'Anois,' arsa mise liom féin, 'cuimhnigh ar Bhean Uí Ghrainbhéil agus ná caith aon asachán leis an leanbh san.'

Agus in ionad a rá gur chirte dá máthair cardigan a cheannach di, dúrt: 'Ó, tá sí go h-álainn.'

Ní foláir nó go raibh tuiscint éigin ag na mná rialta ar chúrsaí an teaghlaigh, mar chuala an príomhoide mé agus dúirt sí, 'Dheinis an ceart ansan.'

dren about things they have no control over. A small child has no control over what he or she is dressed in for school.

In any case, long before that, I spent my youth in this village, Baile Loisce, and there were many children here at that time. We spent our time going from house to house, down to the beach, or up to the graveyard. It was a peculiar thing to do, but we spent mostly every Sunday in Kilmalkedar, hunting for various family graves. By the time I went to Coláiste Íde, I knew every bone in that graveyard!

I found Coláiste Íde difficult. The Irish spoken there was not good, and that was not easy for me, who had come from the middle of the Gaeltacht. My great-grandfather who was only at a hedge school over in the old church was able to recite the works of all the great Irish poets of the seventeenth and eighteenth centuries, Aodhagán Ó Rathaille, Faoistin Cheallacháin, Aithrí Sheáin de hÓra, even though he sat on the floor and didn't even have a blackboard. But I never learnt any of that in Coláiste Íde.

I have stories from my father about the Famine, but not many. This family didn't fare too badly. The family was small, compared to the huge families common at the time, and there were fewer mouths to feed. In the worst year, they had grown wheat, and it was too wet to sell, so they kept it and used it for porridge and bread. We had a pig stolen from us during that time, and my grandfather was walking back to a place where he suspected he might find his pig,

Is gránna an rud é a bheith ag casadh asachán le leanbh ar rudaí ná fuil smacht acu orthu. Níl aon leigheas ag an leanbh ar an rud a cuirtear uirthi ag dul ar scoil.

Ar aon chuma, i bhfad roimhe sin, chaitheas m'óige ar an mbaile seo, Baile Loisce, agus bhí mórán leanaí eile ann san am san. Chaithimis ár saol ag dul ó thigh go tigh, síos ar an dtráigh, nó suas go dtí an Chill. Nach ait an rud é, ach chaitheamar furmhór gach aon Domhnach i gCill Mhaiolchéadair, ag cuardach i measc na n-uaigheanna. Faoin am gur chuas go Coláiste Íde, bhí aithne agam ar gach aon chnámh sa reilig sin!

Bhí Coláiste Íde deacair, a cheapas. Droch-Ghaelainn a bhí acu ann, agus bhí san dian ormsa a tháinig ó lár na Gaeltachta. Mo shin-seanathair ná raibh ach ar an scoil scairte thiar sa tseansháipéal ar an gCarraig, bhí filíocht Aodhagáin Uí Rathaille aige, Faoistin Cheallacháin, Aithrí Sheáin de hÓra, filí móra na seachtú agus na h-ochtú aoise déag, agus gan é ach ina shuí ar an dtalamh gan oiread is an clár dubh féin aige. Ní bhfuaireas an méid sin i gColáiste Íde.

Ní mór na scéalta agam mar gheall ar aimsir an Ghorta. Níor tháinig an tigh seo ró-olc as. Bhí an teaghlach beag, i gcomparáid le furmhór na dteaghlach, agus ní raibh oiread le cothú. Sa bhliain ba mheasa, bhí cruithneacht curtha acu, agus bhí sí rófhliuch le díol, agus bhíodar ábalta í a choimeád agus leite agus bia a dhéanamh aisti. Goideadh muc uainn san am san, agus bhí m'athair críonna á lorg. Bhí tuairim aige cá raibh sí, ach cad a chífeadh sé ach fear bocht sínte fuar

and he found a poor man stretched dead on the road, and I am not sure that he didn't see a second. The Famine was still frightening to people who had heard of it from their parents who experienced it, so it was not often talked about, and the workhouse in Dingle still made people shudder.

It was customary for people from this area to walk to Cork with firkins of butter to sell. It takes at least three hours to drive to Cork, so you can imagine how long it took to walk with your horse. It could be a dangerous route, robbery was common enough. People never said which way they were going or which way they were coming home, and my father's family was well able to defend itself if threatened.

My grandfather was a great man for fairy stories, although he had no fear of fairies. One night, he and Murphy from Iveragh, were out fishing behind the Heads, and a woman came by in a single-seat boat. They felt it was a fairy craft, and asked the woman where she was bound. 'Scattery,' she said, naming an island on the river mouth and went on her way. But they didn't take her as a messenger, and they didn't come home early, and nothing happened to them.

He had another story about a woman from the Lios who came in to a man in Ballydavid, and asked for the loan of a pot. The man gave her the pot, but he said he needed it back. The following morning, the pot, sparkling clean, was outside his front door.

marbh i lár an bhóthair, agus n'fheadar ná go bhfaca sé an dara duine. Scanraigh an Gorta na daoine, agus scanraigh na scéalta an chéad ghlúin eile. Mar sin, níor labhradh puinn air, ach chuireadh Tigh na mBocht sa Daingean criothán fós ar dhaoine.

Bhí sé de bhéas ag daoine ón ndúthaigh seo siúl go Corcaigh le fircíní ime chun margaidh. Tógann se trí uair an chloig tiomáint go Corcaigh, cuimhnigh ar an bhfad a thógfadh sé siúl led' chapall. Turas dainséarach ab' ea é, agus bhí gadaithe coitianta a ndóthain. Ní thabharfá eolas do shlí d'aon duine, ag dul nó ag teacht, agus bhí muintir m'athar go maith ábalta ar iad féin a chosaint nuair ba ghá.

Fear mór scéalta púcaí ab ea m'athair críonna, ach nach ait é, ní raibh aon eagla púcaí air. Aon oíche amháin, bhí sé féin agus Murphy Uíbh Ráthaigh amuigh ag iascach laistiar des na Beanna, agus tháinig an bhean ina dtreo i mbád aonair. Cheapadar gur bád sí í, agus d'fhiafraíodar di cá raibh a triall. 'Scattery,' ar sise, ag ainmniú oileáin ar an ribhéar, agus lean sí uirthi. Ach níor cheapadar gur teachtaire í, ná níor thánadar abhaile luath, agus ní dh'imigh faic orthu.

Bhí scéal eile aige mar gheall ar bhean ón Lios a tháinig isteach go dtí fear i mBaile na nGall ag lorg oighinn ar iasacht. Fuair sí an t-oigheann, ach dúirt an fear léi é a thabhairt thar n-ais, go raibh gnó aige dó. Maidin lá arna mhárach, bhí an t-oigheann lasmuigh de dhoras, chomh glan le scilling.

The Black Rock
An Charraig Dhubh

© Valerie O Sullivan

Do I believe these stories? Not really. I am very devoted to my faith, and I pray every night for all my dead and living relatives. In the past, priests kept many things concealed. But now that they have opened up things are much better.

I had a brother who died young, of TB. He died in Edenburn in 1944, and it broke my father's heart. He was a young man brimming with fun and jokes. He was sick for about a year. He fought hard to recover his health, but not many did, and he died alone and far away from us. It was not possible to visit him, you would have to hire a car to go and see him, and it just wasn't possible. He used to write to me, nice, funny letters. He was very grateful to a nun who was particularly good to him. It took me a long time to recover from his death. To tell the truth, no death since his has affected me as badly.

I had another brother who was in the army, and was among the first in to Dunkirk. He was captured and suffered greatly as a prisoner of war for a long time. He survived, and came home but he never liked to talk about it. The premier of France presented him with a medal.

So, it fell to me to look after my parents here. I kept them both at home until they died. My mother died after a short illness, and she was unconscious for a week or so before she died. My father was alert and in pain until the very end. We had a cow calving that night, and it was causing him great anxiety to know if the calf was

An gcreidim na scéalta seo? Mhuise, ní chreidim ar fad. Tá creideamh láidir agam, deirim mo phaidreacha, agus cuirim paidreacha lem' ghaolta, beo agus marbh. Sa tseanshaol, cheil na sagairt ana-chuid rudaí. Ach anois, tá siad níos oscailte, agus is fearrde an saol é.

Bhí deartháir agam a cailleadh óg, leis an eitinn. Cailleadh in Edenburn sa bhliain 1944 é, agus bhris sé croí m'athar. Bhí sé lán de spórt is de chleasa. Timpeall le bliain a bhí sé breoite. Dhein sé a dhícheall dul i bhfeabhas, ach theip air, faoi mar a theip ar mhórán, agus cailleadh é. Ní fhéadfaimis turas a thabhairt air, chaithfeá cairt a haidhráil, agus níorbh fhéidir dúinn é. Scríobhadh sé chugam, litreacha deasa seoigh. Bhí sé an-bhuíoch do bhean rialta a bhí an-mhaith dhó. Thóg sé ana-thamall uaim teacht chugam féin tar éis a bháis. Chun na fírinne a insint, níor chuir aon bhás ó shoin isteach chomh mór orm.

Bhí deartháir eile liom san arm, agus bhí sé i measc na gcéad daoine i dtír i Dunkirk, agus gabhadh é. Chaith sé an-thamall ina phríosúnach cogaidh. Tháinig sé as, agus tháinig sé abhaile. Ach níor mhaith leis riamh a bheith ag caint air. Fuair sé bonn ó phríomhaire na Fraince.

Ormsa a thit sé, mar sin, aire a thabhairt d'ár dtuismitheoirí. Choimeádas age baile iad araon go dtí gur cailleadh iad. Ní fada a bhí mo mháthair breoite, agus bhí sí gan aithne ar feadh seachtaine roimh bás di. Bhí a chiall is a mheabhair ag m'athair go deireadh, agus d'fhulaing sé. Bhí bó ag breith againn an oíche sin, agus bhí sé ag cur ana-

male or female. He died hard. It was not normal to send for a doctor in those days, but perhaps a doctor could have given him something that would have soothed him.

Apart from having to care for my parents, I probably would not have married anyway, because at that time, the Marriage Ban was in place, and female teachers who married had to give up their jobs. I certainly did not want to give up my income. Many of my colleagues who did regretted it, I think, but I have no regrets. I had a good life.

That is not to say that bad things don't happen to me. I was badly deceived recently. A woman used to come in here selling things, and we got on well. She told me about her husband who was dead, but she said that there would be a court case about his death and that she would come into a lot of money. I found her pleasant and straight, and when she told me that she needed money and that she would repay it with interest, I believed her. But she was neither nice nor straight, and she stole my money. The man in the bank is furious with me. He says it my own fault and that I shouldn't be giving money to people. I don't worry about it, though. It is a mistake let a thing lie heavily on your mind. That's how I see things.

(Note: thanks to the exceptional work of the gardaí, one of whom is Nina, daughter of Máirín Uí Lúing, also in this volume, and to the assistance of bank staff, much of Neilí's money has since been recovered. Ed.)

thinnis air an bullán nó beithíoch a bheadh againn. Fuair sé bás cruaidh. Níor bhéas fios a chur ar dhochtúir an uair sin, ach b'fhéidir go bhféadfadh dochtúir rud éigin a thabhairt dó a shuaimhneodh é.

Gan trácht ar a bheith ag tabhairt aire dom' thuismitheoirí, ní móide go bpósfainn ar aon chuma. San am san, chaith múinteoirí ban éirí as obair nuair a phósadar. Níor theastaigh uaim mo theacht isteach a thabhairt suas. Cuid mhaith dem' chomhleacaithe a phós, is dóigh liom go raibh aithreachas orthu. Níl aon aithreachas ormsa. Bhí saol maith agam.

Ach ní h-ionann san is a rá ná titeann drochrudaí amach dom. Tánathas timpeall go holc orm le déanaí. Bhíodh bean a thagadh anso, agus dhíoladh sí rudaí liom, agus bhíomar mór le chéile. Tháinig sí timpeall orm le bladar. Bhí a fear caillte, a dúirt sí liom, agus bheadh cás cúirte mar gheall ar a bhás, agus gheobhadh sí mórán airgid. Fuaireas díreach agus deas í, agus nuair a dúirt sí liom go raibh gá le h-airgead aici, agus go ndíolfadh sí ar ais le h-ús é, dhein sí an bheart orm. Ach ní raibh sí deas ná díreach, agus chúbláil sí mo chuid airgid. Tá fear a' bhainc, n'fhéadaim dul isteach in ao'chor chuige. Itheann sé mé, deir sé gur mé fhéin faoi ndeara é as a bheith ag tabhairt airgid do dhaoine. Ach ní ligim d'aon rud tinneas a chur orm. Dearmad is ea é ligint do rud luí ar t'aigne. Sin é an meon atá agam.

(Nóta ón Eag.: A bhuíochas do dhianobair na ngardaí, duine acu Nina, iníon Mháirín Uí Loing atá i measc na mBibeanna, agus lucht an bhainc, fuarthas ar ais an t-airgead, nó cuid mhaith dó.)

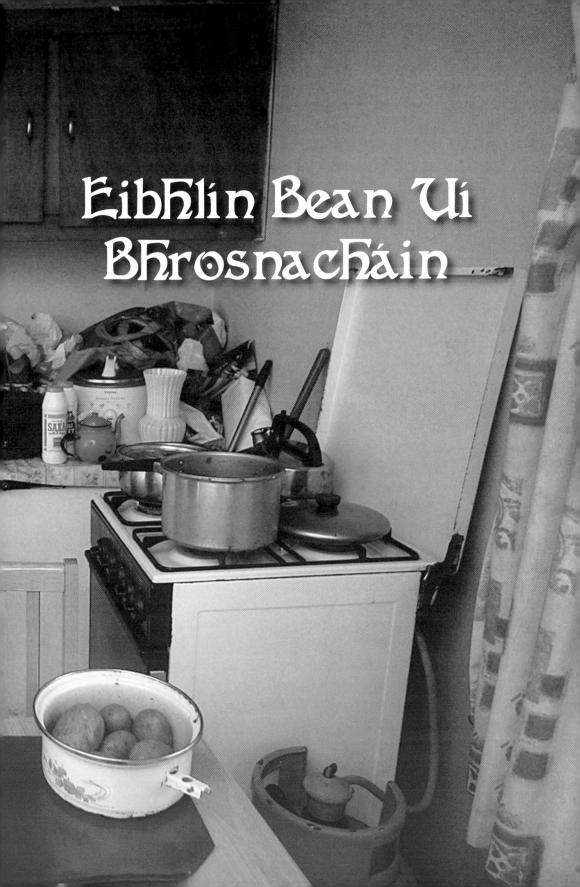

Eibhlín Bean Uí Bhrosnacháin

I went to America when I was young, in 1948. I had such a terrible trip, I was seasick every single day for thirteen days. When I reached America, I could hardly stand. We landed in New York, but I went up to Boston to my aunt's house, and I loved it. I loved America from the first day. I didn't come back home until I could come by plane.

I worked in a hospital where I took care of the patients and put them to bed and so on. All kinds of people worked there, many of them black, and they became my friends. It was such a change from my home in Arda Mór. There, my father was a fisherman. We had no land, but my father's brother gave him the use of two gardens, so we had potatoes and vegetables, hens and chickens. There was no central heating, no light, no phone, no running water, no toilet. No wonder I liked America. We could go out to dance every night, we had money, we had clothes. It was wonderful.

I met my husband during a snowstorm, and there were plenty of those in Boston. I met him as he was shovelling snow off the sidewalk. I thought he would be a good worker anyhow! He was from Lispole, which is just on the other side of Dingle from us. He was soon a regular visitor to my aunt's house, and she was very happy when I married him.

We had only one little girl, born dead. It was a great heartbreak, especially for John, I think. He loved children. We buried her in America, beside my aunt. We never had an-

Chuas go Meiriceá nuair a bhíos óg, sa bhliain 1948. Bhí turas uafásach agam, breoiteacht fharraige ar feadh trí lá dhéag ar an árthach. Nuair a bhaineas Meiriceá amach, is ar éigean a bhíos ábalta seasamh. Leaindeálamar i Nua Eabhrac, ach chuas-sa go Bostún go dtí m'aintín, agus ba bhreá liom é. Níor thána abhaile go rabhas ábalta teacht ar eitleán.

Bhíos ag obair in ospidéal ann, ag tabhairt aire do dhaoine, á gcur a chodladh agus mar sin. Bhí gach aon tsaghas duine ag obair ann, cuid mhaith acu gorm, agus bhíos ana-mhór leo. Athrú mór ón mbaile in Arda Mór. Iascaire ab ea m'athair. Ní raibh aon talamh againn, ach dhá gharraí a fuair m'athair óna dheartháir, agus iontu san, bhíodh prátaí agus glasraí, cearca agus sicíní againn. Ní raibh aon teas, aon tsolas, aon teileafón, aon uisce reatha, aon leithreas. Ní nach ionadh gur thaitin Meiriceá liom. D'fhéadfaimis dul amach ag rince gach aon oíche, bhí airgead againn, bhí éadaí againn. Bhí sé go h-iontach.

Bhuaileas lem 'chéile le linn an tsneachta, agus bhí fuílleach sneachta i mBostún. Bhuaileas leis agus é ag sluaisteáil sneachta, agus cheapas go ndéanfadh sé oibrí maith ar aon chuma. Ó Lios Póil ab ea é, lastoir de Dhaingean. Ní fada go raibh sé isteach is amach i dtigh m'aintín, agus bhí áthas uirthi nuair a phósamar.

Aon chailín beag amháin a bhí againn. Saolaíodh marbh í. Ba mhór an brón é, do John go mór mhór. Ba bhreá leis leanaí. Chuireamar thall í, le hais m'aintín. Níor

other child, although we would have loved a family. That was one of the two great sorrows of my life. The other was my mother's death at an early age. She died in her sleep on Easter Saturday night. She had everything ready for Easter Sunday, but she never woke up to see it. My aunt was home from America at the time, and she stayed in the house and raised us. That happened a lot in those days. People had to take responsibility for their families, even if it meant sacrificing their own lives. It doesn't happen so much now, I think.

My aunt raised us well. We had great fun in that house. We danced sets when my father, who would have disapproved, was out of the house fishing. I used to sneak out to dances. I'd hide my shawl in the back garden and wait until the house was quiet. One evening, the shawl was stolen, but I had my own ideas about where it might be, and I got it back fairly sharpish! We had loads of boyfriends in those days, but they were all innocent relationships. If somebody brought you home on the bar of his bike, he was lucky to get a kiss, not like now.

My father made us work hard. I hated gutting and filleting fish, but it was a large part of the work of the autumn. We had to save a barrel of salted fish for the winter, every house had to have one, because meat was scarce, and the fish was essential. I also hated picking potatoes. Your hands would be frozen and filthy, your back ached, and no one had any sympathy for you. No wonder I liked nice clean America!

saolaíodh aon leanbh eile dúinn, cé gur bhreá linn clann. Sin cuid de bhrón mo shaoil. Cuid eile is ea bás óg mo mháthar. Cailleadh ina codladh í, Oíche Dhomhnach Cásca. Bhí gach aon rud ullamh aici i gcomhair na féile, ach ní fhaca sí riamh é. Bhí m'aintín age baile ó Mheiriceá an uair sin, agus d'fhan sí sa tigh chun sinn a thógaint. Sin é mar a bhí an uair sin. Chaith daoine féachaint i ndiaidh a gcuid féin, pé rud a bhí uathu go pearsanta. Ní mar sin atá anois, is dóigh liom.

Tógadh go slachtmhar sinn. Bhí ana-chuideachta sa tigh sin. Is mó set a rinceadh ann nuair a bhíodh m'athair ag iascach, mar ní thaitneodh rince leis sin. D'éalaínn-se amach istoíche ag rince. Chuirinn mo sheál i bpoll sa gharraí agus d'fhanainn go mbeadh an tigh ina chodladh. Goideadh mo sheál, oíche, ach bhí tuairim agam cá raibh sé, agus mise á rá leat go bhfuaireas ar ais é! Bhíodh an-chuid garsún againn an uair sin, ach ní tharlaíodh faic. Dá dtabharfadh duine éigin abhaile ar bheár a rothair tú, bheadh seans leis póg a fháil, ní ar nós anois.

Choimeádadh m'athair ag obair cruaidh sinn. Bhí an ghráin agam ar scoltadh éisc, ach caitheadh é a dhéanamh sa bhfómhar. Bhíodh baraille éisc ar salann againn i gcomhair an gheimhridh, ar nós gach aon tigh eile, mar bhí feoil gann an uair sin, agus theastaigh an t-iasc. Bhí an ghráin agam ar phiocadh prátaí chomh maith. Bheadh do dhá láimh salach, leata, bheadh tinneas id' dhrom agus gan aon trua dhuit. Ní nach ionadh gur thaitin Meiriceá deas glan liom!

But we came home for good in 1976, because John was retiring, and he wanted to come home. We built this house in Arda Mór, and we loved it. And then Cáit Máire came into our lives. It began quite simply. Her mother had to go to hospital in Cork, and she asked me to take Cáit Máire while she was away. John and I were delighted. But Cáit Máire was very small at the time, and she got used to being in our house. She refused to go home when her mother came. There was no real decision about it, but she stayed from day to day, and was back and forth between the houses. She is a beloved daughter to me, and she was the same to John, and she is still in and out of my house even though she has her own house in Arda Mór. Her son, Seán, is the light of my life.

John died five years ago. He had been ill for a long time. He had arthritis, the worst kind of it, and although I kept him at home throughout his illness, he actually died in hospital. I miss him terribly, but I am lucky to have Cáit Máire and Seán so close. I feel his presence around as well. They say that Arda Mór used to be a great place for ghosts, but I never saw any of them. But I do feel that John is not far from this house.

I am eighty now, and very lucky. I can get out to Bingo, and I can go to Dingle, and I meet my neighbours and have a chat and a laugh. I have a comfortable house, good memories, and company around me. Even though I loved America, I would not like to be there now. Arda Mór is better.

Ach thánamar abhaile ar fad i 1976. Bhí John ag éirí as obair, agus theastaigh uaidh teacht. Thógamar an tigh seo in Arda Mór, agus bhíomar an-shásta. Agus ansan tháinig Cáit Máire chugainn. Mar seo a thosnaigh sé: chaith a máthair dul 'on ospaidéal go Corcaigh, agus fiafraíodh domsa aire a thabhairt don leanbh an fhad a bhí sí as baile. Bhíomar an-shásta. Bhí Cáit Máire an-óg ag an am, agus fuair sí taithí ar an dtigh seo. Ní rachadh sí abhaile nuair a tháinig a máthair. Ní raibh aon tsocrú mar gheall air, d'fhan sí ó lá go lá, siar agus aniar idir an dá thigh. Bhí sí mar iníon agam féin agus ag John, agus bíonn sí fós isteach is amach cé go bhfuil a tigh féin in Arda Mór anois aici. Táim leachta anuas ar a mac, Seán.

Cailleadh John cúig mbliana ó shoin. Bhí sé breoite le fada. Bhí na dathacha air, an saghas is measa acu, agus cé gur choimeádas age baile é faid a bhí sé breoite, cailleadh san ospaidéal ar deireadh é. Mothaím uaim go mór é, ach tá seans liom Cáit Máire agus Seán a bheith chomh comhgarach. Mothaím timpeall na háite chomh maith é. Deir siad go raibh Arda Mór lán de phúcaí, ach ní fhacasa riamh aon cheann acu. Ach braithim John comhgarach don dtigh seo.

Táim na cheithre fichid anois, agus tá seans liom. Féadaim dul amach ag imirt Bingo, féadaim dul 'on Daingean, bíonn cuideachta agus gáirí agam. Tá tigh compordach agam, cuimmhní deasa, agus cuideachta timpeall orm. Cé gur thaitin Meiriceá liom, níor mhaith liom a bheith ann anois. Is fearr liom Arda Mór.

Spinning on the Great Blasket
Ag sníomh ar an mBlascaod Mór

Neil Bean Uí Uiginn

I am eighty-eight years old now, and my great hope is to keep healthy until I die. Death itself I am not afraid of, I would much prefer it to a long painful illness, and I hope God grants me that mercy. Will I see God? I expect to, I feel I deserve to, and I also expect to see all those who have gone before, that is our faith.

In the meantime I am grateful for my good clear mind, and for my interest in current affairs. I love my newspapers, and I read at least two every day. I also read Nuala O Faolain and stuff like that, and would find the nights long without reading. So of course, I also thank God for my eyesight.

My hardest cross has been the loss of three of my children. It is hard to put your child down in the clay. But in my life, I have learnt that you have to accept the things that come your way. I have shed many tears, and tears heal. I am proud of my children, of how well they did at school, of their successes in life, of how they all made a living. Although it is cruel to have to part with them, I have lovely memories.

The best known of my children is Joe, who is a socialist TD. His philosophy is the right one, and although we sometimes argue, I am glad to see that he is so highly regarded by the people in his constituency. When he was in jail because of the bin protests, I moved to Dublin so that I could see him regularly. My son Liam, who died recently after an illness borne

Táim ocht mbliana is ceithre fichid, agus is é mo ghuí mór ar Dhia ná mo shláinte a fhágaint agam go dtí go gcaillfear mé. Níl aon eagla orm roimh an mbás féin, b'fhearr liom go mór is go fada é ná breoiteacht fhada phianmhar, agus tá súil agam go mbronnfaidh Dia an méid sin orm. An bhfeicfidh mé Dia? Is dóigh liom go bhfeicfead, agus creidim go bhfeicfead chomh maith iad san atá imithe romham, sin é ár gcreideamh.

Táim buíoch go bhfuil aigne ghlan shoiléir agam, agus spéis i gcúrsaí reatha. Is breá liom mo nuachtáin, agus léim dhá cheann gach aon lá. Chomh maith leis sin, léim Nuala Ó Faoláin agus rudaí mar sin. Gheobhainn fada an oíche gan léitheoireacht. Agus gan amhras, táim buíoch do Dhia as mo radharc.

Bás triúr dem' chlann an chros is crua a cuireadh orm. Is deacair do leanbh a chur san úir. Ach i gcaitheamh mo shaoil, d'fhoghlaimíos go gcaitheann tú glacadh lena gcuirtear chugat. Is mó deor atá silte agam. Tá leigheas ins na deora. Táim mórálach as mo chlann, as a fheabhas a dheinadar ar scoil, as a ndul chun cinn sa tsaol, as an slí gur dheinadar slite beatha dóibh féin. Agus cé gur cruálach é scarúint leo, tá cuimhní gleoite agam.

Joe an té is aitheanta dem' chlann, TD sóisialach is ea é. Tá an fhealsúnacht cheart aige, agus cé go mbímíd ag argóint uaireanta, is mór liom an meas atá air ag na daoine ina thoghcheantar. Nuair a bhí sé i bpríosún mar gheall ar achrann na dramhaíle, chuas suas go Baile Átha Cliath chun go bhfeicfinn go rialta é. Peileadóir ar fhoireann Chiarraí ab

with great courage, was a Kerry footballer in his youth, and throughout his illness he commentated on games and took a huge interest in all Gaelic Football matters. That was his life.

I had nine children altogether, the first one born in the Bon Secours in Tralee, and all the others at home, grand and healthy, thank God. It was a full and busy house. This was a good farm, and I was an experienced farm woman when I came here. My own family farmed in Doonties, a beautiful place overlooking the sea across to Uíbh Ráthach, and when I finished school my sister and I stayed on the farm, it was the automatic thing to do. My people thought there was nothing else in the world but working the land.

In those days, we had dances in the houses and at the platforms. Sometimes we went to Dingle to the pictures. There was always a great night on the night of Minard Pattern, the Feast of St John, 29 August. There was Mass in the parish that day, and we all did the rounds of the well, nine rounds. You picked up nine little pebbles and threw one in as you completed a round of the well, because otherwise you would forget. As you went around you said the Rosary.

The priests in those days were very hard on young people. They were always chasing them out of dance halls, and reading out of books to frighten the lives out of them. There was to be no entertainment at all during Lent, and we had

ea mo mhac Liam, a cailleadh le déanaí. D'fhulaing sé go cróga agus go misniúil, agus fiú amháin agus é breoite, lean sé don tuairisciú peile a bhíodh ar siúl i gcónaí aige. B'í an pheil Ghaelach a shaol.

Naonúr clainne ar fad a bhí orm. Saolaíodh an chéad duine sa Bon Secours i dTrá Lí, agus an chuid eile age baile, iad ar fad breá sláintiúil, buíochas le Dia. Tigh lán, gnóthach ab ea an tigh seo. Feirm mhaith í seo, agus bhí taithí ar an bhfeirmeoireacht agamsa óm thigh féin ar na Dúnaibh. Is álainn iad na Dúnaibh, ag féachaint síos ar an bhfarraige agus trasna go hUíbh Ráthach. Nuair a fhanamar istigh ó scoil, d'oibríos féin agus mo dheirfiúr ar an bhfeirm. B'shin é nós na linne. Cheap mo mhuintir ná raibh aon rud eile ar domhan ach an fheirmeoireacht.

An uair sin, bhíodh rincí ins na tithe agus ar na *platforms*, agus uaireanta théimis go dtí na pictiúirí 'on Daingean. Bhíodh an-oíche againn ar Phátrún na Minairde, ar Fhéile Naomh Eoin, 29 Lúnasa. Bhíodh Aifreann sa pharóiste an lá sin, agus dhéanfá turas an tobair, naoi dtimpeall. Phiocfá suas naoi gclocha beaga, agus chaithfeá ceann uait gach aon timpeall, mar ní choinneofá an comhaireamh go bráth. Déarfá an Choróin agus tú ag siúl timpeall.

Bhí na sagairt ana-dhian ar dhaoine óga an uair sin. Bhídís á gcaitheamh amach as hallaí rince, agus ag léamh as leabhra orthu chun iad a scanrú ina mbeathaidh. Ní bhíodh aon chaitheamh aimsire in aon chor i rith an Charghais, agus chaitheamar cur

to put up with it. It never occurred to us to cross them.

Television has put an end to all that. Everybody knows everything these days, and we know that priests are no better than anybody else. That openness is a good thing. For us older people, it has not altered our faith, but for younger people, it is more difficult. The young have largely left the church, but some people believe that they will come back with time. I don't know, I hope so, my own faith is a comfort, but I doubt it. I say the Rosary every night, and the Rosary beads are hanging on the side of the dresser in my living-room.

I went to Lourdes a couple of times, and I liked it, but the last time I was there, they had moved Bernadette from her usual place, and I didn't like that at all. Why did they move her from where she has been all those years? I hear that miracles happen in Lourdes, but in my experience, miracles are not too plentiful. All the same I like going there, the daily Mass is nice, and the baths, although they are absolutely freezing.

I have no time for stories of fairies or pishogues. I think the fairies disappeared with the electric light, so they were never really there at all. In the dark, we thought trees and bushes were fairies and ghosts. There were people who followed pishogues. They would plant an egg in another person's property to steal their luck. But I wouldn't believe in that. I prefer to think well of people and try to do right by them.

suas leis. Ní thiocfadh sé isteach id' cheann cur ina gcoinne.

Chuir an teilifís deireadh leis sin ar fad. Tá gach aon rud ar eolas ag daoine anois, agus tuigimid nach fearr na sagairt ná aon duine eile. Rud maith is ea an t-oscailteacht sin. Dúinne atá críonna, níor athraigh ár gcreideamh, ach tá sé níos deacra do dhaoine óga. Tá an eaglais fágtha ag cuid mhór acu. Creideann daoine áirithe go dtiocfaidh siad ar ais i bhfad na haimsire. N'fheadar, tá súil agam go dtiocfaidh, ach táim amhrasach. Deirim an Choróin gach aon oíche, agus tá na Paidríní ag crochadh ar thaobh an drisiúir im' sheomra suite.

Chuas go Lourdes cúpla babhta, agus thaitin sé liom, ach an uair dheireanach a bhíos ann, bhí Bernadette bogtha óna h-áit acu, agus níor thaitin sé sin in aon chor liom. Canathaobh gur bhogadar í tar éis na mblianta go léir? Cloisim go dtarlaíonn míorúiltí i Lourdes, ach sé mo thaithí ná fuil míorúiltí ró-fhlúirseach. Mar sin féin, is deas liom an tAifreann laethúil, agus na folcaí, cé go leathann siad leis an bhfuacht mé!

Níl aon fhoighne le scéalta púcaí ná piseog agam. Is dóigh liom gur chuir an solas leictreach an teitheadh ar na púcaí. Mar sin, ní rabhadar riamh ann, is amhlaidh a taibhsíodh dúinn iad, cheapamar gur púca gach crann nó tor sa doircheacht. Bhí daoine ann a lean na piseoga. Chuirfidís uibheacha i dtalamh dhuine eile chun a gcuid den ádh a ghoid uathu. Ach ní chreidfinn se ansan. B'fhearr liom meas a bheith agam ar dhaoine agus an ceart a dhéanamh.

Going to the Blaskets for a holiday
Ag dul ar saoire ar an mBlascaod

Peig Bean Uí Chuinn

My oldest memory is of a dresser made of spools, all threaded together and painted cream, holding ornaments. It was in my grandmother's, and she said she made it herself, collecting spools for ages when she was a girl. It was a fashion of that time, I think.

I grew up in Baile an Reannaigh, just near the Wine Strand, and we played there every summer day of my childhood, but we never swam. The old people were terrified of the water, and they warned us not to go in above our ankles. We also played in the fairy fort. People say they never went near the Lios, but we played there regularly. Just under the grass, there were lots of shells, cockles, and mussels and so on.

I stayed in Ballyferriter school until I was fifteen, and then I worked as a waitress in England for a while, until my match was made. Maurice was a good man. His uncle left him this farm here, and he and his wife lived with us. They had no children of their own, and they were really good at helping me when ours were growing up.

I was one of twelve children as a child in Baile an Reannaigh, and I have eleven children of my own. That was not easy, neither on my mother nor on me. When I was expecting my fourth child, I had emergency appendix surgery. The baby was fine, she was Déirdre who now works in Raidió na Gaeltachta.

An chuimhne is sia siar im' cheann ná driosúr déanta as spólaí snáithín, cordaí tríothu chun iad a cheangal le chéile, péint uachtair air, agus ornáidí air. I dtigh mo mháthar chríonna a bhí sé, agus í féin a bhailigh na spólaí agus a cheangail le chéile iad agus í ina cailín óg. Faisean ab ea é an uair sin, is dóigh liom.

Chaitheas m'óige i mBaile an Reannaigh, le cois Trá an Fhíona, mar a gcaithimis gach aon lá sa tsamhradh. Níor shnámhamar riamh. Bhí scanradh ar na seandaoine roimis an bhfarraige, agus deiridís linn gan dul thar ár n-ail inti. Chaithimis ana-chuid ama sa Lios, chomh maith. Deir daoine ná téidís in aice an Leasa, ach bhíomar na ann i gcónaí. Bhí an ithir ann lán de shliogáin, iascáin, miongáin, bairnigh, agus a thuilleadh nach cuimhin liom.

D'fhanas ar Scoil an Fhirtéaraigh go dtí go rabhas a cúig déag, agus ansan chuas go Sasana ar feadh tamaill, ag freastal i mbialann. Thána abhaile nuair a déanadh mo chleamhnas. Fear maith ab ea Maras. D'fhág a uncail an fheirm seo aige. Ní raibh aon chlann ar an uncail, agus bhí sé féin agus a bhean anseo inár dteannta. Ba mhór an chabhair dom iad agus mo chlann ag fás.

Bhí dáréag leanbh againn ann i mBaile an Reannaigh, agus tá aon leanbh déag agam féin. Ní raibh sé fuirist, dom' mháthair ná dom féin. Nuair a bhíos ag súil lem' cheathrú leanbh, chuas faoi scian le appendix. Ach bhí an leanbh go breá, sin í Déirdre atá anois i Raidió na Gaeltachta.

My fifth child died, Bríde. She was only a few weeks old, and had never been well. We were up and down to the doctor, and in the end she was in hospital, but it was no good, she slipped away from us, and my heart was broken. I remember her every day, and she would have been 42 on the sixth of next month if she had lived. I wasn't with her when she died. I had spent five or six hours with her that day, and in the evening both the nurses and I thought she was a little better. I came home, and she died a while after I left, about three o'clock in the morning. We didn't hear until the next day, there was no phone, no car, no way of getting to Dingle. I pray to her every day. And I am grateful for all my children who survived and are well.

My faith is strong. I pray and I go to Mass every Sunday. Some young people look differently at religion but I blame them for nothing. They see things differently.

And as for the other world and fairies and things like that, I still more than half believe in it. I heard so many stories that I couldn't but believe. My grandmother told me that one night she was awake looking after a child about three in the morning. A few days earlier, a man had been buried in the wrong graveyard. Grandmother heard a noise and looked out the window. A small funeral was passing, and she recognized some of the people who were passing. She knew them, and they were all dead. Because of who they were, she knew that they had come to return the body to

Cailleadh mo chúigiú leanbh, Bríde. Ní raibh sí ach cúpla seachtain d'aois, agus bhí sí breoite ó saolaíodh í. Bhíomar síos is aníos go dtí an ndochtúir agus ar deireadh, bhín sí san ospaidéal Ach níorbh aon mhaith é, tógadh uainn í, agus bhí mo chroí briste. Cuimhním gach aon lá uirthi. Bheadh sí 42 ar an séú lá don mí seo chugainn dá mairfeadh sí. Ní rabhas ina teannta nuair a cailleadh í. Bhíos cúig nó sé uair a' chloig san ospaidéal an lá sin, agus cheapamar tráthnóna go raibh feabhas beag uirthi. Thána abhaile, agus cailleadh timpeall a trí ar maidin í. Níor chualamar faic go maidin, ní raibh teileafóin ná mótair ann an uair sin, ná aon tslí chun dul 'on Daingean. Deirim paidir go dtí Bríde gach aon lá, agus táim buíoch as an gcuid eile dem' chlann atá go maith ina sláinte.

Tá creideamh láidir agam. Deirim mo phaidreacha, agus téim go dtí an Aifreann gach aon Domhnach. Ní mar a chéile a fhéachann daoine óga ar chreideamh, ach ní mhilleánaím in aon chor iad. Ní mar a chéile a chíonn siad san rudaí.

Maidir leis an saol eile agus le púcaí agus mar sin, bheadh leath-chreideamh maith agam ann. Chuala an oiread sin scéalta ná féadfadh gan a bheith. Dúirt mo mháthair chríonna liom go raibh sí oíche ina suí ag tabhairt aire do leanbh timpeall a trí ar maidin. Cúpla lá roimhe sin, cuireadh fear áitiúil sa reilig neamhcheart. Chuala mo mháthair chríonna glór amuigh, agus d'fhéach sí amach. Bhí sochraid bheag ag gabháil thar bráid, agus d'aithin sí cuid dá raibh inti, mairbh ar fad. Thuig sí ansan go raibh an corp á aistriú go

the proper graveyard. Everybody believed stories like that in the old days.

We had our own cures too, seal oil for sprains, comfrey was also good for sprains and for actual breaks, one of its names in Irish means the herb that binds together. My mother used speedwell to ease whooping cough. She made a tea with the flowers, boiled them for a long time, and then strained the cooled water, for the sick child. She also used a little cream cake, just a little cream mixed with flour until it made a paste, as a cure for little septic sores like the whitlow infection that affects the nail bed. A charred rag was also used for sore fingers, as a sort of poultice. Sugar and carbolic soap and axle grease was also used as a poultice for boils. Black paper and candle wax on your chest at night was good for congestion. Cow dung was put on swollen glands. Measles were very dangerous, and we always kept children in a darkened room when they had them. Once, the doctor came to look at one of the children, and he opened the curtains and said that it was all nonsense about the dark. But the minute he went down the road, I closed the curtains again. I believed the old people, they knew what they were talking about.

Work was hard in my youth and well into my marriage. Although we had a pump, and that saved all the hauling of water from the well, washing for fifteen people was no joke at that time. We boiled the clothes in those times and then we put them out on the grass to bleach further. We also had a kind of

dtí an reilig cheart. Chreid gach aon duine na scéalta seo sa tseanshaol.

Bhí ár leigheasanna féin againn. Íle róin don leonadh, nó meacan a' comfraí. Bhí sé sin go maith do bhriseadh chomh maith, tugtaí meacan a' tátháin air chomh maith. D'úsáideadh mo mháthair luibh an treacha chun an triuch a bhogadh. Dheineadh sí na bláthanna beaga gorma a bhailiú agus a bheiriú, agus scagadh sí an t-uisce don leanbh breoite. D'úsáideadh sí chomh maith an cístín uachtair, beagáinín uachtair measctha le plúr chun go ndéanfadh sé plástar, agus bhí sé sin go maith do chor faoi iongain. Chuirfeá ceirt dhóite ar mhéir thinn chomh maith. Deintí ceirín as gallúnach *carbolic* agus as siúcra do neascóidí. Páipéar dubh agus céir air don gcliabhrach. Cac bó ar na *glands* nuair a bhídís ataithe. Bhí an-eagla roimh an mbruitíneach orainn, agus choimeádaimis na leanaí i seomra dorcha nuair a bhíodh sí orthu. Tháinig an dochtúir uair agus dúirt sé gur ráiméis é sin, ach ar m'anam, nuair a d'imigh sé, gur tharraingíos an cuirtín arís! Chreideas na seandaoine, bhí fios a ngnótha acu.

Bhí an saol agus an obair dian, le linn m'óige agus nuair a bhíos nuaphósta. Cé go raibh caidéal againn, agus nár chaitheamar a bheith ag tarraingt uisce ó thobar, níorbh aon dóichín a bheith ag níochán do chúigear déag! Bheirímis na héadaí an uair sin, agus chuirimis amach ar an bhféar glas iad chun iad a ghealadh a thuilleadh. Bhí saghas soirn againn chomh maith, dhódh sé geas pairifín, agus an boladh a bhí uaidh!

Looking south-west from Murreigh Strand
Siar ó dheas ó Thrá na Muirí

© Valerie O Sullivan

cooker that used paraffin oil as fuel, and the smell was awful! It was much nicer to bake the cake on the open fire. I'd love to have one of those old open fire ovens now, but we couldn't wait to get rid of them when we had them.

That's true of many a thing. We threw out the old lamps, the old pot-hangers over the fire, all the things we associated with hard work and hard times. Now we'd like to have them back as ornaments. But I suppose they'd only make more clutter, and life is full of clutter today. Not like in our youth, when we had barely enough!

One of the best things in my life is how things have changed for the better. I remember the Second World War and all the shortages. Even though we got tea from America, it was still scarce, and we had it only once a week. And then there was some really disgusting coffee substitute. To this day, I can't drink coffee.

Later, when my children were small, I had to wash by hand for fifteen people. No hot water. We had a pump, we were better off than many, because we were saved the hauling of water. But it was still difficult. We boiled clothes in those days, on the open fire, and tried to get them dry, in the rainy weather we have here. If I had to pick one thing that improved my life, I would have no doubt: the washing machine.

B'fhearr leat an císte a bhácáil ar an dtine oscailte. Ba bhreá liom ceann des na sean-oighinn a bhíodh ar an dtine oscailte a bheith agam anois. Agus nuair a bhíodar againn, bhí deabhadh á gcaitheamh amach orainn, ba bheag é ár meas orthu.

Is mó rud a caitheadh amach mar sin. Na seanlampaí, na crochanna, an drol, gach aon rud go raibh cuimhne an bhráca ceangailte leis. Ní theastaíonn siad ar ais uainn ach mar ornáidí. Ach is dócha ná beidís ach ag bailiú smúite, ar nós mórán rudaí inár dtithe inniu, ní h-ionann is ár n-óige, nuair is ar éigean a bhí ár ndóthain againn.

Ceann de na rudaí is fearr im' shaol ná na hathruithe atá tagtha chun feabhais. Is cuimhin liom an Dara Cogadh Domhanda, agus an ganntanas. Cé go bhfaighimis tae ó Mheiriceá, bhí sé fós gann, ní bhíodh sé againn ach uair sa tseachtain. Agus an caifé, níor chaifé ceart in aon chor é, bhí an ghráin agam air, agus ní ólaim aon chaifé ó shoin.

Níos déanaí, nuair a bhí mo chlann ag éirí suas, chaitheas níochán de láimh do chúig dhuine dhéag. Gan aon uisce te. Bhí caidéal againne, bhíomar níos fearr as ná daoine a chaith uisce a tharrac ón dtobar, ach níorbh aon dóichín mar sin fhéin é. Bheirímis éadaí an uair sin, ar an dtine oscailte, agus bhímis ag iarraidh iad a thriomú i lár na báistí a bhíonn anseo againn. Dá gcaithfinn aon rud amháin a fheabhsaigh mo shaol a phiocadh, ní bheadh aon amhras orm: an meaisín níocháin.

Fresh brown bread

Arán donn úr

Síle Bean Uí Mhaolchatha

I have lived in Brandon since I was ten months old. My parents, natives of Killarney thirty miles away, taught in the local primary school. I was a fairly solitary child, because my only sister is five years younger. However, because my parents were the teachers, I went to school when I was only three, and from then on I had plenty of company.

There was real poverty here in my youth in the nineteen thirties and nineteen forties. Large families, poor land, the uncertainties of farming and fishing. Years later, a local woman told me that in her house, they had so little that there were no books. These were clever people, and they did well in life, but their childhood was so poor that they could not afford even a textbook.

I went to Loreto Convent in Killarney. It was a boarding school and it was close to my parents' families. All the same, I was far from home, and there were no weekend breaks in those years, so although I enjoyed my time there, they were lonely years.

From there I went to University College Cork, to study Irish, English and French. I loved university and its Irish and French societies. After college, I was awarded a *Bourse* which enabled me to spend a year in France. I was afraid of big cities, so I chose Clermont Ferrand, which was about the same size as Cork, and I thought I could manage a town that size. This was a very influential year in my life.

Táim im' chónaí anseo i mBréanann ó bhíos deich mí d'aois. Ó Chill Airne ab ea mo thuismitheoirí, agus bhíodar ag múineadh sa scoil áitiúil anso. Leanbh aonarach go maith ab ea mé, mar tá an t-aon deirfiúr atá agam chúig mbliana níos óige ná mé. Ach toisc mo thuismitheoirí a bheith sa scoil, chuas ar scoil nuair a bhíos a trí, agus bhí comhluadar mo dhóthain ansan agam.

Bhí an áit seo bocht ins na triochaidí agus ins na dachaidí. Teaghlaigh mhóra, drochthalamh, éiginnteacht feirmeoireachta agus iascaigh. Blianta ina dhiaidh sin, dúirt bean ón áit liom go raibh a muintir féín chomh bocht ná raibh aon leabhar sa tigh acu. Daoine cliste ab ea na daoine seo, daoine a dhein go maith sa tsaol ina dhiaidh sin, ach ina n-óige, bhíodar chomh bocht ná raibh fiú amháin an téacsleabhar acu.

Chuas-sa go Clochar Loreto i gCill Airne. Scoil chónaithe ab ea í, comhgarach do mhuintir mo thuismitheoirí. Ach mar sin féin, bhíos i bhfad ó bhaile, agus ní raibh aon bhriseadh deireadh seachtaine ins na blianta san. Cé gur bhaineas taitneamh as mo thréimhse ann, blianta uaigneacha ab ea iad.

Chuas as san go Coláiste Ollscoile Chorcaí, chun Gaeilge, Béarla agus Fraincis a dhéanamh. Ba bhreá liom an ollscoil, agus na Cumainn Ghaeilge agus Fraincise. Ag deireadh, bronnadh *Bourse* orm chun bliain a chaitheamh sa bhFrainc. Bhíos scanraithe roimh chathracha móra, agus toghnaíos Clermont Ferrand, a bhí ar aon mhéid le Corcaigh. Cheapas go mbeinn ábalta don méid sin. Bliain anathábhachtach im' shaol ab ea an bhliain sin.

I got to know the French and to understand their mentality. It opened my eyes in many ways.

I returned to university and did my MA in French. After that, in 1951, I won a travelling scholarship to France, and this time, I had outgrown my fear of big cities, so I went to Paris to La Sorbonne. They were wonderful years. I loved Paris. I went to the theatre, to the cinema, and walked the city and its surroundings, Fontainebleau, Versailles, Chartres. I only came home for summer holidays, but I never spent a Christmas or an Easter holiday alone. I was very well treated in France, and to this day, I hate to hear criticism of the French.

Did I fall in love in Paris? Well, I suppose I did, but I fell out again. There were one or two boys that I liked, but there was no romance, really, because I was a very shy girl who would never tell a boy that she was in love with him. And I didn't leave my heart in Paris. I brought it home with me, whole and entire.

I had met Aidan, my husband, while we were both at university. We were close for a while, but after graduation I went to France. He went to Africa, not so much on the missions, but for work. There was not all that much work for secondary teachers in Ireland in the 1950s. When we both came home, we got to know one another again. And lightning struck twice, which it is not supposed to do, and we got married. Do you know,

Chuireas aithne ar na Francaigh agus fuaireas tuiscint ar a meon. Osclaíodh mo shúile in anachuid slite.

D'fhilleas ar an ollscoil agus dheineas mo MA sa bhFraincis. Ina dhiaidh sin, i 1951, bhuas scoláireacht taistil chun na Fraince, agus an turas so, ní raibh aon eagla roimh chathracha móra orm, agus thugas fé Pháras agus La Sorbonne. B'iontach na blianta iad. Níl aon chathair ar nós Páras. Théinn go dtí an amharclann, an phictiúrlann, shiúlainn an chathair agus a timpeallacht, Fontainebleau, Versailles, Chartres, agus mar sin. Ní thagainn abhaile ach i gcomhair an tsamhraidh, ach níor chaitheas Cáisc nó Nollaig riamh im' aonar. Bhíothas an-dheas liom sa bhFrainc, agus go dtí an lá atá inniu ann, ní maith liom aon chaitheamh anuas a chloisint ar na Francaigh.

Ar thiteas i ngrá i bPáras? Bhuel, is dócha gur thiteas, ach thána as. Bhí buachaill nó dhó gur thugas taitneamh dóibh, ach ní raibh aon rómánsúlacht ann dáiríre, mar bhíos anchúthail, agus ní neosfainn riamh do bhuachaill go raibh cion agam air. Agus níor fhágas mo chroí i bPáras. Thugas slán abhaile liom é.

Bhuaileas le hAidan, mo chéile, an fhad a bhíomar araon san ollscoil. Bhíomar mór le chéile ar feadh tamaill, ach tar éis na céime, chuas-sa go Páras agus chuaigh seisean chun na hAfraice, ní ar na misiúin, ach chun obair a fháil. Ní mór na postanna a bhí an uair sin ann do mhúinteoirí iarbhunscoile in Éirinn ins na caogaidí. Nuair a thánamar abhaile, chuireamar aithne athuair ar a chéile, agus bhuail an tintreach an dara babhta, rud ná tarlaíonn, a deirtear. Ar aon chuma, phósamar, agus an

we are married fifty years this summer? That must be a sign of something. There must be love between us still!

After our marriage we went back to Nigeria. Aidan was accustomed to it, but for me, when I got off the plane and that heat hit me, it was like a blow from the sky. And when I saw all the tiny lizards running around on the ground, I thought, 'How will I walk without stepping on them?' I need not have worried, they were far too agile.

I acclimatised, and began to teach. The first day I went into a classroom and looked at the sea of black faces, I wondered how I would ever distinguish them from one another. But that is a skill that is quickly learnt. Our first child, Robert, was born in Africa, and after two years we returned home. But teachers' jobs were still hard to find, and in the end, Aidan got a position as principal of a school in Nigeria, and back we went.

This second time, we were living on the coast, in a lovely house. Our second child, Nora, was born here. But it was difficult, living in Africa. The children were often ill. Things bit them. There were snakes and scorpions. The mosquitoes tortured me, although they let Aidan alone. When it was time for Robert to go to school, there was no suitable school in the area, and we came home for good in 1961. Aidan would have stayed, I think, but I had had enough.

I had inherited the house in Brandon, and we settled here. There had never been

bhfuil a fhios agat, beimid leathchéad bliain pósta i mbliana? Ní foláir nó gur comhartha ar rud éigin é sin, go bhfuil an grá eadrainn fós.

Tar éis ár bpósta, chuamar ar ais chun na Nigéire. Bhí taithí ag Aidan air, ach domsa, nuair a thána amach as an eitleán, bhuail an teas ar nós buille ón spéir mé. Agus nuair a chonac na h-airceanna luachra go léir ag rith timpeall mo chos, dúrt 'Conas a shiúlóidh mé gan satailt orthu?', ach mo chráiteacht, níor ghá dhom a bheith buartha, bhíodar san ró-thapaidh dom!

Chuas i dtaithí na háite, agus thosnaíos ag múineadh. An chéad lá a sheasas os comhair ranga lán d'aghaidheanna gorma, cheapas ná h-aithneoinn go deo duine acu ón nduine eile, ach ní fada a thóg sé uaim, geallaim duit. Saolaíodh ár gcéad leanbh, Roibeárd, ann, agus tar éis dhá bhliain, thánamar abhaile. Ach bhí postanna múinteoireachta fós gann, agus ar deireadh, fuair Aidan post mar phríomhoide sa Nigéir, agus ar ais linn.

An dara babhta seo, bhíomar inár gcónaí ar an gcósta, i dtigh álainn. Saolaíodh an dara leanbh, Nóra, sa tigh seo. Bhí sé deacair, maireachtaint san Afraic. Bhí na leanaí breoite go minic. Phriocadh rudaí iad. Bhí nathracha agus *scorpions* ann. Mharaíodh na *mosquitoes* mise, ach níor bhacadar puinn le hAidan. Nuair a bhí sé in am do Roibeárd dul ar scoil, ní raibh aon scoil oiriúnach sa dúthaigh, agus thánamar abhaile go buan sa bhliain 1961. D'fhanfadh Aidan ann, is dóigh liom, ach bhí mo dhóthain agamsa.

Liomsa a thit an tigh anseo i mBréanann, agus shocraíomar síos. Ní raibh iarbhunscoil

Sheila Mulcahy, with her late husband, Aidan, and the Papal Order of St Sylvester

Síle Uí Mhaolchatha, agus a céile, Aidan, ná maireann, agus Ord N Sylvester ón bPápa

© Síle Bean Uí Mhaolchatha

a secondary school in the area, so we decided to found one. We opened Meánscoil an Leitriúigh in September 1961. It was actually not so difficult to found a secondary school in those days. You had to be a qualified teacher, of course, and you had to have a minimum of 12 pupils. We had 38 pupils on opening day, and we were located in a hall in Castlegregory. Over the next couple of years, a search for a proper site yielded no results, so we had a look at our own house. There are ten rooms, and our classes were not large – they were small enough to be accommodated in the house, we thought. So we moved the school to the house, and although it was difficult, we managed.

The four boys – we had six children in all – were in one small bedroom, and we had no living area. The only private room was the kitchen, which had to be used for all social purposes, from preparing family meals to entertaining visiting bishops.

The school grew and prospered. It spent many years here in our home, but it eventually moved to a fine site in Castlegregory. We ourselves have now retired from teaching.

We have always had a wide range of interests. I have maintained my skill in French, and in 1991, when the Alliance Francaise in Dublin announced a national competition in dictation in French, I entered. It was very difficult, very clever, designed to trip you up, but I won the Irish contest. Then I went on to Vienna, where I won the Northern European contest. I competed in the World Championship for non-French speaking

riamh san áit seo, agus bhunaíomar ceann sinn féin i mí Meán Fómhair 1961. Ní raibh sé chomh deacair sin meánscoil a bhunú an uair sin. Chaithfeá a bheith id' mhúinteoir cáilithe, gan dabht, agus chaithfeadh íosmhéid de dháréag dalta a bheith agat. Bhí ochtar agus triocha againne an mhaidin a osclaíomar, istigh i halla i gCaisleán Ghriaire. Chaitheamar cúpla bliain ag lorg suíomh oiriúnach, ach, nuair a theip orainn, d'fhéachamar ar ár dtigh féin. Tá deich sheomra ann, agus ní raibh ár ranganna mór, d'fhéadfaí iad a lonnú i seomraí an tí. Agus mar sin bhogamar abhaile an scoil, agus cé go raibh sé dian, dheineamar an bheart.

Ní raibh ach aon tseomra amháin idir an ceathrar garsún – bhí seisear clainne ar fad orainn – agus ní raibh aon tseomra suite againn. Ní raibh de sheomra príobháideach sa tigh ach an chistin, agus ansan a tharlaíodh gach aon rud sóisialta, ó bhéilí teaghlaigh go turasanna ó easpaig.

Bhláthaigh an scoil. Chaith sí blianta fada anso inár dtighne, agus ar deireadh, bhog sí go dtí suíomh breá nua i gCaisleán Ghriaire. Táimidne éirithe as an múinteoireacht anois.

Bhí raon leathan spéiseanna againn araon i gcónaí. Choimeádas-sa greim ar mo scileanna Fraincise, agus sa bhliain 1991 nuair a d'fhógair Alliance Francaise Bhaile Átha Cliath comórtas náisiúnta sa deachtú i bhFraincis, chuireas isteach air. Bhí sé deacair, lán de chleasanna a bhéarfadh amuigh ort, ach bhuas Craobh na hÉireann. Chuas ar aghaidh ansan go Vín mar ar bhuas comór-

countries, in New York, in the United Nations Building. In 1992, I repeated the previous success, and this time the final was held in the Senate Chamber in the Palais de la Louvre, in Paris. Again, I reached the World Championships, and although I didn't win, I didn't disgrace Ireland.

Another interest has always been music and song. In th 1970s, Aidan recorded many of the local singers and speakers, and we had a quantity of good material. With the time available to us after our retirement, we compiled an anthology of this work, published as *Tobar na Sinsear*, The Ancestral Well, and that is what it is, an ancestral source.

One of the contributors was Méin, a wonderful old lady who spoke Irish, and knew all the traditional songs and dances. One of her songs, Coimín na Tíre, is a lament for an only daughter who went to America leaving her widowed father alone. A curious addendum to the tragic song is that the daughter actually returned, and was in fact an ancestor of Méin herself.

I am disappointed to see how few young people come to Mass, and how they disregard religion. I am told they will return when they become parents themselves but I have to say I see no evidence to support that idea. The church scandals were a heavy blow to all the faithful, and they demeaned the Church. I differentiate between the good and the bad clergy, and my own faith is not affected. In the

tas Thuaisceart na hEorpa. Bhíos páirteach i gCraobh an Domhain do thíortha nárbh í an Fhraincis an bhunteanga, i bhFoirgneamh na Náisiún Aontaithe i Nua Eabhrac. An bhliain ina dhiaidh sin, dheineas chomh maith céanna, agus arís shroicheas an Comórtas Domhanda, a bhí i Seomra an tSeanaid sa Palais de la Louvre i bPáras, agus cé nár bhuas, níor náiríos Éire.

Bhí spéis mhór againn i gceol agus in amhránaíocht. Ins na seachtóidí, thaifead Aidan cainteoirí agus amhránaithe na dúthaí, agus bhí bailiúchán maith ábhair againn. Nuair a éiríomar as teagasc, d'fhoilsíomar díolaim den obair seo, faoin ainm *Tobar na Sinsear*, agus sin é atá ann, cartlann sinsearach.

Seanbhean darbh ainm Méin, thug sí an-chuid dúinn. Bhí Gaeilge aici, agus cur amach ar rince agus ar amhráin thraidisiúnta. Coimín na Tíre, amhrán ó Mhéin, caoineadh is ea é a chum athair dá aon iníon a chuaigh go Meiriceá agus a fhág ina aonar é. Nach aisteach é go bhfuaireamar amach ina dhiaidh sin gur fhill an iníon, agus gur shinsear le Méin féin í.

Is oth liom gan daoine óga a bheith ag teacht go dtí an Aifreann, agus an neamhaird atá ar chreideamh acu. Deirtear liom go bhfillfidh siad nuair a bheidh siad féin ina dtuismitheoirí, ach ní fheicim aon fhianaise air sin. Buille trom don Eaglais ar fad ab ea na scannail cléire. Dheinadar beag is fiú don eaglais. Ach deinimse difríocht idir an deachléir agus an drochchléir, agus ní cuirtear isteach ar mo chreideamh féin. Ar deireadh, is dóigh liom go rachaidh an t-os-

153

end, the greater openness generated by the controversy will, I feel, benefit the church.

Aidan and I have always tried to work for the Church as well as for the state and the parish. Every year we held a Retreat, we brought priests and lay people to help the students, or sometimes we went to a Retreat Centre. It is difficult to know how much of an effect this had, but we did our best.

This year, Pope Benedict XVI honoured Aidan and myself by making us Papal Knights of Saint Sylvester. This was completely unexpected, and was sprung upon us at an end of school year Mass. It is a great honour, although it confers no power or status. They say that one of the privileges accorded to Knights of Saint Sylvester is that of receiving Holy Communion on horseback. Since we have neither horse nor donkey, this is not going to affect our lives!

The women of this area have always struck me as being strong, resolute and admirable. Even in the old days of the shawls, the women were powerful people, like our friend Méin. In modern times, with all due respect to men, the women are the leaders of this society. All voluntary activity in the area seems to be developed and spearheaded by women. It is not that men are not active, but you would be greatly aware of the women. They have taken their place in public life and that's a good thing.

(Note: Aidan Mulcahy died unexpectedly, in the autumn of 2006. All of us who worked on Bibeanna extend our sympathy to Síle and her family in their grievous loss. Ed.)

cailteacht a tháinig as an achrann chun leasa na hEaglaise.

Dheineas féin agus Aidan gach aon iarracht obair ar son leasa na hEaglaise chomh maith le leas an stáit agus an pharóiste. Bhíodh Cúrsa Spioradálta gach aon bhliain againn, thugaimis sagairt agus tuataigh isteach chun cabhrú leis na mic léinn, nó uaireanta, théimis go dtí Ionad Spioradálta. Is deacair a rá cén mhaith a bhí leis seo, ach dheineamar ár ndícheall.

I mbliana, bhronn an Pápa Benedict XVI onóir orm féin agus ar Aidan nuair a dhein sé Ridirí d'Ord Naomh Silbheistear dúinn. Ní raibh aon choinne againn leis, fógraíodh é ag Aifreann dheireadh na scoilbhliana. Is mór an onóir é, cé ná baineann stádas leis. Deirtear gur ceadmhach do Ridirí San Silbheistear Comaoine Naofa a ghlacadh ar muin capaill. Níl capall ná asal againn, agus ní athróidh san ár saol!

Tuigeadh dom i gcónaí go raibh mná na háite seo láidir, daingean, measúil. Fiú amháin i sean-laetheanta an tseáil, ba dhaoine cumhachtacha iad, ar nós ár gcara Méin. Ach faoi láthair, i gcead do na fir, is iad na mná ceannródaithe an tsochaí. Gach aon ghluaiseacht deonach agus pobail, mná is bonn leis. Ní hamhlaidh ná fuil na fearaibh gníomhach, ach thógfá ceann do na mná. Táid tagtha i réim sa tsaol poiblí, agus is maith san.

(Nóta: Cailleadh obann Aidan Ó Maolchatha, i bhFómhar na bliana 2006, le linn don leabhar seo a bheith á chur le chéile. Deinimid go léir comhbhrón le Síle agus lena clann ina mbris mhór. Eag.)

In Nigeria in the sixties
Sa Nígéir ins na seascaidí

© Síle Bean Uí Mhaolchatha

Siobhán a' Chró, Bean Uí Dhubháin

I was born in Gleann Loic, under the shadow of Mount Eagle, on the last day of January 1931. At sunrise, my mother told me. Sunrise is late in Dún Chaoin, because of the bulk of the mountain to the east of us. But we have long, wonderful sunsets above the Islands and the sea. I imagine Bríde Gloster must have been the midwife, she looked after nearly all the births in this area, and was very good at her work.

There were nine of us altogether. I had four brothers and four sisters, and I am the second youngest. School was five minutes away across the fields, and I had nice teachers. But I never liked it, and after I finished in Dún Chaoin, I went no further. I preferred to work on the farm. That was my choice. That was our play as children, completing our chores and working together.

I spent almost all my life on a farm, and I am happy about that. Working inside and out, a fine healthy life. When I was young in Dún Chaoin I liked working the turf. It was cut with a slane, and after school, we stood the sods in small piles to let the wind through to dry it. Then it was piled into bigger ricks, and brought home load by load throughout summer and autumn, as time allowed.

There was no fuel but turf and no other way of cooking at that time, only the open fire. It was used to boil water, to cook potatoes, and whatever we had to go with it, fish or maybe a bit of meat, usually pig's

Thiar i nGleann Loic a rugadh mise, faoi scáth Shliabh an Fhiolair, ar an lá deireanach de mhí Eanair 1931. Le héirí gréine, a dúirt mo mháthair liom. Éiríonn an ghrian déanach i nDún Chaoin, toisc Sliabh mór an Fhiolair lastoir dúinn. Ach bíonn tráthnóintí breátha fada againn, os cionn oileán agus farraige. B'í Bríde Mhaitiú, Bríde Gloster ón gCom, an bhean chabhartha, a déarfainn. B'í a thug furmhór gach aon leanbh sa dúthaigh seo ar an saol, agus ba mhaith chuige í.

Bhí naonúr ar fad againn ann, ceathrar dearthár, ceathrar deirféar agus mise, an dara duine ab' óige. Ní raibh an scoil ach cúig neomataí trasna na ngort, ach, cé go raibh múinteoirí deasa inti go deimhin, níor thaitin sí riamh liom. Níor chuas thar Scoil Dhún Chaoin. B'fhearr liom a bheith ag obair ar an bhfeirm, b'shin é mo rogha. Sin é a bhí mar chuideachta againn agus sinn beag, ag obair agus ag réiteach i dteannta a chéile.

Chaitheas mo shaol ar fad nach mór ar fheirm, agus is maith liom gur mar sin a bhí. Ag obair lasmuigh agus laistigh, saol breá sláintiúil. Nuair a bhíos óg i nDún Chaoin ba bhreá liom an mhóin. Gearrtaí le sleán í, agus tar éis scoile, chaithimis í a chnuchairt ina cnuchairí chun go dtirimeodh sí le rith na gaoithe tríthi. Ansan déantaí mionchruacha, agus tugtaí abhaile ualach ar ualach í i gcaitheamh an tsamhraidh agus an fhómhair, de réir mar a bhí am ó chúramaí eile againn.

Ní raibh aon ábhar tine againn ach an mhóin, ná aon chóir cócaireachta ach an tine oscailte. Chaitheadh an tine sin uisce

head. Bread had to be baked in an iron three-legged pot oven, with coals under and over it. It was very hard to control. But then the world changed, and stoves and ranges arrived, and life became a lot easier for the housewife.

The coming of electricity brought ease also. We no longer had to fill and clean the lamps that hung by the wall of every house. That was how we did our lessons, unless we had finished them by daylight. We had to go to the shop regularly for the paraffin oil for the lamps. It was a hard life before electricity. Grown women went barefoot in those days, sometimes all year round. I saw womens' legs weeping with windgall from the cold and from the rain.

From the first of April until Hallowe'en, we never wore a shoe. We had thorns in our feet, we cracked our big toes against stones, and worst of all, we had *dó talún*. This was really, really sore, it was a sort of sore spot on the sole of the foot. I don't know what caused it, but it was awful. I don't imagine anyone nowadays knows what it is.

Now, children wear shoes in the cradle. I think it is much better to allow their feet to develop naturally, and to let them get the feel of the ground.

In those days, milking was women's work. Men rarely milked, and as children grew, they were trained in milking on the easiest cows to milk. Every now and then there was a cow who gave her

a bheiriú, prátaí a bheiriú, agus pé anlann a bheadh againn ina dteannta, feoil nó iasc, smut de cheann muice de ghnáth. Caithtí an t-arán a bhácáil san oigheann, sméaróidí faoina bhun agus ar a chobhar, agus ba dheacair smacht ceart a choimeád air. Ach ansan, d'athraigh an saol, tháinig na soirn agus na *range*-anna agus tháinig saoráid sa tsaol do bhean an tí.

Ba mhór an chabhair teacht an leictreachais. Ní raibh lampaí le líonadh nó le glanadh níos mó, na lampaí a bhíodh ar thaobh an fhalla ins gach aon tigh. Is lena solas a dheinim-is ár gceachtanna, muna mbídís críochnaithe le solas an lae againn. Níorbh fholáir an geas a dhóigh na lampaí seo a cheannach sa tsiopa. Ba dheacair an saol é roimh an leictreachas. Bhí mná fásta cos nocht ins na laethanta sin, ó cheann ceann na bliana uaireanta. Chonacsa cosa ban ar sileadh leis an oighear ón bhfuacht agus ón mbáistigh.

Ón Aibreán go dtí Lá Samhna, chaithimis go léir na bróga dár gcosa. Bheadh dealg id' chois, nó ordóg smiotaithe ar chloich agat, ach b'é an dó talún an rud ba mheasa ar fad. Bhí sé chomh tinn, ní fhéadfá é a shamhlú anois, paiste go raibh braon ann faoi ladhar do choise. Pé rud ba chúis leis, ba ghránna an rud é. Ní móide go dtuigeann aon duine anois é.

Bíonn bróga sa chliabhán ar leanaí inniu, agus is dóigh liomsa gur mhór ab' fhearr dóibh ligint dá gcosa fás nádúrtha agus iad a bhualadh fúthu ar an úrlár.

San aimsir sin, is beag fear a chrúfadh bó. Ar na mná a thit an obair sin, agus faoi mar a bheadh leanaí ag teacht in aois chuige, traenálfaí isteach iad ar na ba a b'fhusa a

milk reluctantly, and sometimes a cow had to be tied securely so that she wouldn't kick the milking bucket, and sometimes the milker, out into the middle of the yard.

The separator was a great invention. Before it, we used to leave the milk on flat pans in the dairy until the cream rose to the top and we could skim it off with skimmers. The separator did that automatically and there were no more big pans. We churned butter once a week, especially in summer, and when the butter was made, we brought fresh water from Tobar a' Chéirin, to get the buttermilk out of the butter. Then the butter was taken out into a dish and salted, with two paddles. This was a hard job, because if the salt didn't go in evenly, there were white patches in the butter. You wouldn't like to sell that kind of butter, so my mother did most of the salting. The butter was mostly sold in Dingle.

We had no running water in Gleann Loic. We got drinking water in Tobar a' Chéirin, and for everything else we used the river which ran by the house. When I came to Fearann, where I live now, we had running water, both hot and cold. My husband's grandfather had installed it. He was a stonemason, clever with his hands. It was from him we got the name by which we are known in the area, An Cró. He quarried stone from the quarry on the land, using only a crowbar. And that is how he got his nickname, from his tool, An Cró.

chrú. Fós féin, bheadh bó a bheadh righin, agus anois is arís bó go gcaithfí í a cheangal go daingean nó raghadh an bucaid bainne amach i lár an bhuaile, agus tú féin ina diaidh uaireanta.

B'iontach an rud an deighilteoir. Sular tháinig sé isteach, fágtaí an bainne ar bheistí go n-éiríodh an t-uachtar ar barra, agus bailítí an t-uachtar le scimín. Dhein an deighilteoir an obair sin uaidh féin, agus bhí deireadh leis na beistí móra. Déantaí an chuigeann uair amháin sa tseachtain, go háirithe sa tsamhradh. Nuair a bheadh an t-im bailithe le chéile, théimis suas go dtí Tobar an Chéirín chun fíoruisce fuar a thabhairt anuas chun an bhláthach a scarúint ón mbainne. Ansan cuireadh amach ar bheiste an t-im, agus cuireadh salann air. Bhí dhá bhaisín chuige sin, agus obair chruaidh ab ea é. Muna leathfá an salann i gceart tríd an im, déarfadh mo mháthair go raibh ceanann san im agat. Níor mhaith leat an saghas sin ime a dhíol, agus mar sin, is í mo mháthair is mó a chuireadh salann ar an im. Sa Daingean a díoltaí an t-im.

Ní raibh aon uisce reatha i nGleann Loic againn. Fuaireamar an fíoruisce le n-ól thuas i dTobar an Chéirín, agus uisce do gach aon rud eile san abhainn a bhí le h-ais an tí. Nuair a thána ar an bhFearann, mar a bhfuilim im' chónaí anois, bhí uisce reatha againn, te agus fuar. Athair críonna mo chéile a chuir isteach é. Saor cloiche cliste ab ea é, agus is uaidh a fuaireamar an ainm as a n-aithnítear sa dúthaigh sinn, An Cró. Bhíodh cró aige ag baint chloiche as choiréal a bhí ar an bhfeirm aige, agus mar sin a fuair sé a ainm.

An Chlann
Family photograph

© Siobhán a' Chró, Bean Uí Dhubháin

Anyhow, there was a spring on the land, and he piped the water from it. The pipes came from Atkins' in Dingle, on a horse and cart. He ran the pipes right under a shed between the well and the house, he just laboured at a tunnel and ran the pipe through it. And the sad part of it is that he never turned a tap on the water. He fell ill and died just before the final connection was made. There was no other house in the parish with hot and cold water at that time.

Cures? I don't remember much about them. I do remember the bonesetter in Coumeenole. However good he was, and people found him excellent, his daughter was better again, I think. She was so gentle that you would not feel her working on your bones. I went to her myself one time when I had trouble with a toe, as a result of a cow trampling on it. She cured me. Comfrey was for sprains, they also called it the herb of binding, because it was good for broken bones. It grows in old gardens, and you dig it with a spade. You make a paste of it and apply it to the sprain or break, and bandage it in place. Egg white can be used for the same purpose.

I myself saw *Luibh an Choirithe* working. We had a sow who would not let down her milk to her piglets. She spent her days over in the stream, rolling herself in the mud and drinking water. But she refused to give a drop to the young. My father knew about *Luibh an Choirithe*, and he went out and picked it, boiled it up,

Ar aon chuma, bhí tobar ar an dtalamh aige, agus thug sé le píobáin 'on tigh é, píobáin a cheannaigh sé i dtigh Atkins sa Daingean, le capall agus le cairt. Bhí seid idir an tobar agus an tigh, agus níor dhein sé faic ach tollán a thochailt thíos faoi, agus na píobáin a chur tríd an tollán. Agus an rud is measa ná nár chas sé riamh an t-uisce ar siúl. Buaileadh breoite é, agus cailleadh é, díreach sular críochnaíodh an obair. Ní raibh aon tigh eile sa pharóiste go raibh uisce te agus fuar an uair sin ann.

Leigheas? Ní mór na leigheasanna is cuimhin liomsa, ach is cuimhin liom Fear na gCnámh thiar i gCom Dhíneol. Dá fheabhas é, agus deireadh daoine go raibh sé ana-mhaith, b'fhearr fós, is dóigh liomsa, a iníon,. Bhí sí sin chomh cneasta ná mothófá í agus í ag obair ar do chnámha. Chuas fein chuici aon uair amháin nuair a shatail bó ar lúidín mo choise, agus leighis sí mé. Meacan a' chomfraí don leonadh, thugaidís meacan an táthú chomh maith air, cheanglaíodh sé cnámha briste. Fásann sé i seangharraithe. Baineann tú le ramhann é, agus deineann tú é a mheilt síos agus cuireann tú ar an ngéag leonta é, agus bindealán timpeall air. Baintear an úsáid chéanna as gealacán uibh.

Chonac féin Luibh an Choirithe ag obair. Bhí cráin againn ná tálfadh ar na banbhaí, ach a chaith an lá thoir san abhainn á h-iomlasc féin sa phluda, agus ag ól uisce. Ní thabharfadh sí aon bhraon d'aon bhanbh. Ach bhí cur amach ag m'athair ar Luibh an Choirithe, agus bheirigh sé suas í, agus chuir sé siar ar an gcráin í le sean-bhróig.

and made her drink it from an old boot. Within half an hour, she was feeding the piglets happily. (Why the old boot? Because she would bite through any glass or cup!)

My marriage was arranged, and I came here in 1963. I was happy enough. I had met a good man, a fine man, and my parents-in-law lived with us. We got on well. There was the occasional argument, of course there was, but never anything serious. I had brought a dowry, from my family in Gleann Loic, and that dowry was put to good use. My father-in-law lived about twelve years with me, and there was never a cross word between us. We raised six children, and that was not easy, but my father-in-law helped. I could go out and milk the cows, or go to Dingle for a couple of hours. There was no fear I would find a child in a wet nappy when I came home, even though in those days, there were no disposables, and he had to deal with the fabric and the safety pins.

And we didn't feel life go by us. The children were fine and healthy, I never had to go to a doctor with them. They all grew up well, and I am thankful to God for that much. And I am thankful that Páidí and I are well, and that we still have plenty to talk about, after all these years.

Laistigh d'aon leathuair an chloig amhain, bhí an chráin ag tál ar na banbhaí. (Cad ina thaobh an tsean-bhróig? Mar bhrisfeadh sí áras gloine nó muga!)

Cleamhnas ab ea mo phósadh-sa, agus thána anseo sa bhliain 1963. Thugas liom mo spré ó Ghleann Loic, bhíodar ábalta an méid sin a dhéanamh dom ach go háirithe! Agus níor baineadh aon droch úsáid as an spré sa tigh seo. Bhíos sásta. Bhí buailte le fear maith, le fear breá, agam. Bhí muintir mo chéile inár dteannta, agus dheineamar go maith. Mhair athair mo chéile dhá bhliain déag inár dteannta, agus ní raibh focal riamh eadrainn. Thógamar seisear leanbh, rud ná raibh fuirist, ach chabhraigh sé i gcónaí linn. D'fhéadfainn dul amach agus ba a chrú, nó dul 'on Daingean ar feadh cúpla uair a' chloig, agus ní bheadh aon bhaol nuair a thiocfainn abhaile, go mbeadh aon leanbh fliuch nó salach, aineoinn ná raibh aon *Pampers* sa tsaol san ann. Bheadh an leanbh athraithe, agus na bioráin sábhálta ceangailte.

'Neosfaidh mé an fhírinne, níor mhothaíomar an saol ag gabháil tharainn. D'fhás ár gclann go breá sláintiúil, níor chaitheamar riamh dul go dtí dochtúir le haon duine acu. Agus d'fhásadar go maith. Táimid buíoch do Dhia as an méid sin. Agus táim buíoch do Dhia go bhfuil ár sláinte agam féin agus ag Páidí, agus go mbainimid cuideachta fós as comhluadar a chéile.

Caitlín
Bean Uí Shé

My father used to stretch out on the settle every night and sing. It was a very happy house that I grew up in, in Clochán Dubh. My mother never raised a hand to any one of us, and we loved working with our father. He was never picky or fault-finding, he always praised what you did. He would dance on a plate for you. He even taught dancing. When he was not singing he was storytelling. Do you know, now, when I go back over them, I can remember many of the stories. I used to be sitting on the hearthstone, drinking them in, and they have stayed in my head. Maybe some day I will write them down.

My father was a stonemason, as well as farming and acting as parish clerk to the priest. He built the houses along the Slios in Burnham. He was never idle, and I see the same thing in my own children.

One Wren's Day, five of my uncles were in the same Wren, and they had a wonderful day. Unfortunately, soon afterwards, my uncle Maitias died, aged only eighteen. He had been a wonderful artist, able to draw anything. That is why, I suppose, he spent a lot of time outside, working on the White Mare. He caught a cold. It turned to pneumonia, and he died, because there was no cure in those days. He had been an altar boy, and his mother still had his altar clothes. She kept them all her life, and young as I was, it made me sad to see them. I still know that Wren song, I sang it on *Bibeanna na Nollag*.

Luíodh m'athair siar ar an *settle* gach aon tráthnóna agus bhíodh sé ag amhrán. Tigh ana-shuáilceach ab ea mo thigh-se ar an gClochán Dubh. Níor ardaigh mo mháthair a láimh riamh chugainn, agus bhreá linn a bheith ag obair i dteannta m'athar mar ní raibh sé riamh lochtach, milleánach. Rincfeadh sé ar phláta duit, agus mhúineadh sé rince do dhaoine. Nuair ná bíodh sé ag amhrán bhíodh sé ag scéalaíocht. Bhfuil a fhios agat, anois, nuair a bhím ag cuimhneamh siar, tagann na scéalta san chugam. N'fheadar ná go scríobhfainn síos lá éigin iad.

Saor cloiche ab ea m'athair, chomh maith le bheith ag feirmeoireacht agus a bheith ina chléireach. Ní bhíodh sé riamh díomhaoin, agus chím an rud céanna im' chlann féin. Thóg sé na tithe sin soir ar an Slios i mBaile an Ghóilín.

Bhí cúigear úncail dom sa Dreoilín céanna lá, agus bhí ana-lá acu. Ní fada ina dhiaidh sin gur cailleadh m'uncail Maitias, agus gan é ach ocht mbliana déag. Ealaíontóir iontach ab ea é, é ábalta aon rud a tharraingt. Sin é an chiall, is dócha go mbíodh sé ag obair amuigh ar an mbán ag cur Láir Bhán le chéile, agus fuair sé fuacht. As san, fuair sé niúmóine, agus cailleadh é, mar ní raibh aon leigheas air an uair sin. Bhíodh sé ag freastal Aifrinn agus é ina leanbh, agus choimeád mo mháthar chríonna, a chuid éadaigh altórach an fhaid a mhair sí. Chuireadh sé uaigneas orm, dá óige a bhíos, iad a fheiscint. Cumadh amhrán ar an Dreoilín sin agus tá sé fós agam, tá sé ar *Bhibeanna na Nollag*.

I remember my uncle, Paddy Johnson, my mother's brother, stayed with us one night. I don't know who thought of the trick, but someone went and hid under his bed, and waited until he fell asleep. Then they got up on hands and knees and began to press the mattress up from below, waking poor Paddy. He got an awful fright. He thought something terrible was under the bed. 'Hey, Paddy, Hey Mary.' He screamed for my father and mother. 'There's a ghost under my bed, there's a ghost under my bed, I'm done for.' We all nearly died laughing, and I suppose, in the end, so did Paddy.

When I left school in Murreigh, I went to the Convent in Dingle. I cycled in and out every day, in cold and wind and rain. There was very little sympathy for us, we were given out to when we wet the floor with our clothes and shoes. We had nowhere to have our lunch except the turf shed. But in spite of that we did well, and I got a place in nursing school in England. Unfortunately, soon after, my mother became ill, and I had to come home, like many others in those days. Indeed, I was happy to come. That was life, and I would not have left my mother alone without help.

We had great fun in our young days. We used to go to the Shed in Murreigh, as the Dance Hall owned by the Begleys was known. Fourpence in, and fourpence was hard to get out of my mother in those days. I used to be very nice to my father, do a whole lot of things for him, and every now and then he would give me half a crown.

Is cuimhin liom uncail liom, deartháir mo mháthar, Peaidí Mac Eoin, a bheith sa tigh againn oíche, agus sinn ag imirt chleas. Chuaigh duine againn faoin leaba, agus d'fhanamar ann gan aon chorraí nó go raibh Peaidí ina chodladh. Ansan chuaigh an duine ar a ghlúine faoin leaba, agus thosnaigh ar an dtocht a bhrú in airde. Dhúisigh Peaidí. Scanraigh sé. Droch-rud a bhí faoin leaba, a cheap sé. 'Hé, a Pheaidí, Hé, a Mháire', bhí gach aon bhéic aige, 'Tá púca faoim' leabaidh, tá púca faoim' leabaidh, táim tógtha.' Dhóbair nár thit an t-anam asainn le gáirí, agus gháir Peaidí féin ar deireadh.

Nuair a fhágas Scoil na Muirí, chuas 'on Chlochar sa Daingean, isteach agus amach gach aon lá ar mo rothar, fliuch, fuar nó gála. Ní mór an trua a bhíodh dúinn ach oiread, ach an gomh a bheith orthu linn nuair a fhliuchaimis an t-urlár, agus gan d'áit againn chun greim aráin a ithe ag am lóin ach seid na móna. Ach dheineamar go maith as, mar sin féin, agus chuas ag staidéar altranais go Sasana. Ní fada ina dhiaidh sin gur buaileadh breoite mo mháthair, agus chaitheas teacht abhaile, ar nós mórchuid nach mé ins na saolta sin. Go deimhin, ní raibh aon leisce orm. B'shin é an saol, agus ní fhágfainn mo mháthair gan chabhair.

Bhíodh an-chuideachta againn agus sinn óg. Théimis go dtí Seid na Muirí, an Halla Rince a bhí ag muintir Bheaglaoich. Toistiún isteach, agus ba dheacair é a fháil óm' mháthair. Bhínn an-dheas le m'athair, dheininn gach aon rud do, agus anois is arís thugadh sé leathchoróin dom. 'Ní bheidh

'You won't have to be asking your mother for money for a while,' he'd say. Half a crown would do you for a long time going to the Shed.

There was a family called Hanifin in Murreigh, and we were always welcome there, and we would spend the night dancing. 'If it weren't for Hanifin's house, you'd be in bed at a reasonable hour,' my father used to say, but we loved it. Old Hanifin would be grumbling in the corner, but his wife, Joan, sat in her rocking chair and paid no attention to him. She loved our company and the dancing.

Joan was a very devout woman, and she used to go to Ballyferriter every First Friday for Mass. One First Friday arrived wet and stormy, and she needed a pair of Wellingtons, so she took Old Hanifin's. She lost one of them, it stuck in the bog. Next day, he was looking for them and they were nowhere to be found. Finally, he came across the single one. He looked at it, and from the dirt on it, figured out where it had been. 'Nobody ever took my boots,' he said, 'except the Fridays woman!' But Joan took him easy.

My grandfather didn't live long, either. He got a sore mouth, and it spread to his jaw. He was sore and swollen, but he kept going, working away, until one day, he went to the hill to cut a bundle of furze. When he came home, he had to sit down. He was worn out, and the doctor had to be sent for. He was brought to hospital, but he did not live long. He was a lifelong pioneer, but just before he died, he told me he'd like a little

tú ag lorg ar do mháthair go ceann tamaill anois,' a deireadh sé. Dhéanfadh leathchoróin tamall maith ag dul 'on tSeid tú.

Bhí teaghlach de mhuintir Ainiféin ar an Muirígh agus bhíodh fáilte romhainn ann, agus chaithimis an oíche ag rince ann. 'Mara mbeadh tigh Hainifin, bheadh sibh in bhur gcodladh in am,' a deireadh m'athair, ach bhíodh an-shaol againne ann. Bhíodh sean-Hainifin ag cnáimhseán sa chúinne, ach bhíodh a bhean, Joan, sa rocking chair agus ní thógadh sí aon cheann dó, ba bhreá léi ár gcomhluadar.

Bean an-bheannaithe ab ea Joan, agus théadh sí siar ar an mBuailtín chun Aifrinn ar an gCéad Aoine de gach aon mhí. Tháinig Aoine fhliuch stoirmeach, agus theastaigh péire buataisí ó Joan. Chuir sí uirthi buataisí a céile. Nár ghreamaigh ceann acu sa phortach uirthi. Maidin lá arna mhárach, bhí Hainifin ag lorg a bhuataisí, agus gan iad le fáil aige. Ar deireadh fuair sé an ceann acu. Nuair a chonaic sé an salachar a bhí air, dúirt sé, 'Níor thóg aon duine riamh mo bhuataisí ach bean na bh*Fridays*!' Ach ní bhfuair sé aon tor ó Joan.

Níor mhair m'athair críonna ach oiread. Fuair sé béal tinn, agus ansan leath sé siar go dtí a chorrán. Bhí sé tinn ataithe, ach bhí sé ag obair leis, go dtí lá amháin, chuaigh sé ar an gcnoc ag gearradh beart aitinn, agus nuair a tháinig sé abhaile, chaith sé suí síos. Bhí sé tugtha, agus caitheadh fios a chur ar an ndochtúir. Tugadh go dtí an ospidéal é, agus ní fada a mhair sé ann. *Pioneer* ab ea a shaol ar fad é, ach díreach sular cail-

En route to the creamery

Ar an slí go dtí an t-uachtarlann

© Siobhán a' Chró, Bean Uí Dhubháin

drop of brandy. I got some for him, and whatever peace it brought to him, he began to sing again, a religious song. He had a great devotion to Our Lady, and he died singing to her.

Well, then I married Mike. A match of course, as was the custom of the time, and we settled down together. We have eleven children. I loved my children growing up, and the house full of boys and girls, my own and their friends. There was a shelf of medical books in the kitchen, because Mike's brother was a doctor in England. There was one young lad who would pick up a book and pretend to read and go on making up stuff out of his head to scare the whole lot of us, with symptoms we were certain we all had!

At that time, I was very involved with Aisteoirí Bhréanainn, the local amateur theatrical group. My grandson, son of my daughter Joan, was Jimín Mháire Thaidhg in one of our biggest productions some years ago, and I was really proud of him, he was a great Jimín.

My children are the best thing in my life. Every single one of them is so good to me, and they come to see us regularly. We have great Christmases, a full house, children and grandchildren. Even some of the grandchildren are grown now, and everybody has his own story.

leadh é, dúirt sé liom gur mhaith leis braoinín beag branda. Fuaireas an branda dó, agus pé suaimhneas a chuir sé air, thosnaigh sé ag amhrán arís, amhrán beannaithe. Bhí an-deabhóid don Mhaighdean Mhuire aige, agus is chuici a bhí sé ag amh-rán nuair a cailleadh é.

Bhuel, ansan phósas Maidhc, cleamhnas, gan amhras, mar ba nós san am, agus luíomar le chéile, agus tá aon duine dhéag muirir orainn. Bhaineas an-chleachtadh as mo chlann ag fás, agus as an tigh a bheith lán de bhuachaillí agus de chailíní óga, mo cuid fhéin agus a gcairde. Bhí seilf de leabhair leighis ar thaobh na cistineach, mar bhí deartháir le Maidhc ina dhochtúir i Sasana. Thagadh leaid ón bparóiste isteach, agus thosnaíodh sé ag léamh as na leabhair seo, mar dhea, gan é ach ag cumadh leis, ag iarraidh scanradh a chur ar a raibh ann againn.

San am san, bhíodh an-bhaint agam le hAisteoirí Bhréanainn, agus is breá liom fós iad. Bhí mac m'iníne, Joan, agus páirt mhór aige mar Jimín Mháire Thaidhg, tá blianta ó shoin, agus bhaineas an-shásamh as, dhein sé Jimín an-mhaith.

Siad mo chlann an rud is fearr im' shaol. Bíonn gach aon duine acu chomh maith dhom, agus tagann siad chugam go rialta. Bíonn an Nollaig go h-iontach, an tigh lán, mar tá clann mo chlainne, cuid acu, fásta anois, agus a scéal féin ag gach aon duine.

Caitlín Bean Uí Shé, her mother-in-law, and six of her children
Caitlín Bean Uí Shé, máthair a céile, agus seisear don gclann

© Caitlín Bean Uí Shé

Máirín Bean Uí Chatháláin

When I was a young girl going dancing, big wide skirts were all the fashion. We had underskirts to put under them, kind of lace petticoats that we had to stiffen so that they would stand out nice and widely. What we used to do was boil some sugar. We would sprinkle the sugar solution on the underskirts and iron them. In those days we had no electricity, so we put a stone in the fire until it was red hot, and then we put it in the iron case we used as an iron. Anyhow, when you ironed the underskirt with sugar solution it became as stiff as starch, and our skirts stood out beautifully.

At that time, as well, we wore stockings with a seam up the back, and it was the devil to keep the seam straight up the back of your calf. And as well, the sugar was very rough, and it tore the tights, which was a problem as we had so little money. And we wore shoes with high heels, and in those we walked from Arda Mór where I was born, to Murreigh, danced all night and walked back. If I wore these shoes today, I would twist my ankle before I reached the door.

Waltzes and quicksteps were mostly what we danced in those days. There were sets, and we danced them, but we preferred the modern dances. I had only one girl of my own age living near me in Arda Mór, Máirín Russell, and we went everywhere together, and Máirín na Yanks came with us often.

Nuair a bhíos im' chailín óg ag dul 'on rince, bhí sciortaí móra leathana sa bhfaisean. Bhíodh *underskirts* fúthu, saghas cótaí lása nó mar sin, agus chaithimis iad a dhéanamh teann chun go seasóidís amach agus an sciorta a bheith deas leathan. Sé an rud a dheinimis ná siúcra a bheiriú, agus é a chrothadh ar an bhfoghúna, agus ansan é a iarnáil. Ní raibh aon leichtreachas againn san am san. Cloch a chuirimis 'on tine go raibh sí dearg, agus ansan a chuirimis isteach i gcás iarainn, sin é a bhíodh mar iarann againn. Nuair a iarnálfá an fo-ghúna agus an siúcra air, bhí sé chomh maith le stáirse, agus sheasaíodh na sciortaí amach go hálainn.

An uair sin chomh maith, bhíodh stocaí orainn go mbíodh straidhp suas lár an cholpa laistiar iontu, agus bhíodh an-bhráca againn ag coimeád an straidhp díreach. Bhí an siúcra garbh chomh maith agus stracadh sé na stocaí orainn, agus níor mhaith linn go gcaithfimis a thuilleadh a cheannach mar bhí pinginí gann! Bróga sála arda a bhíodh orainn, agus shiúlaimis ó Arda Mór ar an Muirígh ins na bróga san, rince an oíche ar fad, agus siúl abhaile arís. Dá gcuirfinn orm inniu iad, chuirfinn amach m'alt sula mbeinn trasna an tseomra.

Waltz-anna agus *quickstep*-eanna is mó a bhíodh ag na rincí lem' linnse. Dheineamar na seiteanna, ach b'fhearr linn na rincí eile. Ní raibh ach aon chomhaos amháin dom in Arda Mór, mar ar rugadh mé, an uair sin, Máirín Ruiséal. Bhíodh an bheirt againn i dteannta a chéile ins gach aon áit, agus bhíodh Máirín na Yanks inár dteannta go minic.

I am talking of the time after I was seventeen or eighteen, because I was old enough when my mother let me go dancing. She was strict enough. I suppose she had no choice. Her life had been hard.

My father drowned at sea when I was a small child, less than three years old. Three men drowned that night, Paddy Maurice from Comeen and a man from Baile Dháith. The poor man from Baile Dháith was never found. They say that a corpse washed up in County Clare, but nobody could go up to check. That was the custom in those days, not like today. Even though I was very young, I remember my father's wake. The house was full of people. I remember him being laid out on the table with his head up towards the fireplace, and the white bedlinen around him. My uncle's wife lifted me up in her arms, so that I could see. But then, I have no memory of the funeral. None at all. Maybe I wasn't brought.

After that, life was hard on my mother, and on my grandparents who lived with us, along with myself and my two brothers. We went to school barefoot most of the year, running all the way to Murreigh and back. We had no excess weight in those days!

We didn't bring much with us from school, God help us! Mr. and Mrs Daly from Dunquin were the teachers at the time, and I think Sarah Granville was there too. We were in the old building in Murreigh, I never went to the new

Ach bhíos seacht déag nó hocht déag an uair sin, mar bhíos críonna go maith sular scaoil mo mháthair amach mé. Bhí sí saghas dian. Is dócha go raibh a cheart aici, bhí saol deacair aici.

Báthadh m'athair ar an bhfarraige nuair a bhíos díreach faoi bhun trí mbliana d'aois. Báthadh triúr an oíche sin, m'athair agus Peaidí Mhuiris ón gCoimín agus fear ó Bhaile Dháith. Ní bhfuaireadh corp fir Bhaile Dháith riamh. Bhí sé ráite gur tháinig corp isteach i gCo. an Chláir, ach níor chuaigh aon duine suas, ní fhéadfaidís dul an uair sin, ní h-ionann is inniu. Cé go rabhas an-óg, is cuimhin liom an tórramh. Bhí an tigh lán de dhaoine, agus bhí m'athair ligthe amach ar an mbord, agus a cheann suas chun an iarta aige, biarliní bána timpeall air. Is cuimhin liom bean m'uncail im' thógaint suas ina baclainn, agus mé ag féachaint air. Ach ní cuimhin liom an tsochraid in aon chor. B'fhéidir nár tugadh ann mé.

Ina dhiaidh sin, bhí an saol cruaidh ar mo mháthair, agus ar m'athair agus ar mo mháthair chríonna a bhí inár dteannta sa tigh, agus orm féin agus ar mo bheirt dearthár. Théimis ar scoil cosnochtaithe furmhór na bliana, ag rith chomh fada leis an Muírígh agus ar ais. Is beag an fheoil a bhí an uair sin orainn!

Ní mór a thugamar linn ón scoil, go bhfóire Dia orainn! Muintir Dhálaigh ó Dhún Chaoin a bhí ag múineadh ann san am, agus is dóigh liom go raibh Sarah Granville ann chomh maith leo. Sa tseanscoil a bhíomar, níor chuas riamh go dtí an scoil nua. An uair

building. In those days, we never thought about a life plan, or what we wanted to do. Things were more or less laid out for us. My mother needed my help, and when I left Murreigh school, I stayed home and helped her. I never went to school in Dingle. There was no social welfare for widows in those days. There were cows to be milked, calves to be fed, and we had hens, ducks, geese and turkeys, anything that would put food on the table or bring in a few pence. We worked very hard, and I think it shortened my mother's life. She was only seventy three when she died. My poor father had only been thirty five when he drowned in 1940.

I met my husband, Johnny Neoiní, as he was known, at the Hall in Murreigh. He was a nice, gentle man, good to me and to my children. We married on the 18th of January 1964, early in Shrovetide, people would say. Johnny also died young. He was only sixty seven. His heart had been bothering him for a long time. The day he died, a very hot day in July, he was out in the garden, in front of the house. I had gone to Dingle to get tablets for him. My daughter Mary, was home, and she was going up the road to the shop. He told her to bring a pound of sausages, that I had forgotten to get them the day before.

She wasn't gone ten minutes, the shop is only a few minutes away. He seemed to have come in and sat down, and then toppled down to the ground and died. When I come home, I couldn't understand all

sin, ní bheifeá ag cuimhneamh puinn cad a dhéanfá nuair a bheifeá mór. Bhí an saol saghas leagtha síos duit ar chuma éigin. Níor chuas riamh ar Scoil an Daingin tar éis dom críochnú ar scoil na Muirí. Bhí cabhair ag teastáil óm' mháthair. Ní raibh aon chabhair do bhaintreacha an uair sin. Caitheadh ba a chrú, bia a thabhairt do ghamhna, bhíodh cearca, lachain, géanna agus turcaís againn, aon rud a thabharfadh greim le n-ithe nó cúpla pingin isteach 'on tigh. D'oibríomar ana-dhian, agus déarfainn gur ghiorraigh sé saol mo mháthar. Cailleadh í nuair a bhí sí seachtó a trí. Ní raibh m'athair ach cúig bliana déag ar fhichid nuair a báthadh é sa bhliain 1940.

Bhuaileas le m'fhear céile, Johny Neoiní mar a thugaidís air, ag Halla na Muirí. Fear deas, macánta, críochnúil, a bhí go maith dhomsa agus dár gclann. An 18ú Eanair 1964 lá ár bpósta. Luath san Inid, a déarfadh daoine. Cailleadh óg é sin chomh maith, gan é ach seasca a seacht. Bhí an croí ag cur le fada air. An lá a cailleadh é, lá an-the i Mí Iúil, bhí sé amuigh sa ghairdín, ag an bhfalla os comhair an tí. Bhíos-sa imithe 'on Daingean ag triall ar phiollairí dó. M'iníon Mary, bhí sí age baile, agus bhí sí ag dul suas ar an mBóthar Buí go dtí an siopa. Dúirt sé léi agus í ag dul amach an geata punt *sausaigí* a thabhairt léi, go rabhadar dearmadta inné agamsa.

Ní raibh sí deich nóiméadaí ag dul siar an Bóthar Caol agus ag teacht abhaile. Bhí sé tagtha isteach, agus faoi mar a bheadh sé tar éis suí ar an gcathaoir, bhí sé titithe marbh ar an urlár. Nuair a thánasa abhaile, b'ait

Mary Griffin (O'Shea), Hain William's mother, cleans the milk tank
Mary Griffin (BeanUí Shé), máthair Hain William, ag glanadh na teaince

the cars outside the house. My daughter Siobhán came out and told me that Dad was dead. I remember saying 'O Mother Mary! O Mother Mary!' over and over again, not able to stop.

I missed him terribly for a very long time. You miss a person out of the house. Even though my family was great to me, he was very young to die, and I felt his absence. Now, two of my children are nearby. Siobhán works in Coláiste Íde, the girls' boarding school near Dingle. Seán has a house down the road in Arda Mór. It is nice to have them close. I don't like being in the house alone on the night of a gale, and with Seán so close, I can go down there on a bad night, and I often do.

Mary is a teacher in Belfast. She is very involved with the INTO, the organisation that represents primary teachers, and next year, please God, she will be the chairperson of the northern INTO committee, with a year's secondment from teaching. She'll have a good year, please God. The INTO covers all 32 counties of Ireland, and I am very proud of her.

What do I do now for entertainment? I still like to go to a play. Johnny, Lord have mercy on him, loved the theatre, he was always involved in it. I visit my neighbour Nell Guithín, every day for a chat, I go to the shop and see Máirín na Yanks, I do my housework. I enjoy every day as it comes.

liom na cartacha go léir a bhí lasmuigh den dtigh. Tháinig Siobhán, is dóigh liom, amach chugam agus dúirt sí go raibh Daid caillte. Is cuimhin liom a bheith ag rá 'Ó 'Mhuire Mháthair! Ó 'Mhuire Mháthair!' agus ná féadfainn stop.

Mhissálas an-mhór é, ar feadh tamaill mhóir. Missálann tú an duine amach as an dtigh. Cé go raibh mo chlann an-mhaith dhom, bhí sé an-óg chun bás a fháil, agus mhothaíos uaim é. Anois, tá beirt dem' thriúr clainne timpeall orm, Siobhán ag obair i gColáiste Íde agus Seán go bhfuil tigh tógtha aige thíos in Arda Mór, agus is maith iad a bheith in aice liom. Ní maith liom a bheith im' aonar sa tigh oíche gála, agus tá Seán chomh comhgarach liom gur féidir liom dul síos chuige drochoíche.

Tá Mary ag múineadh i mBéal Feirste. An bhliain- seo chugainn, le cúnamh Dé, beidh sí ina cathaoirleach ar choiste INTO an tuaiscirt. Baineann an INTO leis an dtír ar fad. Beidh sí bliain saor ón dteagasc, agus le cúnamh Dé beidh bliain mhaith aici. Táimid ana-mhórálach aisti.

Cad a dheinim mar chaitheamh aimsire anois? Is maith liom fós dul go dtí dráma. Bhí an-spéis ag Johnny, trócaire air, sa drámaíocht, bhí sé i gcónaí páirteach ann. Téim suas tamall go dtí mo chomharsa Neil Guithín, téim siar go dtí an siopa ar thuairisc Mháirín, déanaim obair an tí. Bainim lá as.

Woman joining threads for a loom
Ag cur snáithín le seol

© Muckross House Library

Peig a' Rí,
Bean Mhic Ginneá

I was born in Baile an Liaigh, a daughter of Maurice a' Rí, and his wife Meáig Éamoinn. We were a large household, and a happy one. My mother was the most important influence on my youth, I think. She was a beautiful red-headed woman who had emigrated to America, with her older sister, when she was fifteen.

She settled really well, and the first thing she bought was a melodeon. Along with Seán a' Chlasaigh, a neighbour from Ventry, she used to play for silent movies in the cinemas in New York, as well as working during the day. She was glamorous and well dressed, and loved America. It didn't agree with her sister, however, and her health was failing, so my mother accompanied her home. But she was coming back to America, she believed firmly.

However, while she was home, she received many offers of marriage, none of which she accepted. Then, one day, she was in Tigh a' Rí, our house. My grandmother was there, and my mother said, half joking, 'Any chance you'd give me Maurice?' The match was made soon after. My father was so proud of her. The driving seat in the horse cart was on the right hand side, and the person on this side was the one closest to those travelling in the other direction. My grandfather took to driving from the left, so as to put his beautiful wife on the right, where everyone would see her.

She always loved fun, and the house was always full of music. Once, she need-

ImBaile an Liaigh a saolaíodh mise, iníon le Maras a' Rí, agus a bhean Meáig Éamoinn. Teaghlach mór ab ea sinn, teaghlach sona. B'í mo mháthair an tionchar ba mhó orm riamh im' shaol, a déarfainn. Bean álainn rua ab ea í. Chuaigh sí go Meiriceá, í féin agus deirfiúr níos sine léi, nuair ná raibh sí ach cúig bliana déag.

Thaitin Meiriceá an-mhór léi, agus sé an chéad rud a cheannaigh sí ná bosca ceoil. Bhíodh sí féin agus Seán a' Chlasaigh, comharsa ó Cheann Trá, ag seint ins na scannáin bhalbha sna pictiúrlanna i Nua Eabhrac, chomh maith le bheith ag obair i rith an lae. Bhí sí córach deaghléasta, agus ana-shásta. Níor réitigh Meiriceá lena deirfiúr, áfach, agus bhí a sláinte ag teip. Chaith sí teacht abhaile, agus tháinig mo mháthair ina teannta. Ní raibh sí ach ag teacht abhaile ar saoire, a cheap sí.

Tháinig an-chuid scéalta cleamhnais chuici an fhad is a bhí sí age baile, ach níor thóg sí aon cheann dóibh. Ansan, aon lá amháin, bhí sí ar cuairt i dtigh a' Rí, ár dtighne. Bhí mo mháthair chríonna ann, agus arsa mo mháthair agus í leath mar mhagadh 'Aon tseans go bhfaighinn Maras uait?' Pé slí gur tháinig an magadh go leaba an dairáiribh acu, ní fada gur deineadh an cleamhnas. Bhí m'athair an-mhórálach aisti. Cé gur ón taobh deas a tiomáintear cairt agus capall, chuireadh m'athair mo mháthair ar an taobh deas, agus thiomáineadh sé ón dtaobh clé, chun go bhfeicfeadh gach aon duine an bhean bhreá rua a bhí pósta aige.

Ba bhreá léi cuideachta, agus bhí an tigh i gcónaí lán de cheol. Aon uair amháin,

ed a new melodeon. There was no money – there was never any money – and she hit on a plan. At night, my father had the habit of dozing in his chair by the fire after a long work day. Mother got some of the neighbouring boys to help her lift a couple of bags of potatoes out of the pit, and sell them in Dingle. They kept doing this, with my grandfather oblivious to it all, until they had the price of the melodeon.

She taught us all to dance. When we were very small, she would write out the figures of the dance on pieces of paper and stick them on the wall, and between figures, we could go and check what we were supposed to do next.

Our schooling was not neglected either. I went to Cill Mhic a' Domhnaigh school, and I was at the original opening. While the new building was being erected, we went to school in Ventry church which was much nearer to us in Baile an Liaigh. Recently myself and some old friends took part in the the anniversary celebrations of that day.

From Cill Mhic a' Domhnaigh, I got a scholarship to Scoil Chaitríona in Eccles Street n Dublin, a Gaeltacht scholarship to help Irish speaking children get a secondary education, which was not, of course, at that time, free. My mother made all my uniforms, as she made clothes for everybody in the house. You can see in photographs the fine clothes she made for herself in America.

theastaigh melodeon nua uaithi. Ní raibh aon airgead ag m'athair le caitheamh ar mhelodeon – bhí airgead gann ins gach aon áit an uair sin – ach chuimhnigh mo mháthair ar phlean. Bhí sé de bhéas ag m'athair titim dá chodladh sa chathaoir tráthnóna tar éis lá fada oibre. Bhailigh mo mháthair cuid de bhuachaillí na háite, agus chabhraíodar léi pacaí prátaí a líonadh as poll na bprátaí. Bhí fuílleach prátaí ann, agus bhíodar ag folmhú leo, i gan fhios do m'athair, go dtí go raibh oiread prátaí díolta sa Daingean acu agus a cheannódh melodeon.

Mhúin sí dhúinn go léir conas rince. Nuair a bhíomar an-bheag, scríobhadh sí figiúirí na seite ar phíosaí páipéir agus ghreamaíodh sí ar an bhfalla iad. Idir na figiúirí, bhímis ag dul suas go dtí an bhfalla ag féachaint cad é an chéad fhigiúir eile a bhí le déanamh.

Níor deineadh aon fhaillí in ár scolaíocht ach oiread. Chuas go Scoil Chill Mhic a' Domhnaigh, agus bhíos ann nuair a osclaíodh an scoil nua. Fad a bhí sí á tógaint, bhíomar ar scoil sa tsáipéal. Ba chomhgaraí go mór dúinne i mBaile an Liaigh an sáipéal. Le déanaí, bhíos ag comóradh na h-oscailte sin, mé féin agus cuid de na seanchairde atá fós ina mbeathaidh.

Ó Chill Mhic a' Domhnaigh, fuaireas scoláireacht go Scoil Chaitríona i Sr. Eccles i mBaile Átha Cliath. Scoláireacht Gaeltachta, chun cabhrú le leanaí Gaeltachta oideachas dara leibhéil a fháil, mar ní raibh sé saor an uair sin, Mo mháthair a dheineadh m'éidí go léir, faoi mar a dheineadh sí éadach do gach aon duine sa tigh. Tá pictiúirí againn don éadach breá a dhein sí di féin nuair a bhí sí i Meiriceá.

Bhí sí go hiontach chun cuilteála, agus is

She was a skilled quilter, and I am delighted that my daughter Margaret has followed in her footsteps and is a master quilter of international reknown. But I am jumping ahead of my story. When I was in Scoil Chaitríona, teaching seemed just about the only profession open to girls like me. But teachers earned very little, and often had to be subsidised by their families to help them to come home during the holidays. So I decided against that, and went to England instead.

I came home after a couple of years, but things were not good in this country and finally, during the war, I applied for a job in England. I was told that I would have a job fueling, so I imagined myself in a garage somewhere, but imagine my surprise when I found myself in an aerodrome in Swindon, with responsibility for fueling and starting up planes. I loved it. We strapped the pilots in, pulled out the chocks from the wheels and swung the propellers to start the plane. We had to duck out of the way quickly to avoid decapitation! And best of all, we occasionally had to drive the planes back into the hangar in the evening.

Life was strange in the war. Bombings were routine. I don't remember being frightened. It was just the way it was. People you knew today were dead tomorrow. You simply got on with the job. And do you know, we laughed a lot, and had a lot of fun. Pilots were risking their lives on every flight, and when they were on

breá liom m'iníon Margaret, a bheith ag dul lena dúchas agus tá aithne idirnáisiúnta uirthi mar chuilteálaí. Ach táim ag teacht romham féin. Nuair a bhíos-sa i Scoil Chaitríona, taibhsíodh dúinn ná raibh aon phost eile ann do chailíní ach an mhúinteoireacht. Ach mar sin féin, ní raibh ach tuarastal suarach ag múinteoirí. Is minic a chaithidís fios a chur abhaile ar airgead chun teacht abhaile i gcomhair na laetheanta saoire. Shocraíos dul go Sasana in ionad dul le múinteoireacht.

Thána abhaile tar éis cúpla bliain, ach bhí rudaí go h-olc sa tír seo san am san. Ar deireadh, nuair a thosnaigh an cogadh, chuireas isteach ar phost i Sasana. Dúradh liom go mbeinn ag obair ag breoslú, agus cheapas mar sin gur i ngaráiste a bheinn. Ach cá rabhas ach in aeradróm Swindon, freagrach as breoslú agus tosnú eitleán. Bhreá lem' chroí é. Chaithimis na píolótaí a cheangal isteach, na stadanna a tharraingt amach ó na rothanna, agus ansan cúpla casadh a thabhairt don lián chun an t-inneall a thosnú. Ansan chaithfeá léimeadh as an slí mear tapaidh, nó bhainfeadh an lián an ceann duit. Agus uaireanta chaithimis na h-eitleáin a thiomáint isteach ins na haingir nuair a thagaidís ar ais tráthnóna.

B'ait an saol é. Bhíodh buamáil gach aon lá nach mór ann. Ní cuimhin liom eagla a bheith orm. B'shin é an cogadh. B'shin é an saol san am san. An té go mbeadh aithne inniu agat air, bheadh sé caillte amárach. Agus deineadh an-chuid gáirí i rith an chogaidh, bhí an-chleachtadh againn. Bhí na píolótaí ag dul sa bhearna baoil gach aon lá, agus

Good fun in England
Spórt agus spraoi i Sasana

© Peig a' Rí, Bean Mhic Ginneá

the ground they wanted to have some fun, so there was great crack at the aerodrome.

When I was at home before the war, I met my husband, Jim. He was a builder and had built my parents' new house in Baile an Liaigh. I remained faithful to him while I was in England, even though we weren't engaged. I used to tell the lads who asked where my ring was that staff working on planes were not allowed to wear jewellery in case it got caught in anything.

After the war, I came home. Jim and I were going out for ten years, because I was in no hurry to get married. I had seen the hardship of my mother's life, in spite of her good humour, and I was reluctant to commit myself. Finally, however, my sister was getting married, and she suggested a double wedding, and that is what we did.

Jim was hurrying to build our house. He used to get up at five in the morning, and put in a couple of hours before he went to work, and then come home in the evening and put in another couple of hours. By the time we got married, he was as lean as a hound, but the house was finished. His wedding suit had to be let out before Christmas, he put on so much weight when he had proper food, and didn't have to work all hours!

I made my own wedding suit, a pink wool suit with brown velvet trim.

nuair a bhíodar ar an dtalamh, theastaigh cuideachta uathu, agus bhí an-chuideachta ag an aeradróm.

Nuair a bhíos age baile roimis an gcogadh, bhuaileas le m'fhear céile, Jim. Tógálaí ab ea é, agus bhí se ag tógaint tí nua do mo mhuintir i mBaile an Liaigh. D'fhanas dílis do an fhad a bhíos i Sasana, cé ná rabhamar geallta ná faic. Nuair a fhiafraíodh leaideanna eile dom cá raibh m'fháinní, deirinn leo ná raibh aon chead againn seoda a chaitheamh ar an aeradróm, ar eagla go rachaidís ceangailte in aon rud.

Tar éis an chogaidh, thána abhaile. Bhíos ag siúl amach i dteannta Jim ar feadh deich mbliana, mar ní raibh aon deabhadh chun pósta orm. Chonac an cruatan a bhain le saol mo mháthar, in ainneoin a shásta is a bhí sí. Bhí leisce orm. Ach bhí deirfiúr dom ag pósadh, agus dúirt sí go ndéanfaimis pósadh dúbalta as, agus sin é a dheineamar.

Bhí deabhadh ar Jim ag tógaint ár dtí. Bhíodh sé ina shuí ar a cúig ar maidin, chun cúpla uair a' chloig a chaitheamh air sula dtéadh sé ag obair. Chomh luath is a thagadh sé abhaile, síos leis arís ar feadh cúpla uair a' chloig eile. Bhí sé chomh caol le cú nuair a phósamar, ach bhí an tigh críochnaithe. Caitheadh culaith a phósta a scaoileadh amach roimh Nollaig, chuir sé suas an oiread san meáchana nuair a bhí bia ceart aige, agus gan é ag obair ó dhubh dubh!

Dheineas mo chulaith pósta féin, culaith pinc agus bheilbhit donn mar mhaisiú air. Bhí sé an-dheas, agus thugas cuid den olann agus den bheilbhit isteach go Trá Lí mar ar deineadh

It was very elegant. I brought some of the fabrics into Tralee, and had a hat made in a milliner's. I made all my own clothes, and all my childrens'. We had to. Money was scarce, though Jim was a good, hard worker, and always in demand.

Two things I missed when I came to live here in Cooleen: the company in our house in Baile an Liaigh, where there were so many people, and where there was music, dancing and singing almost every night. It was lonely here in the beginning, with Jim at work and the house empty all day. And the other thing was dancing. I used to love dancing so much. I had been going since I was fourteen, often sneaking out the window unknown to my parents.

And now, as I was married, I could not go without my husband. I would stand out in the garden here to listen to the music coming from the hall. It used to break my heart. It wasn't so bad for Jim. He wasn't as fond of dancing anyway, and also, he would go off down to Flaherty's for his few pints. No women would go to pubs in those days, so we stayed at home alone with the children. And as the children grew up, I had company again, and fun, and music, and I still do. If I hear a nice tune, I dance around the kitchen with the brush!

hata dom i siopa hataí. Dheineas mo chuid éadaigh féin ar fad. Dheineas éadaí na leanbh. Chaitheas a dhéanamh, bhí airgead gann na laetheanta san, cé gur oibrigh Jim go dian, dícheallach i gcaitheamh a shaoil.

Dhá rud a mhothaíos uaim nuair a thána anseo 'on Chúilín: an comhluadar a bhíodh againn i mBaile an Liaigh, mar a raibh seisear nó mórsheisear sa tigh i gcónaí, agus mar a raibh ceol, caint agus cuideachta gach aon oíche nach mór. Bhí uaigneas anseo ar dtús orm, Jim amuigh ag obair, agus an tigh folamh ar feadh an lae. Agus an rud eile ná rince. Bhí an oiread san cion agam ar a bheith ag rince. Bhíos ag dul ann ó bhíos ceithre bliana déag, ag éalú amach an fhuinneog go minic, i gan fhios do mo thuismitheoirí.

Ach anois agus mé pósta, ní fhéadfainn dul gan m'fhear céile. Sheasaínn amuigh sa gharraí anseo agus bhínn ag éisteacht leis an gceol ag teacht aniar ón halla, agus bhriseadh sé mo chroí. Ní raibh sé chomh h-olc do Jim. Ní raibh sé chomh ceanúil ar rince, agus ar aon tslí, d'fhéadfadh sé dul síos go tigh Uí Fhlaithbheartaigh agus cúpla piúnt a bheith aige. Ní raghadh aon bhean isteach i bpub sna laetheanta san, d'fhanamar ag baile i mbun na leanbh. Ach nuair a bhí na leanaí ag éirí suas, bhí comhluadar arís agam, agus cuideachta agus ceol. Agus tá sé fós agam. Má chloisim port deas, téim ag rince timpeall na cistineach leis an scuab!

Caitlín a' Phóist,
Bean Uí Mhurchú

I was born in Bóthar Buí, a long time ago now, in the year 1913. We had a little shop in Bóthar Buí, beside Sáipéal na Carraige. In the old days, the church was back in Carraig, about a mile away from here, but when the new one was built here, the old name, Sáipéal na Carraige followed it and is used still.

Small shops in those days sold everything, the half pig's head, the spade, the four prong pike, tea, sugar, and we were one of the few shops around in my youth. I still remember the day my father came to school and told the teacher he was bringing me home, that I was needed to work in the shop. I was so small that he had to make a little stool so that I could be seen above the counter! I was delighted, I always loved that shop, though I worked very hard in it.

I also worked in the small fish processing business my father had for a number of years in the 1920s. We used to clean and fillet and salt the fish and pack them in barrels, with my father's name on the barrel. We needed a lot of clean water for this job, so that the fish would be perfect, and my brother Paddy usually had the job of working the pump, all day long. It was exhausting, but we must have done it well, because my father's fish won a prize at Billingsgate Fish Market in England. It used to be sent by train from Dingle, and then by boat and train from Dublin to London.

Then somebody asked my mother if she

Ar an mBóthar Buí a rugadh mise, tamall maith ó shoin anois, sa bhliain 1913. Bhí siopa beag againn ansan in aice le Sáipéal na Carraige, míle nó mar sin siar an bóthar atá an Charraig, agus is ann a bhíodh an sáipéal fadó. Nuair a tógadh an sáipéal nua ar an mBóthar Buí, lean an ainm Sáipéal na Carraige é.

Díoladh gach aon rud i siopaí beaga an uair sin, an leathcheann muice, an ramhann, an píce cheithre mbeann, an tae, an siúcra, gach aon rud. Ní mór na siopaí a bhí timpeall an uair sin. Is cuimhin liom go maith an lá a bhíos ar scoil agus gur tháinig m'athair isteach sa rang agus gur thug sé abhaile mé. Dúirt sé leis an múinteoir go raibh gnó sa tsiopa dom. Bhíos chomh beag gur chaith sé stól beag a dhéanamh dom chun seasamh air laistigh den gcúntúirt, chun go gcífí mé. Bhíos chomh sásta! Bhreá liom an siopa, cé gur oibríos dian ann.

Bhí gnó beag próiseála éisc ag m'athair ar feadh tamaill ins na fichidí. Chaithimis an t-iasc a ghlanadh agus a scoltadh, agus ansan é a chur ar salann i mbaraillí. Bhíodh ainm m'athar ar an dtaobh amuigh den mbaraille. Theastaíodh an-chuid uisce chun an obair seo a dhéanamh i gceart agus sé mo dheartháir Peaití a dh'oibríodh an caidéal chun uisce a choimeád linne ag an mbord. Ní foláir nó gur dheineamar i gceart é, mar bhuaidh m'athair duais as a chuid éisc i Margadh Billingsgate i Sasana. Théadh na baraillí ar thraen ón nDaingean, agus ar bhád agus ar thraen eile go Londain.

Ansan d'fhiafraigh duine éigin dom'

would keep some guests, who wanted to stay for a month. She was reluctant, she felt we hadn't the facilities and the work would be too much. I disagreed, and we said we'd give it a try, and the first group came from University College Cork learning Irish. It was a great success. The visitors loved it, and local boys and girls came in every evening, and we would dance and sing. They taught us dances like the Fairy Reel, and we taught them sets. The scholar Osborne Bergin was the leader of the group. While he was here, he sprained his ankle, and it fell to me to bathe it for him, several times a day, in hot and cold water. It wasn't my favourite job, but I don't think he ever realised how little I liked it!

Those were the days when TB was rampant. We were told to sprinkle Jeyes Fluid in the shop when anyone suffering from the disease came, and my mother did that. The priest heard confessions sitting on a chair out in the church yard, and sprinkled his vestments with Jeyes Fluid. TB was a death sentence, and we were all terrified. It could strike anyone. In the next village, three fine young brothers, great musicians, you'd be waiting for the Comeen Wren on Wren's Day to hear the Sullivans play, and three of them died in one year from TB.

One of them, John, was a fiddler, and when he was bedridden towards the end of his illness, he would ask his mother to hand him the fiddle in the evening, and play a few tunes. One night, having

mháthair an dtógfadh sí turasóirí sa tigh. Ní raibh sé sin de bhéas againn san am, agus bhí leisce ar mo mháthair tabhairt faoi. Ach dúrtsa go ndéanfaimis an bheart, agus tháinig an chéad ghrúpa, mic léinn ó Choláiste Ollscoile Chorcaí ag foghlaim Gaelainne. D'éirigh go h-iontach leo. Bhain na mic léinn ana-shásamh as, agus bhíodh dream óg na háite istigh againn gach aon oíche agus iad ag foghlaim rincí ó na stróinséirí, Cor na Sióg agus a leithéid sin, agus sinne ag múineadh na seite dóibh sin. Is é an scoláire Osborne Ó hAimhirgín a bhí i mbun an chéad ghrúpa seo, agus chuir sé amach a alt agus gan é ach díreach tagtha. Ormsa a thit sé a alt a scóladh agus a fhuaradh cúpla uair is ló. Ní dóigh liom gur thuig sé riamh gur bheag orm mar jab é!

San am seo bhí an eitinn ana-choitianta timpeall na háite. Dúradh linn Jeyes Fluid a chroitheadh timpeall an tsiopa aon uair a thiocfadh duine go raibh eitinn air isteach. Dheineadh mo mháthair é sin. Thagadh an sagart amach i gclós an tsáipéil ag éisteacht faoistine, agus bhíodh boladh an Jeyes Fluid óna chuid éadaigh sin leis. Bhíomar go léir scanraithe. Ní raibh aon duine slán. Sa chéad bhaile eile, cailleadh triúr dearthár, fearaibh breátha ina bhfichidí, ceoltóirí gach aon duine acu, bheifeá ag súil gach aon Lá an Dreoilín le Dreoilín an Chuimín agus na Súilleabhánaigh ag seint ann. Cailleadh an triúr acu an bhliain chéanna, ón eitinn.

Duine acu, John, bheidhleadóir ab ea é, agus nuair a bhí sé ar leabaidh a bháis, d'iarradh sé ar a mháthair an bheidhlín a shíneadh chuige agus sheinneadh sé cúpla port. Aon oíche amháin, sheinn sé a chúpla port, agus nuair a

played is few tunes, he handed it back to her saying 'Hang that up now, I'll play it no more.' He died that night. God help the poor mother, Neil a' tSaorsaigh, she would come wailing down the road, mourning her beautiful young men. And there was many a family like hers, some which were wiped out completely by the disease.

The war brought its own hardship. The worst was for old women who were addicted to tea. People were only allowed tiny quantities of tea, and my mother tried to stretch it as far as possible. Her sister in the US used to send us tea parcels, but still it was not enough. One old lady would come three or four times a day to see if we had even a spoonful of tea leaves to give her. Almost everything was in short supply, but we produced our own food and fuel, and it was only things like building materials, that kind of thing that bothered us, and the old women missed the tea!

At that time, too, in the 1930s, life was very hard on people, and many of our customers ran into debt. But it must be said that they were decent people and repaid everything to my parents. Sometimes they had to wait until a family member went to America, but money was sent home to clear family debts.

As we grew up, the fish processing ended, and we used to go dancing in Begley's Shed, previously used for fish. I loved dancing, and to this day I love a nice

thug sé an fhidil ar ais dá mháthair, dúirt sé 'Croch suas í sin anois. Ní bheidh aon ghnó a thuilleadh agamsa di.' Cailleadh an oíche sin é. Mo thrua mhór a máthair, Neil a' tSaorsaigh, an uair sin. Thagadh sí aniar an bóthar ag olagón, ag caoineadh a triúr fear breá. Agus is mó teaghlach a bhí mar í, cuid acu go deimhin gur sciob an eitinn an tigh ar fad.

Thug an cogadh a chruatan féin leis. Bhí na seanmhná cráite ag gabhair an tae. Níor ceadaíodh ach oiread a' frí de thae do gach aon duine, agus dheineadh mo mháthair a dícheall é a roint chomh maith agus ab' fhéidir léi. Thagadh beartanna tae óna deirfiúr i Meiriceá fiú amháin, ach níorbh leor é. Thagadh aon tseanbhean amháin trí nó ceathair de bhabhtaí gach aon lá féachaint an mbeadh aon spíonóigín tae againn le tabhairt di. Bhí gach aon rud gann aimsir an chogaidh, ach bhí ár mbia agus ár dtine féin againn, agus ní raibh aon easpa mar sin orainn. Rudaí ar nós ábhar tógála, rudaí mar sin a bhí gann, agus gan dabht an tae ar na seanmhná!

San am san, sna triochaidí, bhí an saol an-dhian, agus bhí cuid mhaith dár gcustaiméirí go raibh fiacha orthu. Ach caithfear a rá gur daoine creidiúnacha ab ea iad, agus gur díoladh na fiacha ar fad. Uaireanta caitheadh fanacht go dtí gur chuaigh duine éigin den gclann go Meiriceá, ach má caitheadh féin, tháinig an t-airgead i gcónaí agus glanadh na fiacha.

Faoi mar a bhíomar ag fás suas, tháinig deireadh le tionscal an éisc, agus théimis ag rince i Seid Bheaglaoich ar an Muirígh, mar a mbíodh iasc á phróiseáil tamall roimis sin. Bhreá liom rince, is breá liom fós port deas a

I love dancing
Ba bhreá liom bheith ag rince

© Caitlín Bean Uí Shé

set tune. I met my husband one evening on road to Murreigh on the way to the dance, and although he had another date for that night, we never looked at anyone else again, either of us. We married very happily, and moved in with his parents. And happy and all as I was, on a Sunday evening, I would stand out by the gable of the house, listening to the music coming from Begley's shed, and there would be tears in my eyes because I couldn't go dancing.

We spent twelve years with my parents-in-law, and then we built our own house up on the main road. On the first day I stood on my own floor, I stood at the front window, I held out my arms and said 'Thank God I have the freedom of my own house today!' And I meant it from the bottom of my heart, even though I had got on well with my in-laws. The new house was wonderful, and my children grew up here. All of them, but my first born, were born in Bóthar Buí in my old home, where my brother Paddy lived. His wife was a good midwife. One night, I was in labour, and about two in the morning, I thought it was time to move. So my husband and I walked together the mile or more to Paddy's house in Bóthar Buí. When I banged on the door, Paddy stuck his head out the window upstairs. 'What do you want?' he shouted. I burst out laughing. 'What do you think I want?' I said. They were good births, and they were good children, every one of them.

chloisint. Bhuaileas le m'fhear céile don gcéad uair ar an mbóthar chun na Muirí. Cé go raibh socair aige bualadh le cailín eile an oíche sin, níor fhéach aon duine de bheirt againn ar aon duine eile ó shoin, Phósamar, agus chuireamar fúinn i dteannta a thuismitheoirí. Agus dá shásta dá rabhas, raghainn amach tráthnóna Domhnaigh agus sheasóinn ag an mbinn ag éisteacht leis an gceol chugam aníos ó Sheid Bheaglaoich, agus ní mór ná go ngoilfinn toisc ná féadfainn dul ag rince.

Chaitheamar dhá bhliain déag in aontíos le muintir mo chéile, agus ansan thógamar ar dtigh féin ar an mbóthar mór. An chéad lá a sheasaíos ar m'urlár féin, sheasaíos ag an bhfuinneoig, d'ardaíos mo dhá láimh, agus dúrt 'Buíochas le Dia go bhfuil buanacht mo thí féin inniu agam!' Agus tháinig na focail óm chroí, cé go rabhas an-mhór le muintir mo chéile. Bhí an tigh nua go hiontach, agus is ann a dh'fhás mo chlann suas. Ar an mBóthar Buí sa tigh inar tógadh mé, mar a raibh mo dheartháir Peaidí, a saolaíodh iad go léir ach an chéad duine. Bean chabhartha mhaith ab ea bean mo dhearthár. Oíche go raibh leanbh ag teacht, agus timpeall a dó ar maidin, cheapas go raibh sé in am bogadh. Shiúlaíomar linn, mé féin agus m'fhear céile, breis is míle de bhóthar chomh fada leis an mBóthar Buí. Nuair a bhuaileamair ar an ndoras, chuir Peaidí a cheann amach an fhuinneog in airde staighre. 'Cad tá uaibh?' ar seisean. Dheineas féin scarta gáire. 'Cad is dóigh leat atá uainn?' arsa mise. Saolaíodh go maith iad, agus leanaí maithe ab ea iad, gach aon duine acu.

My son Pádraig became a priest, and went to work in Korea. I was very sad that he was going so far away, but I have got used to it, and he is very happy where he is, and comes to see me regularly.

I have strong faith myself, and the things that have happened have not changed that. I am devoted to God, and I hope to see him, because I never had a bad wish for anybody in my life. I say my rosary and the prayers I learned as a child, and I believe that I will, in the next world, see God, and all who have gone before me.

Chuaigh mo mhac, Pádraig, le sagartóireacht, agus chuaigh sé ag obair sa Chóiré. Bhí an-uaigneas orm nuair a bhí sé ag dul chomh fada ó bhaile, ach thána i dtaithí air. Tagann sé ar mo thuairisc go rialta, agus is breá leis an áit go bhfuil sé.

Tá creideamh láidir agam féin, agus na rudaí a tharla san eaglais, níor chuireadar isteach ná amach air sin. Táim ana-dheabhóideach, agus tá súil agam Dia a fheiscint nuair a caillfear mé, mar ní raibh aon rud olc im' aigne riamh d'aon duine. Deirim an choróin, agus na paidreacha a fhoghlaimíos agus mé im' leanbh gach aon lá. Agus creidim go gcífidh mé an saol eile, agus go mbuailfidh mé lem' chuid fhéin ann.

Siobhán Fahy

I was only twenty-seven when my husband died. He had been ill for a long time, but somehow, I never thought of his death. He was working as a Garda up to the day before he died. I was pregnant at the time, and I had gone to Cork to visit my doctor. It had been my intention to stay a night in Cork, but somehow, I felt impelled to come home, and I am so grateful that I did. I would have hated to have heard that news in Cork.

It was very hard, of course it was. The child (who is now a man) was born six weeks after my husband's death. It was very hard in the hospital. All the other women had their husbands coming in visiting, bringing flowers, there was laughter all over the hospital, and I had nobody. I was angry with God at first, but then, we were very happy in the four years of our marriage, and death came quickly and mercifully and without pain. In the end you have to accept what life sends you, and I had two children to raise, so I set about it.

It was not the first time I had seen untimely death. My brother died very young of rheumatic fever. It was not diagnosed properly for a long time, and it was too late to do anything about it. That was a heartbreak for the entire family.

I came back home after my husband died, and went back to live with my parents for a while. That was hard, when I was used to my own house, but it was also great, because I had help with the children. I stayed there for four years. I went to work

Ní rabhas ach seacht mbliana fichead nuair a cailleadh mo chéile. Bhí sé i bhfad breoite, ach níor chuimhníos riamh ar a bhás. Bhí sé ag obair – Garda ab ea é – suas go dtí an lá sular cailleadh é. Bhíos-sa ag iompar clainne ag an am, agus bhíos i gCorcaigh ag mo dhochtúir. Bhí sé i gceist agam fanacht an oíche i gCorcaigh, ach chuir rud éigin im' cheann teacht abhaile, agus is maith liom gur dheineas. Níor mhaith liom scéal mar sin a fháil i gCorcaigh.

Bhí sé ana-dheacair gan dabht. Saolaíodh an leanbh (atá anois ina fhear) sé seachtaine tar éis bháis mo chéile. Bhí sé ana-dhian san ospaidéal. Bhí céilí na mban eile ar fad ag teacht ar cuairt chucu, agus bláthanna, gáirí geala ar fuaid an ospaidéil, agus gan aon duine agamsa. Bhí fearg le Dia ar dtús orm, ach ansan, bhíomar ana-shona ins na ceithre bliana a bhíomar pósta, agus tháinig an bás go tapaidh agus go trócaireach gan pian gan tinneas. Caitheann tú cur suas lena gcuireann an saol chugat, bhí beirt leanbh le tógaint agam, agus chuireas chuige.

Níorbh é mo chéad thaithí ar bhás antráthach é. Cailleadh mo dhearth[á]ir go h-óg le fiabhras cnámh. Níor aithníodh in am é, agus níorbh fhéidir faic a dhéanamh nuair a tuigeadh cad a bhí ann. Bhris san croí an teaghlaigh.

Thána abhaile go dtí mo thuismitheoirí tar éis bháis mo chéile. Ní rud fuirist é sin nuair a bhíonn taithí ar do thigh féin agat, ach ar an dtaobh eile den scéal, bhí sé go hiontach, mar bhí cabhair agam leis na leanaí. D'fhanas ceithre bliana i dteannta

in the knitting factory with the nuns in Drishane in Ballyferriter West, and when the nuns left, I took over the factory. I bought the machines, and we worked for a good while, making mens' jumpers, especially fishermens' jumpers with zipped fronts. But then there was only one place in the country where you could buy yarn, and finally it had to be bought in England, so we had to wind up.

By that time, I had developed a B&B, and I took in students, so I did well. I sent my daughter Máire to boarding school, and I always paid the bills. Now, I still do B&B, but only for old friends who have been coming for years, and I take occasional students for a short time. It is enough.

Looking back, I have had a good life. I remember the time of the TB, but thank God my immediate family escaped it. I remember some family cures. My father, made me drink a cup of cream whenever I had a cold. It was absolutely disgusting, and a doctor has told me since that it was no good either, because cream generates mucus which does not help when you have a cold.

They used cobwebs for bleeding, The cut healed quickly and formed a scab which protected the wound. For a sore ear, they used a sock filled with warmed sand. And of course there were always the bonesetters – men and women. They were excellent, but again thank God, I didn't have to use them myself.

mo thuismitheoirí. Chuas ag obair sa mhonarcha cniotála a bhí ag mná rialta Drishane agus nuair a fhág na mná rialta, ghlacas an monarcha ar láimh. Cheannaíos na meaisíní, agus d'oibríomar tamall maith, ag cniotáil geansaithe fear, go mór mhór geansaithe iascairí, go raibh *zip* suas an tosach iontu. Ach ansan, ní raibh ach aon áit amháin sa tír go raibh an snáithín le fáil ann, agus ar deireadh caitheadh é a cheannach i Sasana. Chaitheamar éirí as.

Faoin am san, bhí gnó beag L&B agam, agus thógas mic léinn, agus dheineas an bheart. D'fhéachas i ndiaidh mo chlainne go maith, agus chuireas m'iníon, Máire, ar scoil chónaithe. Díoladh gach aon bhille go rialta! Deinim L&B fós do shean-chairde, agus tógaim corr-mhac léinn ar feadh tréimhse gairid. Sin é mo dhóthain.

Ag féachaint siar, bhí saol maith agam. Is cuimhin liom am na heitinne, ach buíochas le Dia, níor bhuail sé ár dteaghlachna. Cuimhním ar leigheasanna a bhíodh againn. Chuireadh m'athair iachall orm cupa uachtair a ól nuair a bhíodh slaghdán orm. Bhí an ghráin agam air, agus dúirt dochtúir ó shoin liom nach maith an rud in aon chor don slaghdán é, mar go gcruthaíonn an t-uachtar stuif a ghreamaíonn suas an cliabhrach níos measa ná riamh!

Chuiridís líon duán alla ar ghearrad. Leighiseadh sé agus thagadh gearb air a chosnaíodh é. Chuiridis stoca gainimhe te le cluais thinn, agus gan amhras, bhí fir agus mná na gcnámh ann. Bhíodar san go hiontach, cé ná raibh aon ghnó riamh agam féin dóibh.

Ní raibh mo shláinte go hiontach agus mé im' leanbh. Chuireadh mo shúile orm, agus is

I hadn't great health as a child. My eyes troubled me, and at one stage I had to wear spectacles with blue glass. They would clear up and get sore again, but over time, they have healed completely. When I was doing my Leaving Cert, I had to leave school because of a sore leg. I was brought to the doctor several times, but nothing happened. Then a neighbour made a *cístín uachtair*, a sort of paste of cream and flour, which was put on the leg. I promise you, in one day, all the pus was drawn, and the leg improved from that day forward.

Now, what do I do? Well, I love my wonderful grandchildren. I have much more patience with them than I had with my own children, and I advise them. I don't know if they listen! I pray a lot and I go on a lot of pilgrimages. I have been to Lourdes, Medjugorje, and Lough Derg. That is the hard one, but when you are coming home on that boat, you feel so well! I think the lack of food is good for you, but the lack of sleep is hard. There is now a one day pilgrimage, and I did that this year. I went to Rome and the Holy Land, and loved it but I feel we packed too much into eight days. Of course, I also take some trips just for fun!

cuimhin liom tamall a chaitheamh agus spéaclaí orm go raibh gloine ghorm iontu. Chneasaídís agus gheibhidís tinn arís, ach i bhfad na haimsire, chneasaíodar ar fad. Nuair a bhíos ag déanamh na hArdteiste, chaitheas an scoil a fhágaint mar bhí cois thinn orm. Tugadh go dtí dochtúirí arís is arís eile mé, ach ní raibh aon fheabhas ag teacht. Ansan, dhein comharsa cístín uachtair, saghas taos a deineadh as uachtar agus beagáinín plúir tríd. Cuireadh é sin mar cheirín lem' chois, agus gan aon bhréag, in aon lá amháin, bhí an nimh ar fad tarraingthe as an gcois, agus bhí sí ag dul i bhfeabhas gach aon lá as san amach.

Cad a dheinim anois? Bhuel, tá garchlann iontach agam. Tá i bhfad níos mó foighne agam leo ná mar a bhí lem' chlann féin, agus bím á gcomhairliú. N'fheadar an éistíonn siad liom! Deirim an-chuid paidreacha, agus téim ar oilithreachtaí, go Lourdes, go Medjugorje agus go Loch Dearg. Sin é an ceann is deacra, ach nuair a bhíonn tú ag teacht abhaile ar an mbád san, mothaíonn tú chomh maith! Is dóigh liom go ndeineann an troscadh maitheas duit, ach tá an easpa codlata dian. Tá oilithreacht lae anois ann, agus sin é a dheineas i mbliana. Chuas 'on Róimh agus 'on Tír Naofa, agus bhaineas sásamh as, ach is dóigh liom go raibh an iomarca le déanamh againn laistigh d'ocht lá. Gan amhras, téim ar saoire chomh maith, agus gan im' cheann ach an cuideachta is an comhluadar!

Siobhán and Stephen Fahy on their wedding day
Siobhán agus Stiofán Fahy ar Lá a bPósta

© Siobhán Fahy

Máirín Feirtéar

I couldn't wait to go to Coláiste Íde, but when I got there, the gilt soon wore off. I was desperately homesick. We were a small and very happy household, my parents, my brother Séamas and I, and that first Christmas, when I returned home, it almost broke my heart to go back.

Originally, the family farm was not to have come to my father at all, but to his brother who was eight years older. But, tragically, the brother drowned, on a beautiful calm night in 1919, when he was only twenty-one years old. The boat was carrying too much fish, like many a boat that went down in similar circumstances. My father had had problems with his ears, and was in Dingle Hospital. His brother came to visit him, As he left the ward, he stopped, and looked silently back at my father. Next morning came the news of his drowning. That last look always stayed with my father.

In that year, three people in the family died. My father's grandmother, Cáit, at a good old age. His father, at the very early age of forty-seven. And then his eighteen year old brother. So my poor father had to go about farming at thirteen years of age. He got great help from many people, the main one being Seán Phádraig, father-in-law of Máirín Uí Lúing, another of the Bibeana. They were related to one another. On one occasion, they walked the 50km to Tralee to a fair, they and a third man. They stayed in lodgings in Tralee that

Cheapas ná béarfadh sé orm dul go Coláiste Ide. Ach ar nós go leor eile níor chathair mar a tuairisc í. Bhíos marbh leis an uaigneas. Teaghlach an-sona ab ea mo theaghlach-sa, mé féin agus mo dheartháir, Séamas, agus m'athair agus mo mháthair. agus nuair a thána abhaile um Nollaig, b'fhearr liom ná rud maith fanacht ann!

Ní do m'athair a bhí an talamh ceaptha dul ach dá dheartháir a bhí ocht mbliana níos sine ná é. Ach fairíor, nár báthadh an deartháir, oíche bhreá chiúin sa bhliain 1919, agus gan é ach bliain agus fiche. An iomarca éisc a bhí acu, mar tharla go minic. Bhíodh deacracht ag m'athair lena chluasa, agus bhí sé in Ospaidéal an Daingin. Tháinig a dheartháir isteach ar a thuairisc, agus nuair a bhí sé ag fágaint an tseomra, d'iompaigh sé thar n-ais agus dh'fhéach sé ar m'athair ar feadh tamaill. Maidin lá arna mhárach a tháinig tuairisc a bháite. Níor dhearmad m'athair riamh an fhéachaint dheireanach sin.

Cailleadh triúr as an dtigh an bhliain sin, an mháthair chríonna, Cáit, athair m'athar ná raibh ach seacht mbliana is daichead, agus ansan an t-óigfhear ná raibh acht ocht mbliana déag. Ba mhór an tragóid é, agus m'athair bocht ná raibh ach trí bliana déag, ní raibh le déanamh aige ach tosnú ag feirmeoireacht. Fuair sé an-chabhair an uair sin ó Sheán Phádraig, athair céile Mháirín Uí Lúing atá i measc na mBibeanna. Bhí gaol acu lena chéile. Aon uair amháin, shiúlaíodar 50km go Trá Lí go dtí aonach, agus duine éigin eile ina dteannta. D'fhanadar ar lóistín i dTrá Lí an oíche sin, an triúr acu in aon

night, all three of them in one bed. When my father woke in the morning, he found himself on the floor.

My life was greatly enhanced by the presence of my wonderful Aunt Eibhlín, Eibhlín a' Tae, who lived in Béal Bán. She had been in America, and though she was in poor health when she returned, she set up a most successful guest house. It was always full. Bishop Casey stayed there as a young priest, as did many members of the clergy. Everybody in the house had to get up for Mass when there was a priest in residence, including Eithne and Gabriel Rosenstock on their honeymoon.

Eibhlín was invited to Bishop Casey's consecration in Killarney. It was a windy day, and as she was getting into the car in Ballyferriter, her hat blew off, over the houses, never to be seen again. When she explained this to the bishop, he answered in the phrase he had learnt from herself: "Oh, you *brabhais*!"

I was only a short time teaching in Weaver Square in Dublin when I met Tomás de Bhaldraithe, Professor of Irish in University College Dublin. I was very satisfied with myself, but he made me think. 'There you are now,' he said, 'trying to teach Kerry English to Dublin children, and trying to persuade them that saying "I done" is wrong.' Of course, he had a point.

I often think that there were wonderful children in Weaver Square. There was one family called Humphries, who had twelve children, and every one of those

leabaidh amháin. Bhí m'athair, a dúirt sé, ar an urlár ar maidin.

Is mór a chuir m'aintín iontach, Eibhlín, Eibhlín a' Tae, a bhí ina cónaí i mBéal Bán, lem' shaol. Bhí sí tamall i Meiriceá, agus cé ná raibh a sláinte go hiontach nuair a tháinig sí abhaile, thóg sí tigh aíochta gur éirigh go hana-mhaith leis. Bhíodh sé lán i gcónaí. D'fhan an tEaspag Ó Cathasaigh ann agus é ina shagart óg, maraon le sagairt agus easpaig eile go flúirseach. Chaith gach éinne éirí chun Aifrinn nuair a bhí sagart sa tigh, Eithne agus Gabriel Rosenstock ina measc, má bhíodar ar mhí na meala féin.

Fuair Eibhlín cuireadh go dtí coisreacan an Easpaig Uí Chathasaigh i gCill Airne. Lá gaoithe ab ea é, agus nuair a bhí sí ag suí isteach sa chairt ar an mBuailtín, séideadh an hata dá ceann. D'imigh sé de dhroim na dtithe, agus ní facthas ó shoin é. Nuair a bhí sí ag míniú an scéil don Easpag, d'fhreagair sé ina focail féin í: "Ó, a bhrabhais!"

Ní fada a bhíos ag múineadh i gCearnóg na bhFíodóirí i mBaile Átha Cliath nuair a bhuaileas le Tomás de Bhaldraithe, Ollamh le Gaeilge i gColáiste Ollscoile Bhaile Átha Cliath. Bhíos an-shásta liom féin, ach chuir de Bhaldraithe ag cuimhneamh mé. 'Tá tusa anois,' ar seisean, 'ag iarraidh Béarla Chiarraí a mhúineadh do leanaí Bhaile Átha Cliath, agus ag áiteamh orthu go bhfuil 'I done' neamhcheart!' Bhí pointe aige, gan amhras.

Mhothaíos i gcónaí go raibh leanaí iontacha i gCearnóg na bhFíodóirí. Bhí aon teaghlach amháin, muintir Humphries, bhí dáréag acu ann, agus tháinig gach aon duine

children sneaked into school at the age of three! I had one of them in first class, and he could read my *Irish Times*. The family sold flowers on Grafton Street, and as far as I know, their grandchildren are there still.

I don't think I did any great damage in Weaver Square, because I soon moved to second level teaching, and became Deputy Principal of Coláiste Íosagáin, in Booterstown, the best school in Ireland! There I worked happily until I retired.

I always liked clothes and style. Not long after I started teaching, I was home for summer, and I went to Mass in Ballyferriter in a cream dress with Lurex threads, and a purple cap with sequins. I thought I was gorgeous. The chapel was very crowded, and I was kneeling just inside the door, because I couldn't find a seat. Who was behind me, but Charlie Haughey. He was not famous in those days. He was here with two friends, in the FCA. He noticed me, and when he went into Tigh Chatháin after Mass, he asked about me. My cousin, Kathleen Kane, was there, and she told him who I was. So he came to look for me, and we were close while he was here.

They were staying in Teach na Féile that time, and one night, they were locked out. They had to climb up and get in through an upstairs window. And they had only two beds between the three of them, so one of them had to sleep in the bath.

acu ar scoil in aois a thrí mblian. Bhí duine acu agamsa i rang a haon, agus bhí sé ábalta m'*Irish Times* a léamh. Bhídís ag díol bláthanna ar Shráid Ghrafton, n'fheadar ná go bhfuil clann a gclainne fós ann.

Ní móide gur dheineas aon díobháil mhór i gCearnóg na bhFíodóirí, mar ní fada gur bhogas go dtí an iarbhunmhúinteoireacht, mar Leas Phríomhoide ar Choláiste Íosagáin i mBaile an Bhóthair, an scoil is fearr in Éirinn! D'fhanas ansan go sásta go dtí gur éiríos as múinteoireacht.

Bhí ana-shuim i gcónaí in éadaí agam. Ní fada a bhíos ag múineadh nuair a chuas go dtí Aifreann an Bhuailtín maidin Domhnaigh agus gúna dath uachtair orm agus Lurex tríd, agus caipín corcra go raibh *sequins* air. Cheapas go rabhas go hálainn. Bhí an sáipéal lán, agus bhíos ar mo ghlúine laistigh de dhoras, mar ná raibh suíochán le fáil agam. Cé a bheadh laistiar dom ná Charlie Haughey. Ní raibh aon aithne an uair sin air, is amhlaidh a bhí sé anseo, i dteannta beirte carad, leis an FCA. Thóg sé ceann dom agus nuair a chuaigh sé isteach i dTigh Chatháin tar éis Aifrinn, chuir sé mo thuairisc. Bhí mo cholceathair, Caitlín Ní Chatháin, istigh, agus dúirt sí leis cé hé mé féin. Tháinig sé ar mo thuairisc, agus bhíomar mór le chéile faid a bhí sé ar saoire.

Bhíodar ag fanacht i dTeach na Féile an uair sin, agus aon oíche amháin, bhí an glas ar an doras, agus chaitheadar dreapadh isteach trí fhuinneog. Agus ní raibh ach dhá leaba idir an triúr acu, agus chaith duine acu codladh sa bhfolcadh.

Old houses, in Coumeenole
Seana-thithe, i gComíneol

© Valerie O Sullivan

I didn't see Charlie again until 1973 when he came down to have a look at Inis Mhicileáin, when he was buying it. He came to visit me again, and out we went in the helicopter to have a look at the island. We walked all around it together. He was a very pleasant man, was Charlie, and in his youth, very good-looking.

Later, I had a relationship with another politician, Michael O'Leary. O'Leary said that rumour had it that Haughey was no good with women, but that was just some sort of envy, I think. O'Leary was a very capable, clever man, but very cynical, I think. The poor man, he died tragically very recently, may the Lord have mercy on him.

I think it was in Dónall Ó Catháin's house that I learnt about life, and about people. His wife was my aunt, and I worked in the pub every night during the summer. We never got paid for any of this work, of course, Dónall thought it was a privilege to work in his pub, and in those days, he was absolutely right. You see people clearly from behind a bar. The scrooges who avoided buying their round, the man who can't handle his drink, the man who gets good humoured when he has had a few, the man who is not to be relied upon. And the women also, of course, but I think our attention was mainly on the men.

There used to be crowds in Ó Catháin's, Dónall Foley and John Horgan of the *Irish Times*, Dónall Farmer, Breandán Ó hEithir. It was there, I think, that I met Michael O'Leary. And of course, the locals were there,

N'fheaca ina dhiaidh sin é go dtí 1973 nuair a tháinig sé chun féachaint ar Inis Mhicileáin. Tháinig sé ar cuairt arís chugam, agus chuamar amach sa héileacaptar chun féachaint ar an oileán. Dheinamar cuairt an oileáin i dteannta a chéile. Fear an-taitneamhach ab ea Charlie go pearsanta, agus ina óige, fear ana-dhathúil.

Bhí gaol ina dhiaidh sin idir mé agus polaiteoir eile, Michael O'Leary. Deireadh O'Leary go raibh de cháil ar Haughey ná raibh aon chrích air leis na mná, ach ní raibh ansan ach seanabhlas, a déarfainn. Fear cliste, cumasach ab ea O'Leary, ach bhí sé ana-shoiniciúil, is dóigh liom. An fear bocht, cailleadh go tragóideach le déanaí é, beannacht Dé leis.

Is dóigh liom gur i dTigh Dhónaill Uí Chatháin a d'fhoghlaimíos mar gheall ar an saol agus mar gheall ar dhaoine. Aintín dom dob ea a bhean, agus bhínn ag obair ann gach aon oíche i gcaitheamh an tsamhraidh. Ní bhfuaireamar aon íocaíocht, dar ndóigh, cheap Dónall gur phribhléid é obair sa phub, agus ins na blianta san, bhí an ceart aige. Feiceann tú daoine ón dtaobh eile den gcúntúir, an spriúnlaitheoir ná ceannóidh, an fear a chailleann a bhéasa le deoch, an fear suáilceach, an fear nach aon iontaoibh é – agus na mná mar a chéile gan dabht, ach gur ar na fearaibh a bhí ár n-aire!

Agus bhíodh na sluaite ann, Dónall Foley agus John Horgan ón *Irish Times*, Dónall Farmer, Breandán Ó hEithir. Is dóigh liom gur ansan a bhuaileas le Michael O'Leary. Bhíodh muintir na háite

too, Pound, Dan Bric. The poet Nuala Ní Dhomhnaill says that she doesn't think there was another pub in Ireland with three dictionaries inside the bar to deal with difficult questions that might arise!

I must tell a story about Dan Bric. Thirteen cars crashed into our garden wall before the County Council erected a lighted sign. They all knocked the wall, and my father had to rebuild it thirteen times. None of those involved ever paid a penny or helped with rebuilding, except Dan Bric. He brought us a bottle of whiskey, God bless him.

I was the first person from this area to go on holiday abroad. That is what my mother used to say, anyhow, 'I don't see anyone else going off around the place like you!' she said constantly. We thumbed our way around Europe, and finished up in Rome. We were walking beside the Tiber near the hostel, and were being followed by two young Italian men. My friend, Lil, had a bit of Italian, and she was trying to get rid of them, but without success. Finally, she said, 'I am going to call the police!'

'But,' they said, 'we are the police!' Somehow, that made them seem safe, and we had a great time with them.

Another time, we were in France, and we got a lift from two young men. They were stopping for the night in the same town that we were heading for, but were staying in a small hotel. We decided to stay there too even though it was dearer than a hostel, and the young Frenchmen thought

chomh maith ann, An Pound, Dan Bric, gach aon duine. Deir an file Nuala Ní Dhomhnaill ná raibh aon phub eile in Éirinn go mbíodh trí fhoclóir laistigh den mbeár ann chun cruacheisteanna a fhreagairt.

Ag caint ar Dan Bric, caithfidh mé scéal a insint. Bhuail trí mhótar déag an claí lasmuigh dem' thigh sarar chuir an comhairle comhartha lasta ann, agus chaith m'athair an claí a thógaint tar éis gach aon cheann acu. Agus níor thug aon duine aon chabhair dó, ná aon bhuíochas, ach Dan Bric, a thug buidéal fuiscí chuige, bail ó Dhia air.

Bhíos ar an gcéad duine ón áit seo a théadh ar saoire that lear. Sin é a deireadh mo mháthair ar aon chuma. 'Ní chím aon duine eile ag imeacht ar nós tusa!' a deireadh sí. Chuamar ar an ordóig ar fuaid na hEorpa, agus chríochnaíomar sa Róimh. Bhíomar ag siúl síos le h-ais an Tiber ón mBrú, agus thosnaigh beirt Iodálach ár leanúint. Bhí beagán Iodáilise ag mo chara, Lil, agus bhí sí ag fógairt orthu glanadh as ár radharc. Ní rabhadar ag imeacht agus dúirt sí go nglaofadh sí ar na gardaí!

'Ach gardaí is ea sinn,' arsa na leaideanna. Ar chuma éigin, bhíodar maith go leor ansan, agus bhí ana-shaoire againn.

Uair eile bhíomar sa bhFrainc, agus phioc beirt fhear suas sinn. Bhíomar araon ag stopadh sa bhaile céanna, agus bhíodar san in óstán beag. Shocraíomarna go bhfanfaimis ann chomh maith cé

they might get some fringe benefits, but we were good Irish girls, and they were disappointed. When we woke up in the morning, the Frenchmen were nowhere to be seen. 'I bet,' we said, 'that they have gone off leaving us with the bill.' But in fact, when we went to pay, we found that they had paid for all four of us, and had left without even giving us the opportunity to say 'Thank you'.

Another time, we met a wonderful man from South America who drove us all the way from Northern Italy to Rome, and we stopped for lunch in San Gimignano. He told us that when the Pope went on tour with his entourage, he sent messengers ahead to test the wine in the various taverns. A place serving good wine had the word 'Est' written in chalk over the door. In San Gimignano they found the wine so good that over the door of one tavern, they wrote 'Est! Est! Est!' And that same wine, from the same grapes, is made to this day and called – guess what? 'Est! Est! Est!' Of course!

go raibh sé rud beag níos costaisí ná brú. Bhí an bheirt leaideanna dóchasach go mbeadh a thuilleadh i gceist, ach cailíní maithe Éireannacha ab ea sinne, agus ní raibh. Nuair a dhúisíomar ar maidin, bhí an bheirt glanta. 'Ó, Dia linn,' arsa sinne, 'is dócha go bhfuil an bille ar fad fágtha againne acu.' Ach a mhalairt a bhí fíor. Bhí bille an cheathrair againn díolta acu, agus gan seans againn fiú amháin 'Go raibh maith agat' a rá leo.

Uair eile, bhuaileamar le fear iontach ó Mheiriceá Theas, a thiomáin ó thuais-ceart na hIodáile díreach isteach sa Róimh sinn. Stop sé i San Gimignano, agus d'inis sé scéal an bhaile álainn sin dúinn. De réir dealraimh, nuair a bhíodh an Pápa ag dul ar chamchuairt, chuireadh sé teachtaire roimis chun an fíon a bhlaiseadh ins na tábhairní. Aon tábhairne ina raibh an fíon sásúil, scríobhfaí 'Est' os cionn an dorais mar eolas don gcomhthionól a bhí ag teacht. I San Gimignano, d'aimsíodar fíon chomh blasta san gur scríobhadar 'Est! Est! Est!' os cionn an dorais sin. Deintear an fíon céanna, as an bpór céanna fíonchaor go dtí an lá inniu, agus tabhair tuairim cén ainm atá air? 'Est! Est! Est!' Cad eile?

Maureen and friend at the Munich Beer Festival
Máirín agus cara ag Féile Beorach Munchen

© Mairín Feirtéar

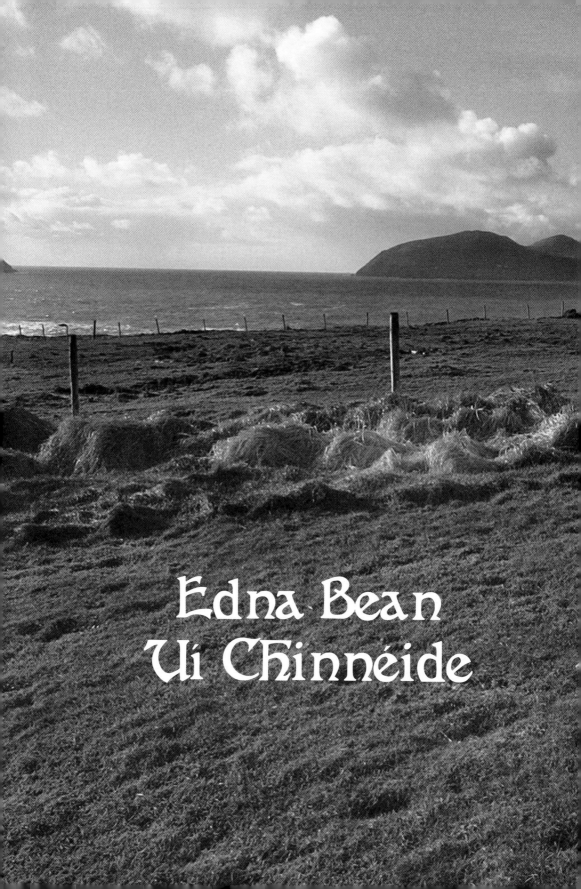

Edna Bean
Uí Chinnéide

For me, the decision to settle in Corca Dhuibhne was a very sudden one. My husband, had intended to take up another position entirely, and we had a different life plan, but what is meant for you is what happens to you.

I had been here before, of course, before Caoimhín and I married. I found the bleak, bare beauty of the place strange, hardly a single tree in the whole parish. There were other things as well. It was the custom here, in the dance halls, for the boys to stand on side of the hall and the girls on the other. I was not accustomed to that, although I am told it was common throughout the country.

And I found the chapel really strange. There were no seats, except in the upstairs gallery. The Ó Cinnéide family had seats, they were teachers, and others of the great and the good in the parish sat upstairs. But the general public stood and knelt on the cold floor downstairs, where we almost had to step on them as we went up to Communion. I didn't like that, and I am glad it has long gone.

When we came here first, we had neither electricity nor running water, although we had gas light and a gas heater downstairs. I missed the light more than the water, I think, with only a candle to light my way to bed. We had our first child when we came, and all the others were born here.

We lost our third child, Parthalán. We only had him for seventeen days. And now,

Socrú an-obann domsa ab ea an socrú go dtiocfaimis anso go Corca Dhuibhne. Bhí post eile ar fad faighte ag Caoimhín, agus saol eile ar fad pleanáilte againn, ach an rud atá i ndán duit, sin é a tharlaíonn.

Bhíos anso roimis sin, gan amhras, sarar phósas féin agus Caoimhín. B'ait liom áilleacht scéirdiúil, lom na h-áite gan crann, is ar éigean sa pharóiste. Bhí rudaí eile leis. Thugas faoi ndeara go raibh béas ag na daoine óga sna hallaí rince go seasódh na cailíní ar thaobh amháin agus na buachaillí ar an dtaobh eile. Ní raibh aon taithí agamsa air sin, cé go ndeirtear liom go raibh sé coitianta timpeall na tíre.

Agus b'ait liom ar fad an sáipéal. Ní raibh aon tsuíocháin in aon áit ach in airde staighre sa ghailearaí. Bhíodh suíochán ag muintir Chinnéide, múinteoirí ab ea iad, agus ag maithe agus móruaisle eile an pharóiste. Ach bhí na gnáthdhaoine thíos ina seasamh agus ar a nglúine ar an úrlár fuar, agus sinne ag sataílt orthu nach mór ag dul suas agus síos chun Comaoineach. Níor thaitin sé sin liom, agus is maith liom go bhfuil deireadh leis le fada.

Nuair a thánamar anuas, ní raibh aon leictreachas ná aon uisce reatha againn, cé go raibh soilse agus téitoir geas thíos staighre. Ba mheasa liom an t-easpa solais ná an t-easpa uisce, is dóigh liom, gan againn ach coinneal chun dul a chodladh léi. Bhí aon leanbh amháin an uair sin againn agus sinn ag teacht agus anseo a saolaíodh an chuid eile ar fad.

Cailleadh an tríú leanbh orainn, Parthalán, agus gan é againn ach seacht lá

looking back on it, I am saddened by the lack of importance accorded to his life and death. There was no Requiem for a child in those days, and no priest at the funeral, and no formal recognition at all that this little boy had lived as long as he could, and that his death left us heartbroken. But we did have nice people around us. I remember Kruger being with Caoimhín when Caoimhín came to the hospital. It was clear that Parthalán was going to die. They had been attending a meeting of the organisation Muintir na Gaeltachta. Kruger came over to me and pressed a £20 note into my hand. 'You'll need that,' he said. The memory of that kindness remains with me from the loneliness of that sad time.

It was later than that that the electricity came, both electricity and water in the one year. The greatest ease of its coming was that we bought a Flatley drier, a little square box, with a heater in the bottom, in which you could hang clothes. So we could now dry nappies in bad weather!

There was very little entertainment in those days in this area. We might have Whist Drives, organised by Dónall Healy. A man used to come from Dingle with a generator and a projector to show films in Feohanagh, but I don't think I ever got there, I was too busy taking care of children.

The first organised thing we did was, I think, spinning. Earlier on, the VEC had employed Miranda Scally to develop linen weaving, and that group went to An Grianán, but I was not really part of

dhéag. Agus arís, ag cuimhneamh siar air, is trua liom an neamhaird a deineadh dá bhás. Ní bhíodh aon Aifreann do leanbh an uair sin, ná aon tsochraid, ná aon aitheantas in aon chor gur mhair an garsúinín beag seo an fhad a d'fhéad sé, agus gur bhris a bhás ár gcroí. Ach bhí daoine deasa timpeall orainn. Is cuimhin liom Kruger a bheith i dteannta Chaoimhín nuair a tháinig Caoimhín go dtí an t-ospaidéal agus Parthalán ag dul chun báis, bhí an bheirt acu ag teacht ó chruinniú an eagrais Muintir na Gaeltachta. Tháinig sé i leith chugam agus chuir sé nóta £20 isteach im' láimh. 'Beidh gnó do san agat,' a dúirt sé. Fanann cuimhne an chineáltais sin liom as fásach folamh na haimsire sin.

Ina dhiaidh sin a tháinig an leictreachas, agus an t-uisce ina theannta in aon bhliain amháin. Is í an áis is mó is cuimhin liom as a theacht ná gur cheannaíomar uirlis bheag a thirimeodh éadaí, Flatley an ainm a bhí air, agus bhíomar sna Flaithis sa drochaimsir, bhí *nappies* tiorma againn gan aon dua leo.

Ní mór an caitheamh aimsire a bhí sa dúthaigh an uair sin, bheadh cluichí fuist, b'fhéidir, d'eagraíodh Dónall Healy iad. Thagadh pictiúirí ón Daingean amach ar a' bhFeothanaigh, thugadh an fear inneall leis a thaispeánfadh na scannáin dúinn, ach ní dóigh liom go rabhas riamh ann, bhíos chomh gafa le cúram leanbh.

An chéad rud a dhéanamar go h-eagraithe ná an sníomh, is dóigh liom. Thosnaigh mná ag teacht le chéile, ar dtús faoi stiúir Miranda Scally a bhí fostaithe ag an gCoiste Gairm Oideachais, ag fíodóireacht líneadaigh. Ina

it. It was Joanne Hayes who brought a group of us together, Lisbeth Mulcahy, Áine Delaney, myself and others and we held classes in one another's houses. Little by little, we accumulated the necessary equipment, spinning wheels and so on. We learnt how to treat the wool, and how to do natural dyeing, and it was from there that Lisbeth and Áine started businesses. We were happy and proud to have brought weaving back from the olden days.

Caoimhín, when we came here first, wanted to translate some prayers into Irish, but the priest forbade it. I had been in the Legion of Mary in Dublin, and I approached the priest to offer to found a branch of the Legion in the area. I was told to found a branch of An Réalt, which I was not familiar with, and that was the end of that. It was years before the local women were even allowed to look after the church. I suppose the priests were saintly, but they were forbidding! All the same, later, when I became interested in new methods of teaching christian doctrine, the young priest was most supportive.

In this house lots seemed always to be happening around us. Horses were going to the creamery early in the morning, people were chatting and talking, people were going from house to house. In these days, we have more money but somehow, the life seems to have gone out of the place. I have wonderful neighbours, but nowadays, every door is locked, and there is a dog in the yard. My own house is just the same.

dhiaidh sin i dtigh Joanne Hayes, Meiriceánach a bhí oilte ar an sníomh i Sasana, thánamar le chéile, Lisbeth Mulcahy, Áine Uí Dhubhshláine, agus a leithéidí sin, agus bhíodh rang ins gach aon tigh ar a thuras againn. De réir a chéile bhí na tuirní agus na h-uirlisí á gceannach againn. D'fhoghlaimíomar conas olann a láimhseáil agus a dhathú, agus is as san go léir a thosnaigh gnó Áine agus gnó Lisbeth. Bhíomar ana-shásta go raibh an fhíodóireacht tugtha ar ais ón sean-shaol againn.

Theastaigh ó Chaoimhín, nuair a tháinig sé anseo Gaelainn a chur ar phaidreacha, agus ní cheadódh an sagart dó é. Bhíos-sa i Léigiún Mhuire i mBaile Átha Cliath, agus chuas go dtí an sagart anso chun a thairiscint go mbunóinn an Léigiún sa dúthaigh. Dúirt sé liom an Réalt a bhunú, ach ní raibh aon taithí agamsa ar an gcuid sin d'obair an Léigiúin, agus b'shin deireadh leis. Thóg sé blianta sara raibh mná na h-áite ag tabhairt aire don sáipéal fiú amháin. Is dócha go raibh na sagairt beannaithe, ach bhíodar doicheallach! Níos déanaí, chuireas spéis sa Teagasc Críostaí nua, agus dheineas teastas ann, agus bhí an sagart óg ana-dheas.

Ins an áit seo ina bhfuilimid, bhíodh an-chuid ag tarlú timpeall orainn, capaill ag dul go dtí an créamaraí luath ar maidin, daoine ag caint agus ag comhrá, daoine ag dul ó thigh go tigh. Anois tá níos mó airgid ann, ach tá an t-anam imithe as an áit ar shlí éigin. Agus cé go bhfuil comharsain iontacha agam, tá gach aon doras dúnta agus madra lasmuigh, mo thigh féin chomh maith le gach aon tigh eile.

Edna with some of her family as children
Edna agus cuid den chlann agus iad óg

Anecdotes

Scéilíní

Charles Mitchel in Máire an Tobair's House

Máire an Tobair's house has fallen in now, and all the plaster, almost, has disappeared off the walls. But in its day, this was a cosy house. Máire was called Máire an Tobair because Tobar a' Chéirín, a well with particularly good spring water, was just beside her house. Many people came and stayed with Máire. Among them were the scholar Seán a'Chóta, and, Charles Mitchel, one of RTÉ's first newsreaders. He came here as a child. He particularly loved oats and he was given to rolling himself through fields of it, because he liked the sound of the grain stalks as he rolled over them. He was a city child. and was not used to it. Needless to say, farmers did not share his pleasure, and he was soon made aware of the rules of the countryside!

Charles Mitchel agus Tigh Mháire an Tobair

Tá tigh Mháire an Tobair titithe isteach anois, gan aon rian puinn den bplástar fágtha ann, ach tigh deas cluthar ab ea é ina lá. Glaodh Máire an Tobair ar Mháire toisc Tobar an Chéirín, tobar breá fíoruisce a bheith díreach lasmuigh de dhoras aici. Thagadh an-chuid daoine ar saoire chuici, daoine ar nós an scoláire Seán a'Chóta agus Charles Mitchel a bhíodh ag léamh na nuachta ar RTÉ nuair a thosnaigh sé. Ní raibh Charles ach ina leanbh nuair a thagadh sé anseo, agus ba bhreá leis a bheith á rothláil féin sa choirce a bhíodh curtha timpeall na háite. Bhreá leis an glór a dheineadh an coirce agus é ag rothláil tríd. Buachaill cathrach, ní raibh aon taithí aige. Ach ní fada a thóg sé ar fheirmeoirí na háite fios a bhéas a mhúineadh dhó!

The Colonel

When my uncle was at school in Dún Chaoin long ago, at the same time as Kruger, the two of them were great friends. East of the school in Dún Chaoin, there is a little ravine, or glen, and at lunch time, the boys would play there, using sticks as guns. The Boer war was on at that time. And the teacher in the school at that time, Máistir Ó Dálaigh, the scholar known as the Common Noun, christened them according to the war. Kruger was Kruger, and my uncle was the Colonel. The names followed both of them all of their lives They worked in America together, but Kruger went off with the Hollywoods, and the Colonel went his own way.

An Coirnéal

Nuair a bhí m'uncail ag dul ar scoil Dhún Chaoin fadó, san am chéanna le Kruger, ana-pháirtithe ab ea riamh iad. Soir ón scoil i nDún Chaoin, tá gleann ann, agus aimsir lóin, théidis soir isteach sa ghleann agus bhíodh cipíní beaga acu ag imirt. Bhí cogadh na mBórach an uair sin ann. Agus an máistir a bhí an uair sin ann, an Máistir Ó Dálaigh, An Common Noun a ghlaoití air, bhaist sé Kruger ar Khruger agus bhaist sé Cornail ar a' gCornail agus d'fhan na h-ainmneacha leotha riamh. Ana dhá pháirtí ab ea iad. Bhíodar ag obair i Meiriceá i dteannta a chéile. Gan dabht d'imigh Kruger isteach leis na Hollywoods, ach níor chuaigh an Cornail in ao'chor ina dteannta siúd.

John of the Houses

Seán na dTithe, who worked for the government, used to stay in this house. He was from Caherciveen, and he spent thirteen years here with us. Every evening, at six or seven o'clock, he would have his dinner, after his day's work. My aunt tended to him, and a neighbour used to come in, and the first question he put to Seán was always the same. 'Well, Seán, I suppose it is some time since you exercised your jaws?' meaning it must be a long time since he had eaten.

One night Seán was parking his car in a shed across the road, and the local young boys were around. When they found him in the shed, they locked the door and left him there. He was a good while shouting before anybody heard him and let him out. He was furious. People used to come to the house playing cards at night, and the next night, one of the boys' fathers was among the company. 'You have a little blackguard of a son!' said Seán. 'Divil a thing can I do with him, Seán, *a chroí*,' said the father.

Seán na dTithe

Cailleadh Seán na dTithe, thagadh sé ón Rialtas, agus bhíodh sé ar lóistín anseo. Ó Chathair Saidhbhín ab ea é, agus chaith sé trí bliana déag annseo againn. Gach aon tráthnóna, sé nó seacht a chlog, bheadh dinnéar aige tar éis an lae. Bhíodh m'aintín ag tindeáil air, agus thagadh duine de na comharsain isteach, agus sé an chéad chanúin a chuireadh sé ar Sheán, 'Is dócha, a Sheáin,' a deireadh sé, 'go bhfuil tamall ó bhogais do chorráin.' Mar dhea, go raibh sé tamall ó dh'ith sé greim bídh.

Bhí sé ag cur a ghluaisteáin isteach i seid trasna an bhóthair oíche, agus bhí leaideanna óga na háite, agus nuair a fuaireadar istigh sa tseid é, chuireadar an glas ar an ndoras, agus fágadh tamall maith istigh é sarar chuala aon duine ag béicigh é. Bhí straidhn air. Thagadh daoine ag imirt chártaí chugainn istoíche, agus an oíche 'na dhiaidh, dúirt sé le h-athair duine des na garsúin, 'Tá bligeáirdín do mhac agat!' 'Ó, an diabhal leigheas agamsa air, a Sheáin, a chroí,' arsa an t-athair.

Young girls in bibs

Cailíní óga agus bibeanna orthu

© Ionad an Bhlascaoid

Tomeen's Field Radio

The neighbours would come in to listen to the radio. It was a great novelty. 'Press the booser, Máirín,' the people would say to me. Batteries were the power source at that time, a wet battery and a dry battery. Sometimes, the battery was low, 'The radio has gone down to Tomeen's field,' a neighbour used to say, because it sounded as weak as if it were coming from there!

Raidio Ghort Teaimín

Na comharsain, thagaidís isteach chun éisteacht leis an Raidió. Ana-rud ab ea an raidió an uair sin. 'Press the búsar, a Mháirín,' a deiridís liomsa. Batteries a bhíodh á leanúint an uair sin, ceann fliuch agus ceann tirim, agus uaireanta nuair a bheadh na batteries íseal, 'Tá sé imithe síos go gort Teaimín', a deireadh an chomharsa, mar bhíodh an glór chomh lag is dá mbeadh sé ag caint aníos ó bhun a' ghoirt.

Tailoring

My father was a journeyman tailor for a while, travelling around Ireland on his bicycle. One housewife advised him not to take food in every house he went in to. 'A boiled egg was always safe', she told him. Nothing could get at it. And indeed, he met many a good housewife and many a hopeless one.

Often, people who took up the trade of tailoring had a physical flaw, a lame leg, or some other minor handicap because the work was not rough. A person not in possession of his full strength could do it.

An Táilliúireacht

Bhí m'athair ina *journeyman tailor* ar feadh tamaill, ag taisteal ar fuaid na hÉireann ar a rothar. Dúirt bean tí éigin leis gan bia a ithe ins gach aon tigh in aon chor. An rud a bhí sábhálta, a dúirt sí, ná ubh beirithe, mar ná féadfadh aon rud dul isteach ann. Agus is mó bean tí mhaith agus is mó leadhbóg a bhuail leis.

Go minic bheadh máchail ar dhaoine a théadh le táilliúireacht, cos ghearra, nó a leithéid sin, mar ní raibh an obair garbh, agus d'fhéadfadh duine gan lánlúth é a dhéanamh.

Weather Forecasting

This story is absolutely true, I often saw it myself. There was a man from our village, Arda Mór, and he could forecast the weather to perfection. Here is what he did: he would walk up to the boundary wall. He would look east, and he would look west. Then he would lift his cap, and feel the air on his head. Then he knew exactly what the weather was going to do.

The End of the War

The night the war ended we went to Buckingham Palace. We went on the underground train, and there were crowds there, crowds and crowds and crowds to celebrate the end of the war. People were shouting and screaming, and the king and queen were on the balcony, high up, as if they were God. 'Come on,' I said to the person with me, 'Let's go home.' We got home about three in the morning.

Tuar na hAimsire

Níl aon bhréag sa méid seo, chonac féin go minic é. Bhí fear ar a'mbaile againne, Arda Mór, agus bhí sé ábalta a rá cad a dhéanfadh an aimsir. Sid é mar a dheineadh sé é. Shiúlaíodh sé suas go dtí claí na teorann. D'fhéachadh sé soir agus d'fhéachadh sé siar. Ansan d'ardaíodh sé a chaipín, agus mhothaíodh sé an t-aer ar a cheann. Bhíodh a fhios aige ansan cad a dhéanfadh an aimsir.

Críoch an Chogaidh

An oíche a chríochnaigh an cogadh chuamar amach go dtí Buckingham Palace, chuamar ar an dtraein faoi thalamh, agus bhí na sluaite amuigh ann, na sluaite is na sluaite tar éis an chogaidh, gach aon liú, an rí agus an bhanríon in airde, dhóigh leat gurb iad Dia na Glóire iad. 'Téanam ort,' arsa mise le duine éigin, 'rachaimid abhaile.' Thánamar abhaile timpeall a trí a chlog ar maidin.

Women on the Blaskets

Mná an Bhlascaoid

© Ionad an Bhlascaoid

The Baile an Lochaigh naughties

Baile an Lochaigh people had a reputation for belligerence. At a wedding in Ballyferriter, when drink was taken, there were frequently fisticuffs. But the people who were fighting today were kissing tomorrow.

The Coming of Electricity

It was wonderful, the coming of electricity in 1963. It put an end to the old paraffin lamps and to the candles. Some people say it put an end to the fairies, that they were seen no more. Every kind of person tried his hand at the wiring, and some of it was poor enough, but thank God, nothing took fire! And of course, because they were not familiar with electricity, they couldn't imagine needing more than one socket. And that is what was installed in most houses. One socket for the kettle or for the iron. How different things were then!

Baile an Lochaigh crosta

Bhí ainm na crostachta ar mhuintir Bhaile an Lochaigh. Nuair a bhíodh pósadh ar an mBuail-tín agus ólachán ann, bhíodh achrann go minic eatarthu. Ach, an dream a bheadh ag bruíon anocht, bheidís ag pógadh a chéile amárach!

Teacht an Leictreachais

Ba mhór an seó teacht an leictreachais, sa bhliain 1963. Chuir sé deireadh leis na seanlampaí agus leis na coinnle. Deir daoine gur chuir sé deireadh leis na púcaí chomh maith, ní facthas a thuilleadh iad. Bhí gach aon saghas duine ag gabháil don wireáil, agus bhí cuid den obair aimlithe go maith, is mór an obair nár thóg aon áit tine! Agus gan dabht, toisc gan aon taithí a bheith acu air, cheap daoine ná beadh aon ghá acu ach le h-aon phlug amháin, agus sin ar cuireadh isteach i bhfurmhór na dtithe. Aon phlug amháin don gciteal nó don iarann. Is mór idir inné is inniu!

The Gambler and the Goose

This was a great house for cardplaying when I was a child. We used to have great fun every night. One night, a man came with a goose under his arm. My father was playing, and my brothers, and three or four neighbours. They were playing away, and after a while my mother said to me 'Do you see that goose he has? She looks very like our goose. Would you go out and count them, see if they are all there?' So my brother and I went out, and sure enough, there was a goose missing. We came back and I told Mam, 'There is a good missing all right.' 'That's our goose,' said my mother, 'that's our goose he has.' The gambler had stolen the goose, and was hoping to win her. But what do you think, my father was his partner, and didn't they win! I don't know if they made two halves of the goose or what they did at all!

An Cearrbhach agus an Ghé

Bhíodh cártaí á n-imirt sa tigh seo go minic agus mise im' leanbh. Bhíodh ana-chuideachta againn istoíche. Tháinig fear isteach oíche agus gé faoina ascaill aige. Bhí m'athair ar cheann a' bhoird, agus mo dheartháracha agus triúr nó ceathrar ón mbaile timpeall, agus bhíodar ag imirt na gcartaí, ach faoi cheann tamaill dúirt mo mháthair, ''gCíonn tú an ghé atá aige sin? Tá dealramh aici lenár ngé-na. An raghfá amach agus iad a chomhaireamh, féach 'a bhfuil siad go léir ann?' Chuas féin agus mo dheartháir amach agus bhí ceann ag missáil. Thánamar isteach. Dúrt le Mam, 'Tá gé imithe siúrálta.' 'Is linne an ghé sin,' a dúirt sí, 'Is linne an ghé sin.' Bhí sí goidte ag an mbuachaill, agus é dulta ag imirt na gcártaí. Ach ná raibh sé páirteach lem' athair, agus nár bhuadar! N'fheadarsa ar dheineadar dhá leath don ngé nó cad a dheineadar!

The Loaf of Bread

A few of these had to be baked every day on the open fire. Both white and brown bread were made. There was a special bread-making vessel, a losset it was called, flat-bottomed and flat sided. In this, flour and bread soda, a pinch of salt were mixed, and sour milk was added to make a dough which was kneaded on a floury table. Then the loaf was flattened and put into an iron pot oven, with embers both under the pot and on the cover, and these had to be kept burning throughout the cooking time of an hour or so. It was put on its edge on the window ledge to cool. It was lovely, with a bit of butter. That was what we had for breakfast and for supper.

An Bhulóg Aráin

Bhíodh cúpla ceann acu so le bácáil gach aon lá ar an dtine oscailte. Déantaí arán geal agus arán donn. Bhí mias faoi leith chun aráin a dhéanamh, losaid a tugtaí uirthi. Bonn leibhéalta agus cliatháin leibhéalta a bhíodh ar an losaid. Measctaí an plúr, an sóide, gráinne salainn agus bainne géar agus déantaí an taos a fhuineadh ar an mbord, agus gráinne maith plúir faoi. Ansan leathtaí amach é agus cuirtí san oigheann é, oigheann iarainn. Bheadh tine mhaith mhór lasta agat, agus chuirfeá sméaróidí faoin gcíste agus sméaróidí ós cionn an chlúdaigh, agus thógfadh sé uair a' chloig nó mar sin é a bhácáil. Chuirfeá ag fuaradh ar lic na fuinneoige é, ina sheasamh ar a imeall. Bhíodh blas breá air, agus beagán ime baile leis. Sin é a bhíodh mar bhricfeast agus mar shuipéar againn.

Family beside the fire

Clann cois tine

© Ionad an Bhlascaoid

Women in Childbirth

Do you know that in the old days, women who had just given birth were given very little to eat, just a bit of toast and a cup of tea? This was all they got to eat for maybe ten days, and they would be weak with the hunger, the creatures! I don't know why that was done, but it was common. It was the same in hospitals. Bríde Gloster, Bríde Mhaitiú, was the midwife in Dún Chaoin, and she helped many a child into the world. She would come to the house every day for ten days to look after the mother and the child.

Mná Seolta

Bhfuil a fhios agat ná tugtaí puinn le n-ithe do mhná seolta, mná a bhí díreach tar éis leanbh a bheith acu? Blúire *toast* agus cupa tae. Sin a bhfaighidís ar feadh deich lá. Bhíodh laigíocht leis an ocras orthu, na créatúirí! N'fheadar cad ina thaobh gur deineadh é sin, ach bhí sécoitianta. Bhíodh an rud céanna ins na hospaidéil. Bhí Bríde Gloster, Bríde Mhaitiú, ina bean chabhartha i gceantar Dhún Chaoin, agus is mó leanbh a thug sí ar an saol. Thagadh sí 'on tigh gach aon lá ar feadh deich lá chun aire a thabhairt don mháthair agus don leanbh.

The Barefoot Man

We all went barefoot every year from April on, and the heat never bothered us. Well, there was a man from Dún Chaoin who went to America, and no doubt the heat there is killing. So the man took off his shoes and rolled his trousers above his knees. He spent his days like this at home, up and down the street. The Americans thought he was mad. A man from home met him, and asked if he felt quite well in himself.

'I'm grand,' said the man. 'I spent my life barefoot in Dún Chaoin. Why wouldn't I do it here? Pity about the Americans if they think I am strange!' And he went on his way.

Fear Cosnocht

Bhímis cosnochtaithe gach aon bhliain ón Aibreán amach, agus ní chuireadh teas aon tinneas orainn. An fear so ó Dhún Chaoin, chuaigh sé go Meiriceá. Gan dabht bhí an teas marfach i Meiriceá. Bhain mo dhuine dhó a dhá bhróig, agus d'iompaigh sé dhá chois a threabhsair suas os cionn a ghlún. Mar sin a chaith sé a shaol, síos suas na sráideanna cosnochtaithe. Ceapadh go raibh sé as a mheabhair. Bhuail fear ón áit seo leis, agus d'fhiafraigh sé dhó an raibh sé go maith ann féin.

'Táim go diail,' arsa an fear. 'Chaitheas mo shaol cosnochtaithe i nDún Chaoin, agus cad ina thaobh ná déanfainn anseo é? Nach mór an ní is fiú muintir Mheiriceá go gcaithfeadsa rud a dhéanamh orthu?' Agus lean sé air.

Meáig na Móna and The Bailiff

The bailiff was very careful of Lord Ventry's salmon up in Com a' Lochaigh, and it was very hard to poach a fish from him. Even if you did catch a fish, the bailiff would smell it cooking! But the bailiff took two days off in the year, and everybody knew what days they were, the two days of Dingle Races. So, on those days, the boys were ready to go to work, and they fished for all they were worth, catching every salmon they possibly could. Plentiful salmon was useless without a market, and this is where Meáig na Móna, Margaret of the Turf, came in. She sold turf from the Com in Dingle, and before the races, she would make arrangements with the wealthy people in Dingle who would be interested in a nice fresh salmon. She would bring the salmon to town concealed in her cart, deliver it, and collect the money for the boys. That was the money that was enjoyed – I can tell you.

Meáig na Móna agus An Báille

Bhíodh an báille an-cháiréiseach timpeall bradáin Lord Ventry thuas i gCom a' Lochaigh, agus ba dheacair breac a bhaint uaidh. Fiú amháin dá bhfaigheadh duine an breac, gheobhadh an báille a bholadh agus é á chócaireacht! Ach bhí dhá lá sa bhliain go dtógadh an báille laetheanta saoire, agus b'shin iad dhá lá Ráiseanna an Daingin. Bhíodh na buachaillí ullamh dó, agus dhéanaidís a ndícheall ag gabháil do na bradáin an dá lá san. Níorbh aon mhaitheas bradán gan a bheith ábalta é a dhíol, agus tháinig bean ón mbaile, go raibh Meáig na Móna mar ainm uirthi, i gcabhair orthu. Bhíodh Meáig ag díol móna amach as an gCom sa Daingean, agus roimh am na ráiseanna, dheineadh sí margadh le lucht rachmais an Daingin go mbeadh dúil i mbradán acu. Chuireadh sí na bradáin i bhfolach sa chairt agus thugadh sí ó thigh go tigh iad agus bhailíodh sí an t-airgead. Baintí súp as an airgead san, mise á rá leat.

Kruger's mother, spinning
Máthair Kruger ag sníomh

© Ionad an Bhlascaoid

Pound and the Cross

We used to work in Ó Catháin's pub in Ballyferriter. That was the Mecca in my youth. Dónall Ó Catháin himself would be waiting for us to arrive, because as soon as we would arrive, Dónall would leave the bar and go outside to chat to the customers, but he kept a careful eye on us. We were under strict instructions to be well dressed. One night, I was wearing a fairly low-cut dress. At that time, huge ornate crosses were very fashionable, and I was wearing one. Pound (a well known character from Dún Chaoin) was in the bar, and at the end of the night, he said to me, 'Sure there's no man would go near you tonight with a cross like that around your neck.' Do you know, I can't remember if Pound was right.

Dónall Ó Catháin was a wonderful, sociable man. His wife was a quiet woman. Dónall was always in a quandary when there was a party in somebody's house after the pub, a thing that happened often in those days. He would be dying to go to the party, but he never liked to let on to his wife that he wouldn't prefer to stay at home. 'Oh, they have spent so much here tonight, and they want me to go with them, I suppose I have to go.' We would all be smiling, because we knew he was only waiting for the word.

The Wren Song

It was my uncle who wrote the Wren song I sang on the Christmas programme. They went in the Wren, five brothers of them, one year, and they had a really good time. When they came home they were so full of it that my uncle composed the song. When I came to sing it on the programme, I realised that I was missing two lines, and I don't think I ever had them. So I was wondering how I would finish the song, and then, in bed one night, didn't two lines come to me. I bet you couldn't pick my two lines out of the song now!

An Pound agus an Chros

Bhímis ag obair i dTigh Chatháin ar an mBuailtín, agus b'shin é an Mecca le linn m'óige. Bhíodh Dónall féin ag fanacht linn. Agus bhíodh ordú dian againn a bheith déanta suas go maith. Chomh luath agus a thagaimis, théadh Dónall lasmuigh ag caint leis na custaiméirí, ach choinníodh sé súil ghéar orainne. Bhíos ann oíche, agus bhí gúna orm go raibh muineál saghas íseal air. San am san, bhí sé sa bhfaisean crosanna móra ornáideacha a chaitheamh, agus bhí ceann acu san ormsa. Bhí an Pound (caractaer clúiteach ó Dhún Chaoin) lasmuigh, agus ag deireadh na h-oíche ar seisean, 'Nuathair ní raghaidh aon fhear id' ghoire agus an chros mhór san ort!' Ní cuimhin liom an raibh an ceart aige.

Fear an-shuáilceach ab ea Dónall Ó Catháin, agus bean chiúin ab ea a bhean. Bhíodh Dónall i ngalar na gcás nuair a bhíodh seisiún i dtigh éigin tar éis an phub, rud a bhíodh go minic san am san. Ba bhreá leis dul i measc na cuideachtan, ach theastaíodh uaidh ligint air lena bhean gurbh fhearr leis fanacht age baile. 'Ó tá siad ag ceannach an oiread san dí, agus teastaíonn uathu go raghainn ina dteannta! Ó mhuise, mo chráiteacht, is dócha go gcaithfidh mé dul.' Bhímisne titithe ag gáirí, mar bhí a fhios againn ná raibh uaidh ach gaoth an fhocail.

Amhrán an Dreoilín

M'uncail a scríobh Amhrán an Dreoilín, an ceann a dúrt ar chlár na Nollag. Chuaigh cúigear uncail dom amach sa Dreoilín, agus bhí ana-lá ar fad acu. Nuair a thánadar abhaile, bhíodar chomh lán d'eachtraí an lae gur chumadar amhrán air. Nuair a thána chun é a rá ar an gclár, ná raibh dhá líne in easnamh orm. Ní dóigh liom go rabhadar riamh agam. N'fheadar cad a dhéanfainn, agus ansan, aon oíche amháin sa leaba, nár tháinig an dá líne chugam. Cuirfidh mé geall ná piocfá mo dhá líne-se amach as an amhrán anois!

Clay Floors and Room Divisions

In our youth, all houses had floors of clay. They were damp, but they were kept well swept. When you swept the clay floor, you sprinkled sand over it, and the sand sparkled in the fire-light. Clay floors usually sloped towards the door, so that spillages automatically went out.

The division between the kitchen and what was known as the 'room down' was not usually solid. The dresser, which usually had a hen coop underneath, was part of it. Then there was a press, and maybe bins for flour and meal. The door was hung between the wall and the nearest of these pieces of furniture. So if you were dancing, and bumped too hard into a dresser, you could tumble it right into the room down. I remember it happening in a neighbour's house, falling down on an old man asleep in bed. Cement floors were installed in newer houses, and they were great floors for dancing.

Urláir Chré agus Roinnt Seomraí

Le linn ár n-óige, urlár cré is cuimhin liom ins gach aon tigh. Bhíodar tais, agus coimeádadh deas glan scuabtha iad. Nuair a scuabais urlár cré, chroithis gainimh air, agus bhíodh sé ag spréacharnaigh faoi sholas na tine. Bhíodh fána bheag i dtreo an dorais ins na h-urláir chré, chun go silfeadh aon rud a dhoirtfeadh orthu an doras amach.

Ní raibh aon roinnt bhuan de ghnáth idir an chistin agus an seomra síos. Bhíodh an drisiúr agus cúib na gcearc faoi, agus cupard lena ais, agus uaireanta na boscaí plúir agus mine. Crochfaí an doras idir an falla agus an troscán eile seo. Dá mbeifeá ag rince agus go dtabharfá buille maith don drisiúr, tharlódh sé go dtitfeadh sé síos ar fad isteach sa tseomra síos. Is cuimhin liom é a tharlú i dtigh comharsan, anuas sa mhullach ar sheanduine a bhí ina chodladh sa leabaidh ann. Nuair a tógadh na tithe nua agus na h-urláir soimint iontu, bhíodar go diail chun rince!

The Slave Girl

There was a girl who was sent by her parents to work in Curran's in Dingle. She got no salary, but her parents were allowed to buy all they needed free of charge. Things remained like this for a long time. Mrs Curran was sorry for the girl, and one day, a man from the Blaskets came in and told Mrs. Curran that he was looking for a wife. A dowry was not important, he said, but he wanted a good woman. 'Well, I have one here for you,' says Mrs Curran. The marriage was arranged between the young couple, and they lived a contented life together. But the girl's mother was furious, and she came to complain to my mother. My mother was enraged, and she said 'May no gale of wind ever pass by your backside, but may they all take the shortcut in.'

◆

Sclábhaí Cailín

Bhí cailín agus cuireadh ag obair síos i dtigh Churráin a' Daingin í. Ní bhfuair sí aon tuarastal, ach aon rud a theastaíodh óna muintir, tugtaí in aisce dóibh é. D'fhan an scéal mar seo ar feadh tamaill mhaith. Bhí trua ag Bean Uí Chorráin don gcailín, agus aon lá amháin, tháinig fear ón Oileán Tiar isteach agus dúirt sé go raibh sé ag lorg mná, ná teastódh aon spré uaidh, ach bean mhaith a fháil. 'Tá sí anso agam duit,' arsa Bean Uí Churráin. Déanadh an margadh idir an bheirt óg, agus go deimhin mhaireadar go sásta i dteannta a chéile. Ach bhí an gomh dearg ar mháthair an chailín, agus tháinig sí ag gearán go dtí mo mháthair. D'éirigh mo mháthair chuici, agus ar sise léi 'Mhuise, nár thé aon ghála gaoithe riamh thar pholl do thóna ach an comhgar isteach!'

The Geraldine and the Donkey

The Geraldines, or Fitzgeralds, lived in Gallarus Castle for hundreds of years. At the time of this story, the castle was under the stewardship of Liam Mac Gearailt, and everybody thought he was a bad egg. Any animal that trespassed on his property would never come out again. Mac Gearailt would keep it. There was no point in looking for it because you wouldn't get it. There was a very poor man in the village, and all he had in the world was a donkey. The donkey grazed along the roadside, and one day had the misfortune to stray into the lands of Liam Mac Gearailt. The poor man came running up the road, or whatever path was there at the time, to go up to Mac Gearailt. The neighbours told him not to waste his time, that there was no chance of getting his donkey back. But he had nothing to lose, he said, and he set off for the castle. Not long afterwards, people were astonished to see him come back down the road leading his donkey. They asked him what had happened.

'Let everyone praise fortune as it comes to them,' he said, 'But I praise Liam son of Garrett.'

An Gearaltach agus an tAsal

Bhí na Gearaltaigh i gCaisleán Ghallarais ar feadh na gcéadta bliain. An uair seo, Liam Mac Gearailt an tiarna, agus níor mhaith an earra é. Aon ainmhí a dhéanfadh bradaíocht thar a theorainn isteach, ní thiocfadh sé amach arís. Choimeádfadh an Gearaltach é. Níor ghá dhuit dul á lorg mar ní bhfaighfeá é. Bhí fear ar an mbaile a bhí an-bhocht agus ní raibh sa tsaol aige ach asal. Bhíodh an t-asal ag féarach ar thaobh an bhóthair agus an lá so bhí sé de mhí-ádh air dul isteach thar teorainn an Ghearaltaigh. Tháinig an fear bocht an bóthar aníos, nó pé cosán a bhí ann san am san, chun dul go dtí an nGearaltach. Dúirt na comharsain leis nárbh fhiú dó dul, ach ba chuma leis, thug sé faoin gcaisleán. Cad é mar iontas a bhí ar mhuintir an bhaile nuair a chonaiceadar chucu anuas an bóthar é agus a asal ar adhastar aige. D'fhiafraíodar dó cad a tharla.

'Moladh gach éinne an t-ádh mar gheobhaid, ach molaimse féinig Liam Mac Gearóid,' ar seisean.'

Turf gathering on a windy day
Tabhairt abhaile na móna lá gaoithe

© Ionad an Bhlascaoid

Changing Times

It's strange now, how many people there are younger than myself, and they're all dead. The whole world has changed. A woman came home from America and she was speaking on Raidio na Gaeltachta. She said that the greatest change she found since coming home was that you can't go in to anyone's house without being invited. The old latches are all gone, and every door is locked now.

I think the television harmed the habits of companionship greatly. Everybody is glued to it now. A long long time ago, I heard Pope Pius XII saying that television would destroy the families of the world. And wasn't he right?

There were three houses in this village when I was young, and now there are thirteen, and one or two more might be built in the future, you wouldn't know. I don't care, really, but I do like to see a light in them. I don't like them at all when they are dark in the winter. But what can you do? Nothing. You can't stop them. Holiday houses.

An Abduction

There was an abduction, I'm not sure where, actually there used to be a lot of abduction long ago. I was told this story, maybe it happened about thirty years ago. A girl left the Parish of Keel, and went to America. Maybe there was no one there to meet her, or something, but she disappeared, completely. No letter, nothing at all, no one had any idea what had happened. She went to Cobh and that was the last that was seen of her.

Athruithe saoil

Is ait liom anois é, agus a bhfuil de dhaoine níos óige ná mé féin, agus iad go léir caillte. Tá an saol ar fad athraithe. Tháinig bean abhaile ó Mheiriceá agus dúirt sí ar Raidió na Gaeltachta gurb é an t-athrú ba mhó a chonaic sí ná ná féadfá dul isteach in aon tigh gan cuireadh. Níl na sean-dhoirse laiste níos mó ann, agus tá an bolta anois ar dhoras gach aon tí.

Is dóigh liom gur dhein an teilifís ana-dhíobháil don gcuideachta. Bíonn gach aon duine anois greamaithe dhó. Fadó riamh a chuala an Pápa Pius XII ag rá go loitfeadh an teilifís teaghlaigh an domhain. Agus ná fuil an ceart aige?

Trí thigh a bhí ar an mbaile seo nuair a bhíos-sa óg, agus tá trí thigh déag anois ann, agus b'fhéidir go raghadh a thuilleadh suas, ní bheadh a fhios agat. Is cuma liomsa ach ba mhaith liom solas a fheiscint iontu, ní maith liom in ao'chor iad nuair a bhíonn siad dorcha sa gheimhreadh. Cad tá le déanamh agat? Níl faic. N'fhéadfaidh tú iad a stop. Tithe saoire.

Fuadach

Bhí fuadach ann, n'fheadarsa cén áit é, bhítí ag fuadach ana-chuid fadó, inseadh scéal domsa anso, b'fhéidir go dtit sé amach triocha bhliain ó shoin nó mar sin. Cailín a dh'fhág Paróiste na Cille, agus d'imigh sí go Meiriceá. B'fhéidir ná raibh aon duine roimpi, ach ní bhfuaireadh tásc ná tuairisc uirthi, leitir nó aon rud in aon chor, nó n'fheadair aon duine cad a dh'imigh uirthi. Chuaigh sí go Cóbh agus n'fheacaidh aon duine as san amach í.

The Heat of Poitín

At that time (around the time of the Famine), they used to go to Cork with firkins of butter, my great-grandfather and his brother, Old John, who was twenty years older than my great-grandfather. A third man from the village, a man called Moran, used to go with them. This day, they were in Cork and had sold their butter, and it was wet, wet, wet, wet, wet. They were really soaking. The merchant who had bought their butter noticed the name on their cart – Shea – there were names on all carts until recently, and since his own name was also Shea, he felt sorry for them. So he invited them to drink a little drop of something, I don't know exactly what it was, poteen proabably. Old John never touched a drop, and Moran had taken the pledge, because that was the time of the priest of the pledges, I think. 'Will you have a drink, young fellow?' he asked my great-grandfather, who was guiding the horse. 'I will,' said my great-grandfather, and he did. As I said, I don't know what exactly he drank, but 'I felt no discomfort from the rain,' he said, 'But the other two were shivering.' Of course, he was young, the rain might not have affected him much in any case!

Teas an Phoitín

An uair sin (timpeall aimsir an Ghorta) théidís go Corcaigh le feircíní ime, mo shin-sean-athair agus a dhearthár, Seana-Sheán (bhí fiche bliain ag Seán ar a dhearthár), agus fear eile ón mbaile, Moran. An lá so, bhíodar i gCorcaigh agus bhí an t-im díolta acu, agus bhí sé fliuch, fliuch, fliuch, fliuch, fliuch. Bhí sé an-fhliuch ar fad. An fear a cheannaigh an t-im uathu, chonaic sé an ainm 'Seaghdha' ar an gcairt. Bhíodh ainm ar gach aon chairt go dtí le déanaí. Seaghdha an ainm a bhí ar an gceannaitheoir féin, agus tháinig trua aige dóibh. D'fhiafraigh sé dóibh an-ólfaidís braon do rud éigin, n'fheadarsa anois an poitín a bhí ann, nó cad a thabharfadh sé dóibh. Níor bhlais Seana-Sheán aon rud riamh, agus bhí an phledge ag Moran, mar b'shin é am sagart na bpledgeanna, is dócha. 'An ólfairse é, a gharsúin?' a dúirt sé le mo shin-seanathair. B'shin é a bhíodh ag giollaíocht an chapaill. 'Ólfad,' ar seisean, agus dh'ól. N'fheadarsa cad a fuair sé. 'Ní raibh aon bheann agam fhéin ar a' mbáistigh,' a dúirt sé, 'ach bhí an bheirt eile ar crith!' Gan dabht, bhí sé óg chomh maith, ní bheadh aon bheann aige air ar bháisteach ar aon tslí.

A photo stop!
Sos chun grianghrafa!

© Caitlín Bean Uí Shé

Fairy Abduction

My father was in hospital one time, and indeed, he was very seldom there. One day I went in to visit him, and there was a man in the next bed who was from Lispole direction, and he had some story about a girl who was abducted by the fairies years ago. 'Ah,' said my father, 'I don't believe that sort of rubbish at all, Those stories are not true.' 'Well, believe it,' said the man, 'Because ours was the house that that story happened in. I had a daughter, and she died. It was an unexpected illness, and one day a person came to the house and said, 'It was not your daughter at all who died but someone from the Fairy Fort who was put in her place, and who was very ill.' And he said, 'Go to the fairy fort,' and I forget now what he told them to bring with them, but they went. And, would you believe it, they did what they were told, and out came their own daughter. 'That's the truth,' the man said, 'and it happened in my own house.'

Fuadach

Bhí m'athair istigh san ospaidéal aon uair amháin, go deimhin ní raibh sé ann puinn riamh. An lá so, chuas isteach ar a thuairisc, agus bhí fear in aice leis agus anoir ó Lios Póil ab ea an fear, agus bhí scéal éigin aige mar gheall ar chailín a fuadaíodh blianta ó shoin. 'Dhera,' arsa m'athair, 'ní chreidim na rudaí sin in aon chor. Níl siad fíor.' 'Creid é mhuise,' a dúirt sé, 'mar inár dtighne a thit an rud amach. Bhí iníon dom age baile agus faoi mar dh'fhuadófaí í, ní h-ea, cailleadh í, agus tháinig duine éigin isteach lá éigin agus dúirt, 'Ní h-í d'iníon a cailleadh in aon chor, ach duine éigin a caitheadh 'na h-ionad agus go raibh sí an-bhreoite.' Agus ar seisean, 'Téigíg' go dtí an Lios,' agus n'fheadar cad dúirt sé a bhreith leotha. Chuadar. Agus ambaiste, má chuadar, nár tháinig a n-iníon fhéin amach. 'Sin é é,' a dúirt sé, ' agus inár dtighne a thit sé amach.

The Death Blow

When a sudden unexpected illness caused somebody's death, it was attributed to supernatural powers, and called the blow of destruction. It was believed to come from the fairies, and it was not known whether those who suffered it went into the 'lios' or fairy fort, or on to the next world.

The Banshee

The banshee, the fairy woman who weeps for those about to die, follows certain families. It is said that she followed the O'Sullivans, but even though I am an O'Sullivan, I have never heard her! But the robin follows the O'Sullivans, and certainly, I am often visited by a robin. I always welcome her. Some say she is a harbinger of death, but that is not what I have found. She always means that news is coming, not by any means always bad news. Another story about the O'Sullivans is that they die on a Saturday, and certainly my father died on a Saturday.

An Poc Millte

Nuair a bhuaileadh galar gan coinne duine, deirtí gur cumhacht ón saol eile a bhuail é, agus deirtí gur 'poc millte' a buaileadh air. Creideadh gur ón slua sí a thagadh sé. Ní raibh a fhios ag daoine an 'on lios i measc na bpúcaí nó ar an saol eile a théadh an marbh.

An Bhean Sí

Leanann an bhean sí treibheanna áirithe. Deirtear go leanann sí muintir Shúilleabháin, ach Súilleabhánach is ea mise agus níor chuala riamh í. Ach leanann an spideog muintir Shúilleabháin, agus is minic a thagann spideog 'on tigh chugam. Bíonn fáilte i gcónaí agam roimpi. Ceapann daoine áirithe gur scéala báis a thugann sí léi ach ní hea i gcónaí. Bíonn scéal nua i gcónaí aici, ach ní gá gur droch-scéal é. Rud eile a deirtear mar gheall ar mhuintir Shúilleabháin ná go gcailltear ar an Satharn iad, agus ar Shatharn a cailleadh m'athair.

Night Straying

My mother told me that one night she was visiting with neighbours in Cladán, and when she left to go home, she lost her way. She saw Dingle town to the west of her instead of in the east where it ought to be. She was going along and she passed houses she did not recognise, and in one house, two women were churning milk. After about twenty minutes, she found herself back where she began, outside the door she had so recently left. She knocked on the door, and the man of the house walked her home with a lantern, and it was all normal, they saw nothing unusual. Her neighbour told her that if this happened again, that she should turn her coat inside out and that the wandering spell would disappear. It is the fairies who send you astray like that, they say. And it is strange that my mother never said whether she knew any of the people she saw that night where she was wandering.

An Dul Amú

Dúirt mo mháthair liom uair go raibh sí ag bothántaíocht ar an gCladán, agus nuair a chuaigh sí chun dul abhaile, gur chuaigh sí amú. Siar uaithi a taibhsíodh di an Daingean a bheith seachas soir uaithi mar ba cheart. Bhí sí ag imeacht léi, agus chuaigh sí thar tithe nár aithin sí, agus in aon tigh amháin, bhí beirt bhan ag déanamh cuiginne. Tar éis timpeall le fiche nóiméad, tháinig sí ar ais go dtí an áit a d'fhág sí agus chnag sí ar dhoras an tí. Thug fear an tí abhaile í, le lantaeir, agus ní fhacadar faic. Dúirt sé léi dá dtarlódh sé arís dí, a casóg a iompó taobh isteach amach agus go mbeadh sí ina ceart agus go n-imeodh na speabhraoidí. Is iad na púcaí a bhíonn id' chur amú mar sin, de réir dealraimh. Agus nach ait é, ní dúirt mo mháthair riamh ar aithin sí na daoine a chonaic sí an oíche sin agus í amú.

Lighting the Christmas candle in Ó Cinnéide's
Coinneal na Nollag á lasadh i dtigh Chinnéide

© Edna Bean Uí Chinnéide

The Drowning and the Vision

Paddy Mhuiris and those were drowned one night. I remember being at home that morning, I wasn't married, I was home from wherever I was working, and somebody said there was a boat missing. My father was fishing that night. And there were stations over in Sullivan's in Baile Dháith, so Father Tom came, and I remember seeing him looking west over the harbour. I stayed in the house with Neain, because Fr Tom would bring Communion to the house to her, she couldn't walk to the Stations by that time. But oh, when we heard what had happened! But I heard that someone had warning of this in advance. I'll tell you about it. There was a man from Baile Dháith drowned, his name was Griffin but they called him Kelly. His mother was out in Lixnaw, on a visit to another son who was married there. And that Sunday night, the night of the drowning, she woke out of her sleep, and she saw a man outside the window, with a huge mackerel in his hand. A kind of vision or something. It was her son who was there, and Paddy Mhuiris, and a man from Arda Mór known as the Doll. And there were children coming from school, I don't know if it was the night after the drowning, and there was a story that they met a man on the road, and that they were talking to him, and that it was Kelly. And it was also said that another boat out fishing that night had some kind of vision as well.

An Báthadh agus an Sampla

Báthadh Peaidí Mhuiris agus iad san, agus is cuimhin liom a bheith age baile an mhaidin sin, ní rabhas pósta, agus dúirt duine éigin go raibh naomhóg a' missáil, agus bhí m'athair ag iascach an oíche sin. Agus bhí *stations* thoir ag na Sullivans i mBaile Dháith, agus tháinig Fr Tom i leith, bhí sé ag féachaint siar ar an gcuan. Dh'fhanas istigh i dteannta Neain, mar bhíodh sé ag teacht i leith chun Comaoine a thabhairt di, mar ní raibh sí ábalta ar dhul soir an uair sin. Ó, nuair a chualamar cad a bhí tarlaithe! Ach chuala rud éigin mar gheall air sin roim ré. Déarfaidh mé leat é. Bhí Griffin ó Bhaile Dháith ann, a' dtuigeann tú, Kelly a ghlaoidís air, agus bhí a mháthair sin amuigh i Leac Snámha, dulta amach ar turas go dtí mac di a bhí pósta ann. Agus an oíche Dhomhnaigh sin, dhúisigh sí amach as a codladh, agus chonaic sí an fear amuigh, agus maircréal mór groí ina láimh aige. Saghas éigin taibhseamh nó rud éigin. B'é a mac san a bhí ann, agus Peaidí Mhuiris agus an Doll ó Arda Mór. Agus bhí leanaí éigin ag teacht ó scoil, n'fheadar an oíche tar éis gur báthadh iad, agus go raibh fear éigin ina gcoinne agus go rabhadar ag caint leis agus gurb é Kelly a bhí ann. Ach dúradh go ndeineadh sampla éigin do naomhóg éigin an oíche sin, go bhfacthas rud éigin ar a' bhfarraige.

Milking the cows
Ag crú na mbó

© Eibhlín Bean Uí Shé

The Lí Finn

Once upon a time there was a man around here and he had the Lí Finn. This was a gift that made him irresistible to women. He could attract any woman he wanted. His business brought him around from door to door, and in those days, it was the custom to offer a visitor a cup or a bowl of milk. When he drank the milk, the man, if he wanted to attract the woman, would wipe his hands on her apron or bib. The woman would follow him over hill and glen and he could not help it. Many parents had to tackle up the horse and cart and follow their daughters sometimes as far as Tralee. And it wasn't only single girls he seduced. Lí Finn would work on any woman, married or single. I don't know what happened him in the end. He probably married and stopped his capers!

The Dumb Coach

There was a house in this village, and there was a woman in it who had just given birth, At that time, a woman with a new born baby would be in the corner. And they say that there was some kind of Fairy Coach going around, known as the Dumb Coach. Anyway, this woman was sleeping, and her mother was beside her in the corner. Her mother fell asleep, and if she did, the younger woman soon heard the Dumb Coach approaching, and she was calling and calling and calling her mother, but she couldn't wake her. In the end, she had to grab the back of her hair, and shake her awake. Finally, she woke. At this point the latch of the door was being raised, and the mother jumped up, and do you know what she did? She caught the chamber-pot, pulled open the door, and flung the contents over whoever – or whatever – was outside. And whoever it was, it ran away. But somebody who understood these things said it was a good thing that that mother woke up, or that she would have bad news of her daughter in the morning. She would have been abducted. And I asked, when I heard the story if it was true, and she said to me, 'Oh, my dear, it is, and I was that woman,' she said. I don't know what to say. But there is surely something there.

An Lí Finn

Bhí fear anso timpeall aon uair amháin agus bhí an Lí Finn aige. Bua ab ea é sin a mhealladh aon bhean a theastaíodh uaidh chuige. Thugadh a ghnó timpeall ó dhoras go doras é, agus an uair sin, bhí sé de bhéas ag daoine muga nó babhla bainne a thabhairt do chuairteoir. Nuair a óladh mo dhuine an bainne, agus nuair a thugadh sé ar ais an t-áras, chuimilíodh sé a láimh d'aprún nó do bhib na mná. Agus leanfadh sí thar cnoc is thar gleann é, agus ní bheadh aon leigheas aici air. Is mó athair agus máthair a chaith an capall a chur faoin gcairt agus dul ar thóir a n-iníne, nach mór chomh fada le Trá Lí uaireanta. Agus ní cailíní singile ar fad a mhealladh sé. D'oibreodh an Lí Finn ar aon bhean, pósta nó singil. N'fheadar cad d'imigh ar deireadh ar an bhfear seo, is dócha gur phós sé agus gur éirigh sé as na céapars!

An Cóiste Balbh

Bhí tigh ar a' mbaile seo, agus bhí bean tar éis leanbh a bheith aici agus bhídís sa chúinne an uair sin. Agus deir siad go mbíodh cóiste éigin ag imeacht timpeall go dtugaidís An Cóiste Balbh air. An bhean so, ach go háirithe, bhí sí ina codladh, agus má bhí, bhí a máthair ina teannta sa chúinne. Thit a codladh ar an máthair, agus más ea, ní fada gur bhraith an bhean eile chuici an Cóiste, agus bhí sí ag glaoch agus ag glaoch agus ag glaoch, agus n'fhéadfadh sí an mháthair a dhúiseacht, ach rug sí ar chúl uirthi ar deireadh agus dhúisigh sí í. Bhí beirthe ar laiste an dorais, pé rud a bhí ann, ach dh'éirigh an bhean, agus má dh'éirigh, tá a fhios agat cad air a rug sí, rug sí ar a' bpot, agus chaith sí san aghaidh é ar pé duine a bhí sa doras, agus bhailigh sé leis. Agus dúirt duine éigin go raibh fios aige go ndúirt sé in áit éigin gur mhaith an bhail ar an mbean san gun imigh a codladh di, nó go mbeadh scéal nua ar maidin ag a h-iníon. Bheadh sí fuadaithe. Ach chuireas-sa ceist ar a' mbean, nuair a chuala an scéal san agus dúirt sí liom, 'Mise í sin, a chroí, agus is scéal fíor é.' N'fheadar cad deirim. Ach tá rud éigin ann.

Laid Out

Long ago, people were laid out under the table, not on top of it. It would have been a big kitchen table, with long legs. A sort of tent was made underneath, and there the corpse was laid out. That is why they say 'under the table' and the term is still in use. Some time ago there was a man who wanted his father laid out in this way. However, the nurse who was helping him said, 'I don't know, because I'm only used to putting them into a bed and fixing them up!' And from then on, people have been laid out in a bed. There were women in every community whose function was to lay out the corpse, and they had the necessary linen and other bedcoverings.

The Death Cap

This was a cap placed on the dead body. A small white cap, placed on the top of the head. The dead wore habits, of course, but the hoods were not pulled up until the corpse was laid in the coffin. Then, the hood of the habit was pulled over the head, and the death cap was drawn forward to cover the face.

Faoi Chlár

Fadó riamh, sé a deintí ná duine a ligint amach faoin mbord, ní in airde air. Bord mór a bheadh ann agus bheadh cosa fada faoi. Déantaí bothán ansin faoin mbord le línéadach agus cuirtí an corp ansin isteach faoin mbord. Sin é an chiall go ndeirtí faoi chlár agus leanann an focal fós é. Bhí fear ann agus theastaigh óna mhac go gcuirfí faoi chlár é. Ach an bhanaltra a bhí i mbun cúrsaí, nuair a cuireadh an cheist uirthi, dúirt sí 'N'fheadar,' as Béarla, 'but I'm only used to putting them into a bed and fixing them up!' Agus thosnaigh an ligint amach sa leaba ansin. Bhíodh mná cabhartha ann, ag dul timpeall ó thigh go tigh, ag cabhrú chun an corp a ligint amach, agus bhíodh braillíní línéadaigh agus a leithéid sin acu.

An Chaidhp Báis

Cuirtí an chaidhp báis ar an gcorp marbh. Caipín beag bán is ea é, agus cuirtí anuas ar bhaithis an duine mhairbh é. Bheadh an aibíd air, ach ní bheadh húda na h-aibíde tarraingthe aniar. Nuair a cuirtí an corp 'on chomhra, tarraingítí aniar húda an aibíd, agus ansin tarraingítí anuas an chaidhp báis chun an aghaidh a chlúdach. 'Caidhp an bháis' ab ea é.

A Blasket Funeral

One funeral is all I remember, my grandfather's. He died in the 1930s. Oh, my goodness, we were always scared of the dead, my brother Pádraig and I. He wouldn't go near a dead body if you killed him. I remember the old man died about six o' clock one morning. An old woman who lived up at the Top of the Village was sent for, because she was good at keening. She came down, at that hour of the morning, and she began to keen, and you could hear her all around the village, crying out that he was dead.

Pádraig and I were both in bed, and we were shivering in case the corpse would rise up again or something. But then, the women came and he was laid out in the habit on the bed. The habit would be already in wherever there was an old person in the house, and the corpse was dressed in it, with two candles lighting. Everybody would come in and say a prayer. And they still had the pipes, and the tobacco. Everyone would be given a pipe of tobacco, they would be arranged on the table or on the settle, and as people took and smoked them, they prayed for the soul of the dead. Then it was necessary to go to Dún Chaoin, for the coffin. Word would have to be sent to Dingle, to Boland's, the coffin-makers. The coffin had to be made and sent to Dún Chaoin, and then it had to be taken in the boat out to the Island, and up to the house. And when the corpse

Sochraid ar an mBlascaod

Aon tsochraid amháin a chonac, m'athair críonna. Ins na 1930s a cailleadh é. Ó, a Mhaighdean! Bhí an-eagla orainne i gcónaí roimh na mairbh, mise agas mo dhearthár Pádraig. Ní raghadh sé sin in aice le corp dá marófá é. Is cuimhin liom gur cailleadh an seanduine timpeall a sé a chlog ar maidin. Cuireadh fios suas ar sheanbhean éigin a bhí i mBarra an Bhaile go raibh sé de nós aici a bheith ag ologón. Tháinig sí anuas an t-am san don maidean, agus thosnaigh sí ag ologón, agus chloisfeá timpeall a' bhaile í, a' caoineadh go raibh sé caillte.

Bhíos féin agus Pádraigh istigh sa leaba agus sinn ar crith le h-eagla go n-éireodh an corp in airde nó rud éigin mar sin. Ach ansan tháinig na mná agus bhí sé ligithe amach ins an aibíd. Bhíodh an aibíd istigh acu, aon tigh go raibh seanduine ann, agus cuirtí ar an gcorp é, agus dhá choinneal lasta le hais leis. Thiocfadh gach éinne agus déarfaidis paidir. Agus bhíodh na pípeanna acu, an phíp is an tobac. Gheobhadh gach éinne píp thobac, bheidís ar an mbord nó ar a' gcúits, agus thógadh daoine iad agus chuirfidís paidir le anamna na marbh nuair a thógfaidís gal as an bpíp. Chaithfí dul amach ansan go Dún Chaoin ag triall ar an gcomhra. Chaithfí scéal a chur 'on Daingean go dtí muintir Bheoláin a bhíodh ag déanamh na gcomhraí an uair sin, agus chaithfeadh an chomhra teacht go Dún Chaoin, agus ansan go dtí an naomhóig agus ansan go dtí an dtigh. Agus ansan nuair a cuirfí isteach sa chomhra é maidean

The old shawl
An seana-sheál

© Muckross House Library

was put in the coffin on the morning of the funeral, two chairs would be put outside the house, and the coffin would be laid on them, and everybody would be keening. It was so lonely, it would make you shiver.

When the coffin was closed, people would beat on the lid, and wail 'We will never see you again' and things like that. It didn't matter so much when the person was old, and thank God, while I was there, we lost no young person. But everybody was mourned, old or young. In a small community, everybody was missed, everybody was remembered. A young person was a huge loss.

Anyhow, the funeral procession went up by Púicín Filí, and across below the school, and down the Boreen of the Dead to the slip. The boats would be floated. The number of boats varied. When the island had a full population, and the weather was fine, all the boats went out. But in bad weather, not so many would go, but four boats was the minimum. The coffin was laid from the back seat of the boat out over the stern, never down in the body of the boat. Then the people would stand at the top of the cliff, and keen until the funeral went out of sight. They all had to go home then. It was the habit at that time not to touch the bed, and the room in which the person died would be closed for a week. The funeral would be well over and the boats back from Dún Chaoin before the room was touched.

na sochraide, chuirfidís amach dhá chathaoir agus chuirfí an chomhra ar an dá chathaoir, agus bheidís go léir ag ologón. Ó, bhí sé an-uaigneach ar fad, chuirfeadh sé ag crith thú!

Nuair a dhúnfaí an chomhra, bheidís ar fad ag bualadh an chomhra. 'Ní chífimid arís tú' agus caint mar sin. A' dtuigeann tú ba chuma é nuair a bhí an duine críonna, agus buíochas le Dia, níor cailleadh aon duine óg orainn an fhad a bhíos-sa ann. Ach caoineadh gach éinne, óg nó críonna. I bpobal beag, mothaítear bás gach aon duine, cuimhnítear ar gach aon duine. Púir mhór ab ea duine óg a chailliúint.

Ansan, chaithidís dul suas, n'fheadar a' bhfuil fhios agat chaithidís dul suas thar Phúicín Filí, agus trasna 'dtaobh thíos don scoil, agus síos Bóithrín na Marbh agus ansan chuirfí ar snámh na naomhóga. Bhraithfeadh sé, cé mhéid naomhóg a raghadh amach, an méid a bheadh ábalta air, is dócha nuair a bhí slua mór acu go raghadh gach aon naomhóg amach. Ach ansan nuair a bheadh an aimsir olc, ní raghadh an oiread san, ach raghadh ceathrar amach ach go háirithe. Chuiridís an chomhra ón dtochta deiridh go dtí an deireadh thiar. Ní raibh sí thíos riamh, bheadh sí sínte amach thar dheireadh na naomhóige. Bheidís siúd ná raibh ag dul amach ansan ar Bharra na hAille agus ag ologón leo go n-imeodh sí amach as a radharc. Chaitheadh gach éinne teacht abhaile ansan. Agus bhí sé de nós acu ansan gan an leaba a chorraí, agus dúnfaí amach an seomra go ceann seachtaine nó mar sin. Bheadh an tsochraid i nDún Chaoin, agus bheadh na naomhóga thar n-ais go bog

When the boats with the coffin reached Dún Chaoin, a difficult task faced them. There is a lovely paved path down the cliff now, but in those days there was only a footpath, steep and slippery. Nobody wanted a coffin to fall, so it was an anxious eerie time. The people of Dún Chaoin would be waiting. They were good neighbours to us Blasket people, and they helped us to carry the coffin up the cliff path and east to the chapel. At that time, there was no Requiem Mass. The procession would go straight to the graveyard, the old graveyard, not the one on the cliff road. The priest would be there and the burial would take place. And that was the end of you, then.

sara mbeadh an seomra oscailte.

Bhí dua rompu i nDún Chaoin. Tá a fhios agat ag teacht aníos as an bhfaill i nDún Chaoin, tá sé go hálainn anois, ach an uair sin ní raibh ann ach cosán géar sleamhain. Ach ansan arís, bheadh muintir Dhún Chaoin rompu, comharsain mhaithe ab ea muintir Dhún Chaoin, thiocfaidís sin rompu agus d'iompróidís an chomhra suas tríd a' bhfaill agus soir go dtí an sáipéal. Ní bhíodh aon Aifreann na Marbh an uair sin acu. Théadh an tsochraid díreach go dtí an teampall, an seana-theampall, ní hí an ceann ar bhóthar na faille. Bheadh an sagart in éineacht leo agus cuirfí ansan é. B'shin é deireadh leat ansan.

Marriage

Various Anecdotes

1. You had to get married, because that was the way in those times. (The 1930s to the 1950s. Ed) There might be four or five children in a house, and the family would be delighted if some man took a daughter off their hands. You had to marry a farmer, that was the norm. And you had to bring a dowry, £400 or £500. Not a penny of that would stay in your pocket, because it would be given to one of the girls in your husband's family so that she could go out and bring a dowry to another farmer. You wouldn't have a penny for yourself. Even when you came home from America having earned your own dowry, you didn't manage to hold on to it.

2. There was a woman and she never saw her husband until she met him on the altar on her wedding day.

3. There was a man who married one of five sisters. He did not know his wife, and as he was a bit nervous and excited in the church, he didn't remember her features very well. Later in the evening, with a few drinks taken, he was sitting at one side of the room, and the five sisters were on the other. He examined them for a while. He turned to the man beside him. 'Tell me,' he said, 'which one of them have I married?'

Pósadh

Scéalta Éagsúla

1. Chaithfeá pósadh mar b'shin é an saol an uair sin. (Na 1930í go dtí na 1950í. Eag.) Bheadh b'fhéidir ceathrar nó cúigear leanbh in aon tigh amháin, agus bheadh an-áthas orthu dá dtógfadh fear éigin isteach duine acu. Chaithfeá feirmeoir a phósadh, b'shin é an béas. Agus chaithfeá spré a thabhairt leat, agus ní bheadh aon phingin id' phóca tar éis £400 nó £500 a thabhairt leat, mar tabharfaí do chailín sa tigh é, chun go raghadh sí amach agus go bpósfadh sí feirmeoir eile. Ní bheadh aon phingin agat féin. Fiú amháin nuair a thiocfaidís abhaile ó Mheiriceá agus airgead acu, ní bhfaighidís aon phingin as a spré.

2. Bhí bean agus ní fhaca sí a fear go raibh sí ar an altóir. Istigh sa tsáipéal a bhuail sé léithi.

3. Bhí fear eile a phós duine de chúigear deirféar. Ní raibh aon aithne aige ar a bhean, agus bhí saghas anbháthadh sa tsáipéal air, agus níor thug sé cuimhne a ceannaithe rómhaith leis. Déanach sa tráthnóna, agus cúpla deoch thiar, bhí sé ina shuí ar thaobh den dtigh agus na deirféaracha ar thaobh eile. Bhí sé ag féachaint sall orthu ar feadh tamaill. Ansan d'iompaigh sé go dtí an bhfear in aice leis. 'Abair liom,' ar seisean, 'Cé acu acu a phósas?'

4. Yet another man was to be married on Shrove Tuesday in Ballyferriter Church. As he went in the church gate, he was overcome by a huge wave of panic, and he had a strong urge to flee. The south exit from the church yard in those days was a set of steps, and our man took off up the steps, up the Máimín, and wasn't seen for three days. By that time it was Lent, no marriages could take place, and the match was called off. A few years later, another marriage was arranged for him. On his next wedding day, his friends, as they walked towards the church, said, 'Watch out for him on the steps today, the rascal!' He married, and lived happily ever after as far as we know!

5. The morning I got married, what was in my husband's kitchen when I came home, but a sow and a litter of bonhams. And a fine healthy thing too! I remember one time my father got a terrible fright from a sow we had. This night, we heard him screaming for help, over there in the yard. The sow had been let out, and I don't know how it happened, but he fell, and the sow was standing over him. He was terrified, but one of the family rescued him. The sow had become aggressive. Perhaps he had picked up a bonham, or done something else to irritate her. They can become aggressive when they have young bonhams. Well, thank God, my father was all right.'

4. Fear eile fós a bhí le pósadh maidin Mháirt Inide i Sáipéal a' Bhuailtín. Agus é ag gabháil isteach an geata, bhuail buille trom *nerves* é, agus tháinig fonn air teitheadh. Steipeanna a bhí lastuas den sáipéal an uair sin, agus suas na steipeanna le mo dhuine, an Máimín amach, agus ní facthas go ceann trí lá é. Bhí sé ina Charghas ansan, agus ní raibh aon phósadh le déanamh, bhí deireadh leis an gcleamhnas. Cúpla bliain ina dhiaidh sin, déanadh cleamhnas eile dhó. Nuair a bhí sé ag tabhairt faoin sáipéal an dara babhta, bhailigh a cháirde ina thimpeall nuair a dúirt duine acu, 'Fairíg na steipeanna inniu ar a' ndiabhal.' Phós sé, agus mhair go sásta, de réir dealraimh!

5. An mhaidin a phósas-sa, sé an rud a bhí romham sa tigh seo nuair a thána abhaile ann ná cráin agus ál banbhaí. Agus nár bhreá sláintiúil an rud é! Is cuimhin liom uair amháin, fuair m'athair ana-scanradh ó chráin a bhí againn. Is cuimhin liom an oíche, bhí gach aon bhéic aige ansan thoir. Bhí an chráin scaoilte amach, agus pé slí gur leagadh é, ach go háirithe, agus bhí an chráin os a chionn in airde, agus bhí sé scanraithe, ach go dtáinig duine éigin don gclann chuige. Bhí sí fachta ana-mhínáireach, b'fhéidir go raibh sé tar éis breith ar bhanbh nó rud éigin. Faigheann siad mínáireach ansan, ach buíochas le Dia níor imigh faic air.'

When will the Raven recover its speech?

When the whale swims in the Maine river,
And the Maine river moves to Slemish,
When the priests lose their greed,
That's when the Raven will recover its speech.

Cathain a thiocfaidh a chaint don bhFiach Dubh?

Nuair a raghaidh an míol mór ar an Maing,
Agus an Mhaing ar Shliabh Mis,
Nuair a chaillfidh na sagairt an tsaint,
Sin é an uair a thiocfaidh caint don bhfiach dubh.

Neain's stories

The stories told below by Bríd Uí Mhuircheartaigh are mainly those she learned from her grandmother, Neain. Because they are a group of stories from a woman who was born around the time of the Great Famine, they deserve to be presented as a separate segment. *Note the style: repetition, alliteration, rhythm, techniques used to facilitate oral transmission.*

Scéalta Neain

Óna Neain a fuair Bríd Ní Chonchúir Uí Mhuircheartaigh na scéalta seo thíos. Toisc gur grúpa scéalta iad anuas ó bhean a saolaíodh timpeall aimsir an Ghorta, tuilleann siad réimse ar leithligh. *Tabhair faoi dear an modh inste: athrá, rithimeacht, uaim, gach aon teicníc a úsáideann cultúr béil chun ábhar a chur ar aghaidh ó ghlúin go glúin.*

The Dresser
An Driosúr

© Ionad an Bhlascaoid

John Barry's Story

Once upon a time, there was a man who was called John Barry. He used to have a cow tied up at the bottom of the kitchen in his little house. He ate meat on a Friday, and in those days, Friday was a day of fasting, unlike today. One Friday, a travelling man came in to him, and if he did, John was sitting at the top of the table, eating his dinner, potatoes and meat. The travelling man stopped and said, 'Oh, my, you are eating meat on a Friday? Wouldn't you keep the fast?'

'Well, then,' said John, 'I will indeed. I will keep the fast when that white cow down there stops eating on Friday.' And with that, didn't the white cow stop eating! 'Good God!' says John. 'Am I doing something wrong?' And from that day forward, John would not cook any meat, or touch it, on a Friday.

The years passed and John died, and I don't know whether it is true or not, but it is said that John came back to the world again, and that this is what he said on his return:

'When I went to the gate of Heaven
I hoped to find it, sweet and pleasant,
But when I met the white-robed justice,
He sentenced me to the deepest darkest depths,
Where all my hair fell of my head
And rolled a hole through my heart's centre,
And Oh, Mother Mary, from my heart I cry to you.
As I went down the narrow pathway' he said,
'There was a mastiff on each hand,
The devil's mother on my left,
Emptying a tub of broth
To choke me and damn my soul.
The Virgin Mary came beside me,
And wrapped her scarf and cloak around me
And took me safe out of the embers
And Oh Mother Mary, from my heart I cry to you,'

Then he said:

'The smallest and largest fires, both of them
With seventeen hundred sods of turf in them
From the Mount of Weeping, oh, what a weeping!'

Scéal Sheáin de Barra

Fear a bhí ann fadó, agus Seán de Barra ab ainm dó. Bhíodh bó aige ceangailte don bhfalla istigh sa chistin sa tigín beag. D'itheadh sé feoil Dé hAoine agus bhí troscadh ar fheoil an uair sin, rud ná fuil inniu. Ghaibh fear siúil chuige an Aoine seo, agus má tháinig, bhí Seán suite ar bharra an bhoird, agus a dhinnéar á dh'ithe aige, prátaí agus feoil. Stop an fear siúil agus dúirt sé 'Ó my,' a dúirt sé, 'tá tú ag ithe feola Dé hAoine. Ná déanfá an troscadh?'

'Sea mhuis',' arsa Seán, 'déanfaidh mé mhuis', ach a ndéanfaidh an bhó bhán úd thíos é!' Is nár stop an bhó bhán de bheith ag ithe! 'Dia lem' anam!' arsa Seán, 'a 'bhfuilim a' déanamh rud éigin mícheart?' Agus as san amach ní thógfadh Seán aon fheoil, ná ní dh'íosfadh sé í Dé hAoine.

D'imigh na blianta agus cailleadh Seán, agus n'fheadar an fíor nó eile é, deirtear gur tháinig Seán ar ais ar an saol arís, agus seo mar a dúirt sé tar éis teacht:

'Nuair a chuas-sa féin go doras na bhFlaitheas
Do shíleas féin gur aoibhinn í mo bheatha
Do tháinig chugam giúistís na ngúnaí geala
Do scríobh sé síos liom sa pholl ba dhoirche agus b'íochtaraí síos ann
Mar a dtit an ghruaig de bharr mo chinnse,
Agus gur dhein sí poll roithleáin trí lár mo chroíse
Agus ó 'Mhuire bheannaithe screadaim óm' chroí ort.
Ag gabháil siar a' bóthar caol dom,' a duirt sé,
'Bhí dhá mhaistín ar gach taobh díom,
Máthair a' diabhail ar an dtaobh clé dhom,
Drabhlach bhratha aici á thaoscadh
Chun mise 'thachtadh agus m'anam do dhaoradh.
Do tháinig a' Mhaighdean Mhuire taobh liom
Leath sí a scíth agus a brat im' thimpeall
Agus thug sí léi mé saor ón ngríosaigh,
Agus ó 'Mhuire bheannaithe, screadaim óm chroí ort.'

Ansan dúirt sé:

'Bhí an tine ba lú acu 's an tine ba mhó acu
Bhí seacht chéad déag isleán móna inti
Ó Shliabh Uchláin, uchlán cé mór é'

Anyway, John was there with the Virgin, and she spoke to her Only Son, 'What will you do with John?'

> 'Son of my heart,' she said, 'Please don't condemn John,
> If all that's on his soul is that he ate meat on Friday.
> Put him in a forest coomb, or in a loop of the roadside,
> Or send him to earth to teach the people.'

And they say that John came back to earth, and that what happened to him was that he became a priest, and ended up a bishop. That's my story, that's how I heard it, and if there's a lie in it let there be, because I didn't compose or form it.

Neain's Evening Prayer

I say this as an evening prayer, but it can be said at any time:

> O Friday King, with limbs stretched on the Cross,
> A hundred thousand cuts, O Lord, your lot,
> I lie tonight beneath your saving shield,
> And over me, may you spread the fruit
> Of your crucifixion tree.
> I lie on my bed as I lie in my grave,
> And to you, my true confession make,
> I beg your absolution true for me,
> Oh merry glorious Virgin Mary.
> Let me see your family, Lord,
> And your great glory,
> On the Light of Lights, and the vision of the Trinity,
> And the grace of patience against injustice,
> And light our way to the City of Glory,
> And clear the road that we don't know yet.

That's Nan's prayer now.

Pé rud é sin. Sea, bhí Seán ansan agus an Mhaighdean, agus labhair sí lena hAonmhac. 'Cad a dhéanfar le Seán?'

'A Mhic mo chroí' a dúirt sí, 'ná daor Seán choíche,
Mara bhfuil ar a anam ach go n-ith sé feoil Dé hAoine,
Cuir i lúib coille é nó cuir i lúib claí é,
Nó cuir ar a'dtalamh é ag teagasc na ndaoine.'

Agus deir siad go dtáinig Seán ar a dtalamh, agus gurb é an rud a dh'imigh ar Sheán, go gcuaigh sé le sagartóireacht, agus gurb é an deireadh 'tháinig air ná gur deineadh easpag do. Sin é mo scéal-sa, sin é mar chuala é agus má tá bréag ann, bíodh, mar ní mise a chum ná a cheap é.

Paidir Oíche Neain

Paidir í seo agus deirim gach aon oíche í. Is féidir leat í a rá aon uair:

A Rí na hAoine a shín do ghéaga ar a' gCrois,
A Thiarna ar fhulaing tú na mílte is na céadta lot,
Sínimse síos faoi dhíon do scéithe 'nocht
Agus go scara adh tú orm toradh
An chrainn ar ar céasadh do chorp.
Nuair a luím ar an leabaidh anso, luím san uaigh,
M'fhaoistin go cruaidh leatsa a Dhia,
Ag iarraidh na hasbalóide atáim ort,
A Mhuire mheidhreach is a mhaighdean ghlórmhar.
Tabhair dom radharc ar do theaghlach,
A Dhia is ar do mhórghlóire,
Ar Sholas na Soilse is ar radharc na Tríonóide,
Agus ar ghrásta na foighne in aghaidh na héagóra,
Is tabhair dúinn solas is eolas go Cathair na Glóire,
Is réidh dúinn an bóthar nár chuamar riamh fós ann.

Sin í an phaidir anois.

Prayer for St Brigid

St Brigid, Mary of Ireland, cover us with your cloak,
St Brigid, generous heart, direct us on the right path.
St Brigid, graceful, loving, protect us from our enemies,
St Brigid, beautiful nun, at the hour of our death, call us to you.

Another prayer

Holy Mary, nurse of the King of Grace,
Have mercy on my soul, now and at time of death,
When the soul leaves this body cold and weak and faint.
May you be beside me to ease my time of death.

And another

The day will come, as will the Mass time
When we will be lying in the graveyard
Come, High King, and take our souls
Up to the Kingdom of God with you.

Paidir Naomh Bríd

A Naomh Bríd, a Mhuire na nGael, scar orainn do bhrat.

A Naomh Bríd, a chroí na féile, stiúraigh sinn ar an mbóthar ceart.

A Naomh Bríd grástúil geanúil, ar ár namhaid cosain sinn,

A Naomh Bríd, a bhean rialta álainn, ar uair ár mbáis, glaoigh chugat sinn.

Paidir eile

A Mhuire bheannaithe is a bhanaltra Rí na nGrás

Fóir ar m'anam anois agus ar uair mo bháis,

Nuair a scarfaidh an t-anam leis an gcolainn atá fuar lag tláth

Bíse im' aice agus fóir orm le linn mo bháis.

Agus ceann eile

Tiocfaidh lá agus léifear Aifreann

Agus sinn ar lár 'nár luí sa teampall

Tair, a Ardrí, agus tóg ár n-anam

Suas go Flaithis Dé leat.

Christmas Eve Prayer, from Neain

Eighteen hundred welcomes, a welcome and three score,
To the Son of God of Glory and of the Virgin Mary,
Who descended in her glorious womb, as God and as human,
And on Main Christmas Night was born the true King of Kings.

Seven days later, at the day called Lá Coille,
In Trinity Temple, where the sweet Blood was spilt,
To show all those what was in store for Him,
The Passion of Suffering and the carrying of the Cross.

Christians of the world, remember your Father,
Call him loudly and beat your hands,
For the red lance through his heart is piercing
And the noble blood spilling,
And the sharp hard nails through his fair limbs are piercing.

Oh, I implore you, noble King of the saints,
Don't let with Lissafer or Lucifer stray,
When we are lying on our backs in the earth growing hay,
May you give us scope and room in the Court of God's grace.

The Virgin Mary brought the child Jesus to bed with her
No hangings around her, no silk and no wrappings
On the bare yellow clay she laid the Prince of Heaven
And there the Prophetess rose straight in her standing.

And she told all before her that the sky would flame redly
The graves would all open and the dead walk out from them
That the Last Trump would sound as the light came in the morning
And the right King will hear us on a hillside on the day of battle.

Paidir Oíche Nollag, ó Neain

hOcht gcéad déag fáilte, fáilte 'gus trí fichid
Roimh Mhac Dé na Glóire is na Maighdine Muire
Thuirling 'na broinn ghlórmhar 'na Dhia 's na dhuine
'S gur ar Oíche Nollag Mór sea rugadh Rí ceart na Rithe.

Seacht lá 'na dhéidh sin sea ghlaonn siad Lá Coille air,
I dTeampall na Tríonóide mar a ndoirteadh an Fhuil Mhilis,
Á chur in iúl dóibh siúd gur saol é a bhí chuige
Ag fulang na daorpháise is ag iompar na Croise.

A Chríostaithe an tsaoil seo, cuimhníg' ar bhur n-athair,
Screadaíg go cruaidh air is buailíg' bhur mbasa
Mar go bhfuil an tslea dhearg trína chroí buailte,
Is an fhuil uasal á dortadh,
Is tá na tairní crua géara á chur trína ghéagacha geala.

Ó achraím go cruaidh chugat a rí uasal na naomh
Ná ligir sinn le Liosafar ná le Lúiseafar claon
Nuair a sínfear ar ár gcúl sinn, ins an úir ag tabhairt an fhéir
Go dtugair slí dhúinn gan a bheith cúng ann i gcúirt Flaithis Dé.

Rug an Mhaighdean Mhuire léithe an Leanbh Íosa chun leapa,
Ní raibh cóiriú 'na timpeall agus ní raibh síodaí 'na brataibh
Gur i gcré bhuí na húire sea rugadh Prionsa úd na bhFlaitheas
Nuair a dh'éirigh an Leorghníomh ann cruinn díreach 'na sheasamh.

Dúirt sí 'r theacht an lae sin go ndéanfadh an spéir lasadh
Go n-osclódh na tuamaí is go n-éireodh na mairbh
Go seinnfí an Galltrúmpa go dianmhoch ar maidin
'S go mbeadh an Rí ceart 'ár n-éisteacht ar thaobh cnoic lá 'n chatha.

The Baptism

Neain used to tell us this. This girl was working as a servant in a Protestant house. She was a Catholic herself, and she was always very friendly with a daughter of the house. The household permitted, at the girl's request, that she eat her lunch in the kitchen with the servant girl. The daughter was served meat on a Friday, when the Catholic didn't eat meat, and indeed the daughter of the house began secretly to give her meat to the family dog. She asked many questions about the Catholic religion, and the servant answered them as best she could. Her people knew nothing of this.

So, one day, she was walking along the cliff path, and if she was, a voice spoke to her. It said that a road would open through the sea for her, and that she was to follow it. She did as she was told, and she was let to a Court (Big House), and all the bells rang as she arrived. A servant came out, and asked her what she wanted, or what had brought her here, and she said she was looking for baptism. She wanted to be baptised. She was brought inside, and there there were priests and bishops and many other people. They kept her in for a number of days, and spoke to her, and she told them her whole story. So they baptised her, and this is what they said:

We baptise you Mary of Knowledge and Beauty,
Your gentle, sensual face, your thin fluent mouth,
And may a blessing go with the soul that was in this body
(because, of course, she was dead),
And with Mary of Knowledge and Beauty,
Gifts of devotion and courage, Heaven for all who think of her,
And to all others who don't deny her.
Who would say, these mornings, to go looking for a tardy woman,
He would have the gift of sense and fortune in family.
Who would say, these mornings, to go looking for a woman with an infant,
Would come safe, as would all his seed, from poison
Who would say, these mornings, to go on lakes of fishing
At rope head or at ploughshare,
Would be safe, and the ravens would not have his head.
I implore St Patrick and I name myself in Irish
And I would prefer if the men of Ireland had this
To bring their souls free from the curse of Hell.

An Baiste

Deireadh Neain é seo linn. Bhí an cailín seo agus bhí sí 'na cailín aimsire i dtigh Protastúnaigh, uair amháin, agus Caitlicí ab ea í agus Protastúnaigh a bhí i muintir a' tí agus bhíodh sí i gcónaí an-mhór le duine dos na gearrchailí a bhí sa tigh. Thug muintir a' tí cead di, mar loirg sí é, dinnéar a bheith aici istigh sa chistin i dteannta an chailín aimsire. Bhíodh feoil curtha go dtí an iníon Dé hAoine agus ní thógadh an Caitlicí aon fheoil, agus cad a dheineadh an iníon i gan fhios dóibh, thugadh sí an fheoil don gcú a bhí acu. Bhí sí ag cur an-chuid ceisteanna mar gheall ar a' gcreideamh, agus bhí an bhean eile á freagairt, agus ní raibh a fhios ag a muintir riamh é sin.

So, lá amháin, bhí sí ag siúl ar bharra na haille, agus má bhí, do labhair guth léithe, agus má labhair, dúradh léithe go n-osclódh bóthar tríd a' bhfarraige dhi, agus é a leanúint, agus do dhein, agus tugadh go dtí Cúirt í, thug an bóthar go dtí Cúirt í, agus ansan bhuail na cloig ar fad amuigh, agus tháinig seirbhíseach éigin amach agus d'iarr sé cad a bhí uaithi, nó cad é a thug an treo í, agus dúirt sí gur baiste é. Baiste a bhí uaithi. Tugadh isteach í, agus bhí sagairt istigh, sagairt is easpaig is pé dream eile a bhí ann, istigh, agus choimeádar istigh í laethanta éigin agus bhíodar ag caint léithe, agus ansan d'inis sí a cuid scéil dóibh, agus seo, bhaisteadar í, agus seo mar a dúradar:

Baistim se ortsa Máire an Aithne Ní Áille,
T'aghaidh shéimh chorpartha, do bhéal tanaí foclach,
Agus go raibh beannacht leis an anam do bhí insa cholainn seo
(mar do fuair sí bás, a' dtuigeann tú),
Agus le Máire an Aithne Ní Áille.
Fágaimse na buanna so ag Máire an Aithne Ní Áille,
Buanna diaganta cróganta, Neamh dos gach neach do mheabhródh í,
Agus do chách eile ná séanfadh í
An té a déarfadh na maidneacha so dul a d'iarraidh mná moille?
Bheadh bua céille leis agus ádh clainne
An té a déarfadh na maidneacha seo dul a d'iarraidh mná an naíonáin
Slán a thiocfadh agus a ghin ón nimh do
An té a déarfadh na maidneacha so dul ar lochaibh iascaigh
Ar cheann téide nó ar chéachta,
Slán a thiocfadh agus ní bheadh a cheann ag na fiachaibh.
Impím Naomh Pádraig agus tabharfaidh mé m'ainm as Gaelainn
Agus b'fhearr liomsa go mbeadh sí seo 'ge fearaibh na hÉireann
Go mbéarfaidís anam ó Ifreann saor leo.

The Cholera

A disease broke out in a village in this parish, but I won't give its name, a very very long time ago. There was no cure for it, and many people died. The disease was called cholera. And a travelling man came by one day, and he was talking to the people, and so on, and this is what he said:

High King of Angels, and Son of the Queen of Grace,
Born a Virgin, was always, and did remain,
John the Baptist, who served you in your place,
To all three of you, we appeal in this awful plague.

Everyone was cured.

An Calar

Bhris aicíd amach tá's agam cén baile é, ach ní thabharfaidh mé a ainm, sa pharóiste seo fadó riamh riamh riamh, agus n'fhéadfaí é a leigheas agus cailleadh an-chuid daoine, agus sé an ainm a tugadh air ná an calar. Agus ghaibh fear siúil éigin an treo an lá so, agus bhí sé ag caint leotha agus na h-aon saghas rud, agus dúirt sé mar seo:

A Rí gheal na nAingeal, agus a Mhic Bhanríon na nGrást
Do bhí do bhreith id' mhaighdean, a bhí agus atá,
Naomh Eoin Baiste a dhein do sheirbhís i dtráth,
Cuirimid ár n-achainí anois chun a' triúr, sinn do shaoradh ar a' bpláigh.

Leighiseach gach éinne.

Making a quilt
Cuilt á déanamh

The Man with Hooves

This is a story that actually happened. This woman from the Parish of Moore had a sister married in Ballyferriter. She often visited her, and of course in those days, everyone had a mule and cart. So this day, anyhow, she decided to visit her sister, and on her way home she decided to take the short cut across Béal Bán strand. She was going along in her mule and cart, and she saw a small boat coming ashore. The tide was way out, and she saw a man getting out of it, but she took no notice of that. So the man was walking towards her, closer and closer, until he came as far as the cart, and the mule became very scared, and so did the woman. The man went to stop the mule. He was not speaking, not a word, and she was terrified out of her wits. However she looked down between the shafts of the cart, she saw that he had hooves for feet, two huge horses' hooves. All she did was to put her hand in her pocket, and find her rosary beads, and when she found them and lifted them out, the man ran. The woman was so scared that she passed the houses of several relatives without thinking to go in to them, and she never stopped until she reached her own house.

Fear na gCrúb

Seo scéal a bhí fíor agus a thit amach. Bhí an bhean so ó Pharóiste Múrach, agus bhí a deirfiúr pósta thiar i mBaile an Fheirtéaraigh. Bhíodh sí ag tabhairt turas uirthi, agus miúil agus cairt gan dabht a bhí ag gach éinne. An lá so, ach go háirithe, thug sí turas ar a deirfiúr, agus bhí sí ag teacht abhaile agus thóg sí an comhgar tráigh Bhéal Bán, agus má thug bhí sí fhéin 's a miúil 's a chairt a' teacht agus chonaic sí báidín beag ag teacht aníos. Bhí an tráigh tráite síos, agus chonaic sí fear ag teacht amach as agus ní thóg sí aon cheann do, agus ambaiste, bhí an fear ag déanamh leis agus ag déanamh leis go dtí go dtáinig sé chomh fada leis an gcairt, agus tháinig an-eagla ar a' miúil, agus tháinig eagla uirthi fhéin. Bhí sé ag stop na miúlach. Ní raibh sé ag caint, ná aon rud, agus bhí sí scanraithe 'na beathaidh. Pé slí a dh'fhéach sí síos idir dhá leathlaí na cairte, chonaic sí dhá chrúib air, dhá chrúib móra capaill. Níor dhein sí aon rud ach a láimh a chur 'na póca agus bhí paidrín ann, agus má bhí, nuair a chonaic sé an paidrín, do rith sé. Bhí oiread scanradh ar a' mbean bhocht go raibh a cuid fhéin roimpi ar a' slí agus nár chuimhnigh sí riamh orthu ná ar stop acu, go dtáinig sí abhaile.

Hand washing clothes
Na h-éadaí á ní de láimh

The Abduction

Here is another story they said was true. This girl, well, she was a woman, really, and she used to herd the cows back where she lived in Ard na Caithne. We all did it when we were young. She was herding this day. She was married, and she had left her year-old baby at home. A good big boat came into the harbour, and the captain came ashore, and whatever way he got her into conversation with her, he abducted her, hauled her into the boat, and nobody could find any trace of her. Nobody had any idea where she was. No one even had any idea what country she was in. Some people thought she was in New York, but she was somewhere anyhow. She was locked up, and there was no possibility at all that she could get away, but he was a sea captain, and he had to come and go. He locked up everything before he left. But one day, a young man was walking down the street, I think it was in New York, and there was a window open high overhead, and he heard the voice of a woman speaking in Irish:

'May God protect you from the Fiach and its Mother,
And the horrible rocks that surround the Head of Diarmaid,
And the Small Head, and again the Central.
And from the Goat Rock with its hidden hazard.'

The man was looking all around, and he spoke, and asked if there was anybody there. She responded, and as they spoke, they realised that they were brother and sister, the brother only a child when she had been abducted, years earlier. I'm not quite sure what arrangement they made, but she told him the whole story. He arranged a boat passage, and he arranged everything, and before the captain returned, she had made her way back to Ireland accompanied by her brother. And it is said that the captain came in pursuit of her, and that he had a gun. He would shoot her if he found her, but of course she was not so foolish twice. And in her absence, her little one year old child had become a man.

An Fuadach

Seo scéal, dúradar gur scéal fíor ab ea é chomh maith. Bhí sí seo, bhí sí 'na bean, agus bhíodh sí a' féireacht na mba, bhímis go léir á dhéanamh fadó, amach thiar in Ard na Caithne. Bhí sí a' féireacht an lá so. Bhí sí pósta, agus dh'fhág sí leanbh mic bliana 'na diaidh age baile. Tháinig an bád maith mór isteach agus d'éirigh an captaen amach agus pé cuma go raibh sé ag caint léi, ghlan sé isteach í, dh'ardaigh sé leis í agus ní bhfuair éinne aon tuairisc uirthi. N'fheadair éinne cá raibh sí ná aon rud. Pén áit dos na tíortha go dtugadh í, ní raibh a fhios ag éinne. Sea, dúirt cuid acu gur i Nua Eabhrac a bhí sí, ach bhí sí in áit éigin ach go háirithe. Bhí sí faoi ghlas, agus ní raibh aon dul faoin spéir go bhféadfadh sí teacht, ach bhí sé sin 'na chaptaen farraige 's bhíodh sé ag imeacht agus ag teacht. Bhíodh an tigh faoi ghlas, bhíodh gach aon rud faoi ghlas. Ach bhí an leaid seo, an lá so, ag gabháil síos an tsráid, n'fheadar ná gur i Nua Eabhrac é. Déarfaimid gurb ea. Agus bhí fuinneoig oscailte in airde, in airde ar fad, agus chuala sé an bhean ag caint, agus í ag caint na Gaelainne:

'Go saora Dia tú ar an bhFiach agus ar a Mháthair,
Agus ar Bhinn Diarmada na Fiacaile Gráinne
Ar a mBinn Bhig is ar a' mBinn Láir úd,
Agus ar Leac na nGabhar na dtonnta mbáite.'

Bhí sé a' féachaint agus a' féachaint timpeall, agus má bhí, do labhair sé, agus dh'fhiafraigh sé an raibh éinne ansan. Do labhair sí, agus labhradar le chéile, agus cad a bhí ach nárbh shin é a dheartháir a bhí fágtha ag baile aici na blianta roimis sin. N'fheadar cad é an socrú a dheineadar, ach go háirithe, ach d'inis sí gach aon rud do. Shocraigh sé bád agus shocraigh sé gach aon rud, agus sara dtáinig mo dhuine thar n-ais, bhí sí tagtha go hÉirinn, tabhartha leis ag an ndeartháir ar a' mbád. Agus dúradh go dtáinig an captaen agus go raibh sé ag faire amach ar feadh tamaill, agus gunna aige chun í a mharú dá dtiocfadh sé suas léi, ach níor tháinig. Agus pé leanbh a bhí aici ag baile, bhí sé fásta suas pé méid blianta a bhí sí in easnamh.

And another abduction

A young girl was abducted. She had been walking the beach one day, and whoever abducted her, she was brought to another country, and she was brought to a place with every good thing, food and clothing, and everything you could wish. They brought her tea, and she said:

Remove this tea, for I don't like it,
I'd much prefer sour milk, or true fresh milk,
Tea is not my custom, in the height of summer,
But a broad white dish to give my young calves.

My calves are the bright calves,
My calves are the best calves,
When they go back and forth by the cliff side,
Neither high nor ebb tide deters them.

Then they brought her a dress, and she said:

Remove this dress, for my knees are lacerated,
And bring me a dress of my mother's making,
A long dress, with plentiful fabric,
And a fine fabric hoop to define its hemline.

Then he spoke to her:

You're a silly little girl and it seems I cannot teach you,
Why don't you look at your fair white habitation
Wine will come from Greece to you and delicate foodstuffs,
Bid farewell and God bless to the place you have come from.

I brought that much with me from Neain, and that woman never came back, where ever the story came from!

Fuadach eile

Cailín éigin a deineadh a fhuadach, bhí sí ag siúl trá aon uair amháin, agus pé duine a dh'fhuadaigh í, tugadh go dtí tír éigin í ach go háirithe, agus tugadh go dtí áit í go raibh gach aon saghas rud ann, bia agus deoch agus éadach agus gach aon rud. Thugadar tae chuici, agus dúirt sí:

> Tógaíg' uaim a' tae seo, mar ní h-é is fearr liomsa
> Ach braon bainne géir ann nó fíor-bhraon den leamhnacht
> Mar ní hé 'thaithíos féinig istigh i gcorp a' tsamhraidh
> Ach beiste leathan gléigeal le riar ar mo ghamhna.
>
> Siad mo ghamhnasa na gamhna geala
> Siad mo ghamhnasa na gamhna is fearra
> Nuair a ghaibheann siad siar nó aniar bun na haille
> Ní fearr leotha tráite í ná lán suas go barra.'

Ansan thugadar gúna dhi:

> 'Tógaíg' uaim a' gúna so,' a dúirt sí, 'mar tá mo ghlúine aige gearrtha
> Agus tugaígse dhomsa gúna de dhúchas mo mháthar
> Gúna fada flúirseach,
> Agus bíodh fonsa mór air d'fháthaim.'

Agus ansan do labhair sé:

> Is gligín beag gan chéill tú agus nach féidir liom tú a mhúineadh
> Mar is leathan agus is gléigeal é éadan do chúirte
> Beidh fíon ag teacht ón nGréig chugat agus méiríní drúchta
> Abair slán agus beannacht Dé léi agus ná h-éiligh do dhúthaigh.'

Thugas an méid sin liom ó Neain, agus níor tháinig an bhean san thar n-ais, pé áit as ar tháinig an scéal!

The Woman in the Lios (Fairy Fort)

Back somewhere in the west of the peninsula, there was a farmer, and he had a servant boy working for him. His wife died, and he soon remarried. It was the practice that a plate of food was left out in a particular place for the servant boy every night. After the wife's death, the plate of food stopped appearing. The boy spent a long time without saying anything, he didn't like to because he was very fond of the farmer. Finally, he told the farmer that he would be leaving because he was hungry at night. 'O, Heavens,' said the farmer, 'How could you be hungry? Don't we leave a plate of food out for you every night?' 'If you do, somebody else is eating it, because I am not,' said the boy.

So the farmer decided to sit up that night and find out what was happening to the food, whether somebody else was coming to eat it, or whether the boy was lying. So he waited and watched, and what happened, but that this woman walked in and took the plate, and ate everything on it, Who was there but his first wife. She spoke to him. 'I am coming here,' she said, 'eating this meal, because,' she said, 'I'm in the *lios*, and I don't touch their food, because if I do, I'm trapped among them. And now,' she said, 'I'll come out if you do as I tell you. I know you have another wife, and I will never come between you. I will leave this place,' she said.

Well the poor man was thoroughly shaken, and he didn't know what to do, so he went to the parish priest and asked his advice. 'Leave things as they are,' said the parish priest. 'Don't go near the *lios*.' So, he didn't follow his first wife's request. And one night he was sitting by the fire and a gale of wind blew down the chimney, and it knocked him into the middle of the floor. He went to bed, and stayed there until he died. That'a another of Neain's story. That's abductions for you

An Bhean sa Lios

Thiar in áit éigin siar, bhí feirmeoir agus bhí buachaill aimsire sa tigh aige. Cailledh a bhean agus phós sé aríst. Cuirtí béile bídh isteach i gcoimeád don mbuachaill aimsire gach aon oíche, agus ambaiste féin, tar éis an bhean a chailliúint, ní bhíodh aon bhia ann. Bhí an buachaill tamall maith agus níor mhaith leis faic a rá mar bhí sé an-cheanúil ar a' bhfeirmeoir. Ach an lá so ach go háirithe, dúirt sé leis go mbeadh sé ag bailiú leis, mar go mbíonn ocras air istoíche. 'Ó 'Thiarna,' a dúirt sé, 'cad ina thaobh go mbeadh ocras ort, ná bímid ag fágaint pláta bídh ansan gach aon oíche?' 'Má tá tú, tá duine éigin eile á dh'ithe, nílimse,' arsa an garsún.

Dúirt an feirmeoir an oíche seo ach go háirithe go bhfairfeadh sé féin suas, go mbeadh a fhios aige an raibh aon duine ag teacht nó an raibh an buachaill aimsire ag insint éithigh. So, do dh'fhair, agus ambaiste féin má dh'fhair, tháinig an bhean so isteach ag triall ar a' bpláta, agus thug sí léithi é agus do dh'ith sí é. Cé bhí ann ach an bhean a bhí pósta aige ar dtúis. Labhair sí leis. 'Táimse a' teacht anso,' a dúirt sí, 'ag ithe an bhéile bídh seo, mar,' a dúirt sí, 'táim istigh sa lios agus ní dh'ithim aon phioc dona gcuid bídh, mar dá n-íosfainn, bheadh greim orm. Agus anois,' a dúirt sí, 'tiocfaidh mé abhaile chugat má dheineann tú an rud a déarfaidh mé leat. Agus tá bean eile agat, agus ní dhéanfaidh mé aon deifir go deo idir bheirt agaibh. Baileoidh mé liom,' a dúirt sí.

Ach bhí an fear bocht chomh cráite is ná feadair sé cad a dhéanfadh sé is chuaigh sé go dtí an sagart paróiste agus d'inis sé an scéal do, agus dúirt an sagart paróiste leis 'Fág rudaí mar atá siad,' a dúirt sé. 'Ná téir 'on lios.' Sea, ní dhein sé an cúram a loirg an bhean, agus bhí sé suite cois na tine an oíche seo, agus tháinig gála mór gaoithe anuas tríd a' simné, agus leag sé i lár a' tí é. Chuaigh sé 'on leabaidh agus dh'fhan sé ann go gcailleadh é. Ó Neain a fuaireas é sin leis. Sin é an fuadach anois.

Brian from Fearann

Brian an Fhearainn, or Brian from Fearann, lived with his mother, who was a widow. He was a terror for staying out late at night playing cards. This night that I am talking about, he was coming home late, and if he was, he saw a coffin and three men carrying it. He thought that was very peculiar, so he stood in under it with them as a fourth man. And as soon as he did, they plonked the coffin down on the ground in front of him and made off. He didn't know what to do, but there was one good thing, nothing frightened him. He opened the coffin, and if he did, out of it rose a fine big beautiful girl. She was looking at him, and he was looking at her, but she was unable to speak a word. What did he do? 'Come on home with me,' he said. So she walked home along with him, and he left her in the corner beside the fire, because his mother was asleep. He didn't want to wake her, and neither did he want her to get her up in the morning and get a fright when she found a stranger in the house without knowing anything about her. So he slept badly and got up early and explained the situation to his mother.

The strange girl did everything she could to help his mother, but she was quite unable to speak. Things stayed like that for a good while, until, one night, Brian was again coming home very late, He had to pass the *lios* (fairy fort) on his way, and as he passed, he heard talk in-

Brian an Fhearainn

Bhí an buachaill seo ag maireachtaint lena mháthair. Baintreach ab ea í. Bhí an diabhal ar fad ar an mbuachaill chun a bheith amuigh ag imirt chártaí déanach istoíche. An oíche seo ach go háirithe, bhí sé ag teacht abhaile, agus má bhí chonaic sé an chomhra, agus triúr fear fúithi, agus b'ait leis é, agus cad a dhein sé ach dul isteach mar cheathrú fear. Ach má dhein, bhuaileadar an chomhra ansan chuige ar a dtalamh agus bhailíodar leo. N'fheadair sé cad a dhéanfadh sé, ach ní chuirfeadh aon rud aon eagla air. D'oscail sé an chomhra, agus má dhein, d'éirigh an cailín mór breá aníos chuige, agus bhí sé ag féachaint uirthi agus bhí sí sin ag féachaint air, agus ní raibh aon fhocal cainte aici. Cad a dhein sé? 'Téanam ort abhaile im' theannta,' a dúirt sé. Shiúlaigh sí abhaile ina theannta, agus dh'fhág sé sa chúinne cois na tine í, mar bhí a mháthair 'na codladh. Ní raibh codladh na h-oíche aige, mar níor theastaigh uaidh a mháthair a dhúiseacht, ná níor theastaigh uaidh go n-éireodh sí ar maidin agus go gcífeadh sí bean sa chúinne agus ná feadair sí aon rud mar gheall uirthi. Dh'éirigh sé go luath agus d'inis sé an scéal dá mháthair.

Dhéan an cailín stróinséartha gach aon rud ag cabhrú lena mháthair, ach ní raibh aon fhocal aisti. Dh'fhan an scéal mar sin go ceann tamaill, agus má dh'fhan, tháinig oíche eile go raibh Brian ag teacht abhaile déanach. Bhí sé ag gabháil thairis an lios agus chuala sé an chaint istigh. Stad sé. Beirt fhear

side. He stopped. Two men were speaking. One said, 'Well, Brian's woman is not much good to him at all because she hasn't a word of speech.' The other man spoke and said, 'Well, there is a sleeping pin in the back of her head, and if he removed that, she would recover her speech instantly, as well as ever she had it.' Brian kept on walking and didn't say a word. He did nothing for a few days, wondering what he should do. When he came near the girl, he could see the pin in the back of her head. He drew it out, and as he did, she spoke. That is when she told him her story. 'My mother,' she said, 'is from the other end of Ireland, and she thinks I am dead, because I was abducted by the fairies. What would I not give,' she said, 'to be able to send her a message saying I am alive.'

'We'll look after that,' said Brian. 'You stay with my mother.' The girl wrote a letter and put the address on an envelope. Brian said he would go himself and find her house, no matter how long it took him. It did in fact take him some time. It was a very long distance, and he had to ask for directions many and many a time, but in the end he succeeded and one day he came to her mother's door. When he knocked on the door, a woman answered. She looked very sad and depressed, and they began to talk, 'Well, I am very troubled indeed,' the woman said, 'because I have recently buried a beautiful daughter.' 'What would you give me for news of that daughter?' asked Brian. 'Oh, don't joke about that,' said

a bhí ag caint istigh. Dúirt fear acu leis an bhfear eile, 'Mhuise ní mór an mhaitheas in ao'chor do Bhrian a' bhean, mar níl aon fhocal cainte aici.' Ach labhair fear eile agus dúirt, 'Bhuel, tá biorán suain breá thiar 'na cúl, agus dá ndéanfadh sé an biorán suain sin a tharraingt, bheadh sí comh maith ina caint is bhí sí riamh.' Thug sé leis na focail agus ní dúirt sé faic. Lig sé dho ar feadh cúpla lá agus n'fheadair sé cad a dhéanfadh sé. Dhruid sé léi ar aon chuma agus chonaic sé an biorán. Tharraing sé an biorán as a cúl, agus má tharraing, labhair. Sin é an uair a inis sí a cúram do. 'Tá mo mháthair,' a dúirt sí, 'thíos in íochtar na hÉireann, agus is dóigh léi go bhfuilim caillte mar is amhlaidh a sciobadh mé. Agus cad a thabharfainn,' a dúirt sí, 'ar scéal a chur chuici go bhfuilim beo?'

'Déanfaimid é sin a shocrú,' arsa Brian. 'Fan ansan,' a dúirt sé, 'i dteannta mo mháthar.' Scríobh an cailín litir agus chuir clúdach uirthi agus dúirt Brian go raghadh sé féin chomh fada leis an áit pé slí a gheobhadh sé amach é. Thóg sé tamall uaidh, mar bhí sé an-fhada ó bhaile, agus chaith sé tuairisc a chur agus eolas na slí a lorg arís agus arís eile, ach bhí leis ar deireadh agus tháinig sé go dtí an ndoras so, lá áirithe, doras a máthar. Nuair a chuir sé cnag ar a' ndoras tháinig an bhean go dtí an ndoras. Bhí cuma ana-dhubhach, ana-bhrónach ar fad ar an mbean, agus thosnaíodar ag caint. 'Dhera, táim ana-thrioblóideach ar fad,' ar sise, 'mar ní fada ó chuireas cailín breá d'iníon dom.' 'Cad a thabharfá anois,' a dúirt Brian, 'ar a

the poor woman, 'because she is dead and buried.' Brian put his hand in his pocket and took out the letter and handed it to her. She recognised the handwriting, and nearly died of shock, but she sat down and read the letter. Brian told her the story.

'Come on now,' said Brian, 'and get dressed up, and we will go down to my house. You will find her there waiting for you.' She did, and in her joy, she soaked her daughter with tears, and smothered her with kisses. And the end of the story was that Brian and the girl married, and her mother stayed with them. The girl had been abducted from a faraway place and brought to Ballyferriter. Now when people are asked 'Where did you find your wife?', the answer is, 'Where Brian found a woman.'

That is also one of Neain's stories.

tuairisc sin a fháil?' 'Ó, ná bí ag magadh fúm in ao'chor,' a dúirt sí, 'mar tá sí sin curtha caillte.' Chuir sé láimh 'na phóca, agus tharraing sé aníos an litir, agus dh'aithnigh sí scríobh na hiníne. D'oscail sí an litir agus shuigh sí síos chun í a léamh, agus cheap sí go gcaillfí í leis an bpreab a baineadh aisti. D'inis Brian an scéal di.

'Téanam ort anois,' arsa Brian, 'agus dein suas tú fhéin agus téanam ort siar go dtí mo thigh agus gheobhaidh tú romhat thiar í.' Agus chuaigh. Nuair a chonaic sí a h-iníon, bháigh sí le deora í agus mhúch sí le póga í. Agus b'é críoch agus deireadh an scéil gur phós Brian an bhean, agus dh'fhan an mháthair ann. Bhí an cailín sciobaithe anuas ó pén áit é, go dtí Paróiste an Fheirtéaraigh. As san a thagann an ráiteas mar fhreagra ar 'Cá bhfuairis do bhean?' 'Fuaireas, mar a bhfuair Brian bean!'

Fuaireas é sin chomh maith ó Neain.

Neil Mhichíl Sheáin Óig, Grandmother of Bríd Uí Mhuircheartaigh
Neil Mhichíl Sheáin Óig, Neain Bhríd Uí Mhuircheartaigh

© Bríd Uí Mhuircheartaigh

My Granny (Neain)

My grandmother, Neain, was from Feohanagh, Neil, Neil Mhichíl Sheáin Óig. Her mother died when she was very young, and she had one sister who married later in Feohanagh. A match was made for Neain when she was seventeen, and she was sent over to Baile Dháith, the poor thing. She used to go to school, she told me, and her breakfast was a cold boiled potato that she ate on the way to school. And she didn't die of it. In fact, she was a big strong woman. Anyway, when she married, she hadn't a clue what marriage entailed. She told me that, and she told me everything I should know. She told me more than my mother did, I think it was arranged between them. She was very clever, but she had very little schooling, you know yourself how it was in those days. She only went as far as second class at school, and the teacher said she was the best in her class. My brother used to say 'The rest must have been the divil entirely!'

Anyway, she married a very nice man, she was very fortunate. She had nine children, my father was the oldest, it was three or four years before the others were born. Some of them died quite young, and only three survived. One daughter died after the birth of her second child, she was in poor health afterwards. She was in Dingle Hospital, and she and another patient went for a walk up Cnoc' a Chairn. She sat down on a little hillock and died. I was there when news of her death came. Neain nearly lost her mind with grief. There was a boy, Tom, who was in America, and he fell and died. Another daughter died and she was only seventeen years old.

Neain was a really great help to my mother when we were all small. She looked after us and taught us, and she and my mother were fast friends. Neain was very devout, very very religious. She had nothing in life but religion. What I'd say is that if she was alive today, she'd see something and she'd hear something.

I was married here when Neain died in her late seventies, about 1952 or 1953. I was up at night with her back in my old home. We looked after her ourselves. I washed and cleaned her, and I laid her out. I had that much comfort, that I was there for her in the end, the poor thing, the blessings of God on her. She was so good, so very good.

Mo Neain

Ón bhFeothanaigh ab ea mo Neain, agus Súilleabhánach ab ea í, Neil, Neil Mhicil Sheáin Óig. Cailleadh a máthair nuair a bhí sí an-óg agus bhí deirfiúr amháin aici agus bhí sí sin pósta ar a' bhFeothanaigh. Deineadh cleamhnas do Neain agus cuireadh sall go Baile Dháith í agus ní raibh sí ach seacht mbliana déag, an bheainín bhocht. Bhíodh sí ag dul ar scoil, a dúirt sí liom, agus sé an bricfeast a bhíodh aici ná práta fuarbheirithe, á dh'ithe a' dul ar scoil. Agus ní cailleadh í. Bean mhór láidir ab ea í. Pósadh í ach go háirithe, agus mo léir a' bheainín bhocht, n'fheadair sí aon rud mar gheall ar phósadh. D'inis sí dhomsa é áfach, d'inis sí gach aon rud beo dhom. Bhíos an-bhuíoch di, dh'inis sí níos mó dom ná mar a dh'inis mo mháthair, bhí sé sin eatarthu, is dócha. Bhí sí an-chliste, ach ní bhfuair sí aon scolaíocht, tá a fhios agat fhéin. Sa tarna rang a dúirt sí a bhí sí ar scoil agus deireadh an múinteoir gurbh í an duine ab' fhearr sa rang í. Deireadh mo dheartháir 'Bhí an diabhal ar fad ar an gcuid eile mar sin, mhuis!'

Pósadh í ach go háirithe, agus bhí fear ana-dheas aici. Bhí, bhí an t-ádh ar fad léithi. Bhí naonúr clainne aici. B'é m'athair an té ba shine, bhí sé trí nó ceithre bliana sarar tháinig an chuid eile. Cailleadh an-óg iad, agus níor mhair sa chlann ach triúr. Cailleadh duine acu ar a tarna leanbh. Ní raibh sí ar fónamh ina dhiaidh, agus bhí sí istigh san ospaidéal. Chuaigh sí suas lá, í fhéin agus *patient* eile, suas go Cnoc a' Chairn. Shuigh sí ar chnocáinín agus slán mar a n-instear é, cailleadh í. Is cuimhin liom duine éigin ag teacht ag tabhairt an scéal do Neain, ní mór ná gur chuaigh sí as a meabhair. Bhí buachaill i Meiriceá, agus is dóigh liom gur thit sé, Tom, agus gur maraíodh é. Cailleadh cailín amháin uirthi, ní raibh sí ach seacht mbliana déag.

Thug sí ana-chabhair dom' mháthair sa tigh leis a' gclann, agus bhíodh sí á múineadh is gach aon rud, agus bhíodar ana-mhór le chéile. Bhí sí ana-naofa, ana-naofa ar fad. Ní raibh aon rud aici ach creideamh. Sé an rud a deirim dá mairfeadh sí inniu go gcífeadh sí rud agus go gcloisfeadh sí rud.

Bhíos pósta anso nuair a cailleadh Neain ins na seachtóidí déanacha, 1952 nó 1953. Bhíos thuas léithi thiar age baile. Thugamar fhéin aire dhi. Níos agus ghlanas í, agus ligeas amach í. Fuaireas an méid sin compord ar deireadh, go rabhas ann, an bheainín bhocht, beannacht Dé léithi. Bhí sí ana-mhaith, ana-mhaith ar fad.

Reflections
on Bibeanna

Ag Machnamh ar na Bibeanna

Dr Maureen Gaffney

Dr Maureen Gaffney is the Chair of the National Economic and Social Forum, and a member of the Board of the Health Service Executive. She is a well known psychologist, writer and broadcaster.

Is í an Dr Maureen Gaffney Cathaoirleach an Fhóraim Náisiúnta Eacnamaíoch agus Sóisialta. Tá sí ina ball de Bhord Fheidhmeannacht na Seirbhíse Sláinte. Mar aon leis sin, is síceolaí aitheanta, scríbhneoir agus craoltóir í.

A kind of perfection

When I was a student in University College Cork I fell in love with my husband John. He loved the West Cork and Kerry Gaeltachts and so, of course, I learned to love them too. The memories of the times we spent there – often leaving early driving there and returning back to Cork on a Saturday – came flooding back as I read the stories in this book.

In the voices and memories of twenty-five women, the bleak and beautiful landscape and the unique people who live there are evoked in extraordinary and touching detail. This collection of stories is an urgent and necessary exercise in writing history. 'It was a different life,' says one woman, 'and there is so much that will end with my generation'. But this cultural memoir is more than that. Nearly seventy years ago Robin Flower observed that that the people of this area had a strong literary tradition and used 'a fascinating idiom which has a natural quality of literature' *(O'Crohan, 1937, p. ix)*. That literary quality is abundantly clear in these stories making this a work of art in its own right, capturing a time, a place and a unique community in often poetic and elegiac detail.

In human affairs, there is very rarely perfection. In the West Kerry Gaeltacht it is different I think. Because, there, in these women's lives, there is as near as hu-

Saghas Foirfeachta

Nuair a bhíos im' mhacléinn i gColáiste Ollscoile Chorcaí, thiteas i ngrá lem' chéile, John. Bhí seisean ceanúil ar Ghaeltachtaí Chorcaí agus Chiarraí Thiar, agus gan amhras, tháinig cion agamsa orthu chomh maith. Tháing tonn cuimhne na dtréimhsí a chaitheamar iontu – go minic ag fágaint go luath ar Shath.arn agus ag filleadh ar Chorcaigh déanach an oíche chéanna – ina thuile ar ais chugam agus mé ag léamh scéalta an leabhair seo.

I nglór agus i gcuimhne fiche-cúig ban, tagann an tírdhreach álainn scéirdiúil, agus na daoine ar leithligh a mhaireann ann chun beochta go mion agus go mothálach. Togra riachtanach, práinneach i scríobh na staire is ea an bailiúchán scéalta seo. 'Saol eile ab ea é,' a deir bean acu, 'agus tiocfaidh an-chuid chun deiridh lem' ghlúinse.' Ach tá níos mó sa chuimhneachán cultúrtha seo ná san. Nach mór seachtú bliain ó shoin thug Robin Flower faoi ndeara go raibh traidisiún láidir liteartha i measc muintir an cheantair seo, agus gur úsáideadar 'a fascinating idiom which has a natural quality of literature' *(Ó Criomhthain 1937, lth ix)*. Tá an cháilíocht liteartha san glan soiléir ins na scéalta seo. Obair ealaíne ina cheart féin is ea an saothar, a chuimsíonn tréimhse agus pobal uathúil, go fileata agus go caointeach go minic.

I gcúrsaí daonna, is annamh a faightear foirfeacht. Ach is dóigh liom go bhfuil Gaeltacht Chorca Dhuibhne difriúil. Mar ansan, i saol na mban seo, táimid chomh comhgarach

man beings get to a kind of perfection in relationships.

The context

The West Kerry Gaeltacht evoked in this book was a subsistence economy: poor, harsh, unforgiving in its demands on people. It was not immune to the peculiar cruelty of that era visited on single mothers:

'If you had a child outside marriage it was a catastrophe. I think if it happened me that I would have thrown myself over the cliff. People were merciless'.

'In my youth, if you had a child out of wedlock, the whole countryside would be talking. No one would respect either the child or the mother. It was a terrible thing. Now, it has changed altogether, there is no shame now. I am glad of that. The way we used to be was senseless'.

It was a world stalked by disease. Mothers who died in childhood, fathers lost at sea, brothers and sisters – victims of diphtheria, Creamery Milk fever, and most terrifying of all, TB – are remembered. The women's accounts of their lives, although suffused with affectionate recall, are not clouded by sentimentality or self-deception:

'I had a brother who died young, of TB … and it broke my father's heart. He was a young man brimming with fun and jokes. He was sick for a year. He fought hard to recover his health, but not many

is a thagann an duine do shaghas foirfeachta i gcaidreamh daonna.

An comhthéacs

Gaeltacht Chorca Dhuibhne, mar a léirítear sa leabhar seo é, eacnamaíocht na caolchoda a bhí ann: bocht, dian, míthrócaireach ina éileamh ar dhaoine. Ní raibh sé glan ar an gcruálacht faoi leith a imríodh ar mháithreacha singile na tréimhse sin:

'Dá mbeadh leanbh lasmuigh de phósadh agat, go bhfóire Dia ort. Dá mbeinn sa chás san, is dóigh liom go gcaithfinn le h-aill mé féin'.

'Nuair a bhíos-sa im' chailín óg, go bhfóire Dia ar aon chailín a bheadh ag súil le leanbh roimh pósadh di. Ní bheadh aon mheas ar an leanbh ná ar an máthair. Rud scanrúil ab ea é. Tá san go léir athraithe, níl aon náire ag gabháil anois leis. Is maith liom é sin. An tslí a bhíomar-na, ní raibh aon chiall leis'.

Saol ab ea é go raibh an galar i gcónaí ar a thí. Máithreacha a cailleadh óg, aithreacha a báthadh ar an bhfarraige, deartháireacha agus deirféaracha a thit leis an diftéir, le galar an Bhainne Créamaraí, agus an ceann is scanrúla ar fad, an eitinn, cuimhnítear orthu. Níl cuntaisí na mban so, cé go bhfuilid lán de chuimhní ceanúla, maoithneach nó féin-mhealltach:

'Bhí deartháir agam a cailleadh óg, leis an eitinn … agus bhris sé croí m'athar. Bhí sé lán de spórt is de chleasa. Timpeall le bliain a bhí sé breoite. Dhein sé a dhícheall dul i

did and he died alone and far away from us. It was not possible to visit him, you would have to hire a car to go and see him, and it just wasn't possible'.

These privations and tragedies were met with a remarkable stoicism that echoes and re-echoes throughout the stories like a Greek chorus: 'But in my life I have learned that you have to accept the things that come your way. I have shed many tears and tears are healing.' 'That is not how my life worked out … and it never occurred to me to resent it, and I don't resent it now …'

Even more remarkably, their evaluations of their life are almost uniformly happy, contented, even joyful. Recalling the sorrows in her life, one woman said: 'Well, it does not matter now. I am happy. That is good enough.'

How can we explain that psychologically? I believe the explanation lies in two remarkable capacities: a capacity for intimacy – with the landscape, with each other and with the spiritual world; and a capacity for exuberance, for fun, for vitality. That capacity for intimacy created deep reserves of psychological and spiritual energy that allowed them to infuse everything with meaning. So, the suffering was bearable, and even transforming. Their exuberance – particularly their love of music, of dancing, of making fun – lit up their lives, and affirmed their strength and resilience in the face of whatever adversity life threw at them:

bhfeabhas, ach theip air, faoi mar a theip ar mhórán, agus cailleadh é. Ní fhéadfaimis turas a thabhairt air, chaithfeá cairt a haidhráil, agus níorbh fhéidir dúinn é.'

Glacadh le cruatan agus le tragóid le stóchas a thagann arís is arís tríd na scéalta, faoi mar a bheadh cór Gréagach: 'Ach i gcaitheamh mo shaoil, d'fhoghlaimíos go gcaitheann tú glacadh lena gcuirtear chugat. Is mó deor atá silte agam. Tá leigheas ins na deora … Ach ní mar sin a d'oibrigh mo shaol amach … níor chuimhníos ar chur 'na choinne, ná ní chuireann sé as dom gur dheineas é.'

Rud níos suntasaí fós, an breithmheas a dheineann siad ar a saol, táid nach mór i gcónaí sona, sásta, áthasach fiú amháin. Ag cuimhneamh di ar bhrón a saoil, deir aon bhean amháin: 'Bhuel, is cuma anois. Táim sásta. Sin é mo dhóthain.'

Conas is féidir é seo a mhíniú go síceolaíoch? Creidim go bhfuil an míniú le fail i dhá chumas eisceachtúil: cumas dlúthchaidrimh – leis an tírdhreach, lena chéile, agus leis an saol spioradálta; agus cumas cuideachtan, cumas spóirt, cumas beogachta. Cruthaíonn cumas dlúthchaidrimh toibreacha doimhne fuinnimh síceolaíoch agus spioradálta a chumasaíonn iad chun tuiscint agus brí a bhaint as gach aon rud. D'fhéadadar glacadh le fulang, d'fhéadfadh sé a bheith bunathraitheach. Agus an cumas cuideachtan – go mórmhór an grá don gceol, don rince agus don sport – gheal san a saol, dhaingnigh sé a neart agus a solúbthacht in aghaidh pé míádh a chuir an saol chucu:

'People will forget that although we were poor, we laughed and danced and worked our way through happy lives …' 'To this day I can't resist dancing. I have to go out on the floor for a set when the music starts …' 'We didn't know the word bored. In fact, there is no word for bored in Irish.'

An intimate sense of place

Long before any of us become aware of ego – the conscious sense of self – we have a body ego. This is an elemental sense of our physical self – our boundaries, our desires, our location in the world. When that body ego is strong and sound, it forms a solid base for our emotional and thinking selves and the core of our identity. It locates us firmly in the world. At community level, the equivalent of the individual body ego is a sense of place – an elemental certainty of where our tribe is physically located in the world, a sense of belonging. That intimate sense of place is powerfully present in the people of the West Kerry Gaeltacht, bound up inextricably with their feelings and thoughts about their lives.

Like James Joyce's recall of Dublin in *Ulysses*, place names form the scaffolding of their stories. By naming each inch of the landscape, they tame and domesticate its wildness:

'Dearmadfaidh daoine, cé go rabhamar bocht, gur chaitheamar saolta sona, lán de chuideachta, de cheol agus de rince …' 'Ní féidir liom fanacht socair nuair a thosnaíonn an ceol, caithim dul amach ar an urlár …' 'Ní raibh a fhios againn cén rud a bheith *bored*. Ní dóigh liom go bhfuil a leithéid d'fhocal sa Ghaeilge.'

Dlúth-thuiscint ionaid

I bhfad sula mbíonn feasacht ag aon duine againn ar fhéineacht – feasacht chomhfhiosach ar an bhféin – bíonn féineacht coirp againn. Sin tuiscint bhunúsach ar ár bhféineacht fhisiciúil – ár dteorainneacha, ár mianta, ár suíomh sa tsaol. Nuair atá an fhéineacht fhisiciúil sin slán folláin, cruthaíonn sé bonn daingean ar a seasann ár bhféineacht mothúchánach, smaointeach, agus croílár ár bhféiniúlachta. Suíonn sé go daingean inár saol sinn. Ag leibhéal an phobail, is ionann tuiscint ar láthair agus an fhéineacht choirp – cinnteacht dhomhain bhunúsach ar ionad fhisiciúil ár dtreibhe ar an saol, tuiscint chomhuintearais. Tá an dlúth-thuiscint ionaid seo i láthair go cumhachtach i muintir Gaeltachta Chorca Dhuibhne, ceangailte go daingean lena mothúcháin agus lena smaointe mar gheall ar a saol.

Faoi mar a thugann James Joyce Baile Átha Cliath chun cuimhne in *Ulysses*, cruthaíonn logainmneacha an scafalra dá scéalta. Trí ainm a thabhairt ar gach aon orlach dá ndúthaigh, ceannsaíonn agus smachtaíonn siad a fhiantas:

'Baile an Lochaigh is a very stony village, at the foot of Mount Brandon. Just inside it is Com a' Lochaigh, dark and mysterious. It was there, in Poll na bhFód, where the salmon are six feet long, that I was found as a baby, in the year 1920. This is what my grandmother told me … We lived in Baile Dháith, under the Tower, looking west to the Tiaracht … I am a summer child. I was born on May Day, the first day of summer, in Baile Uachtarach Thoir, and married in to this house in Baile Uachtarach Thiar, so that all my life has been spent here at the foot of Ceann Sibéal … I was born in Gleann Loic, under the shadow of Mount Eagle, on the last day of January 1931. At sunrise, my mother told me. Sunrise is late in Dun Chaoin, because of the bulk of the mountains to the east of us …

And so they came home; from Swindon, from the airfields of wartime Britain, even from playing the melodeon in the cinemas of New York to where their heart was:

'My heart was at home near Ceann Sibéal … And I can say … that I am living in the place I love best in the world.'

'Baile clochach is ea Baile an Lochaigh, ag bun Cnoic Bréanainn. Díreach laistigh dó, tá Com a' Lochaigh, diamhaireach, rúin-diamhrach. Istigh ansan, i bPoll na bhFód, mar a mbíonn na bradáin sé troithe ar fhad, a fuaireadh mise im' bhunóc, sa bhliain 1920. Sin é a dúirt mo mháthair chríonna liom … Mhaireamar i mBaile Dháith, faoi scáth an Túir, ag féachaint siar ar an Tiaracht … Leanbh samhraidh is ea mise. Saolaíodh mé ar Lá Bealtaine, an chéad lá den samhradh, ar an mBaile Uachtarach Thoir, agus phósas isteach sa tigh seo ar an mBaile Uachtarach Thiar. Tá mo shaol ar fad caite agam anseo faoi bhun Cheann Sibéal … Thiar i nGleann Loic a rugadh mise, faoi scáth Shliabh an Fhiolair, ar an lá deireannach de mhí Eanair 1931. Le héirí gréine, a dúirt mo mháthair liom. Éiríonn an ghrian déanach i nDún Chaoin, toisc Sliabh mór an Fhiolair lastoir dúinn …

Agus mar sin, thánadar abaile; ó Swindon, ó aerpháirceanna an chogaidh i Sasana, fiú amháin ó bheith ag seimint melodeon i bpic-tiúirlanna Nua Eabhrac mar a raibh a gcroí.

'Bhí mo chroí faoi Cheann Sibéal … táim sásta go bhfuilim im' chónaí san áit is fearr liom ar domhan.'

The ties that bind: intimacy in family life

The family and community life recalled by these women is full of intimacy and affection: between parents and children;

Nascanna comhcheangailte: dlúthchaidreamh teaghlaigh

An saol teaghlaigh agus pobail a thugann na mná seo chun cuimhne, tá se lán de dhlúthchaidreamh agus de chion: cion idir

between children themselves; between children and grandparents, aunts and uncles; between young wives and their in-laws; and between neighbours. Their storytelling, naming of events and anecdotes is a huge part of celebrating that intimacy and community:

'My father used to stretch out on the settle bed every night and sing. It was a very happy house that I grew up in, in Clochán Dubh. My mother never raised a hand to any one of us, and we loved working with our father. He was never picky or fault-finding, he always praised what you did. He would dance on a plate for you. He even taught dancing. When he was not singing, he was storytelling. Do you know now, when I go back over them, I can remember many of the songs and stories. I used to be sitting on the hearthstone, drinking them in, and they have stayed in my head.'

'We had no running water … there were no toilets, very little space, no radio, no TV. And yet, what I remember of that small house is the warmth, the closeness and the company.'

But it was an affection founded by a strong sense of family duty. Women re-call without rancour giving up promising careers, or even the chance at marriage, to come home and care for ill and aging parents:

'Unfortunately, soon after that, my mother became ill, and I had to come

tuistí agus leanaí; idir na leanaí iad féin; idir leanaí agus seanaithreacha agus sean-mháithreacha, aintíní agus uncailí; idir mná nuaphósta agus muintir a gcéile; agus idir chomharsana. Glacann a scéalta, a n-ainmniú ar eachtraí agus ar imeachtaí páirt ollmhór i gceiliúradh an dlúthchaid-rimh agus an phobail sin:

'Luíodh m'athair siar ar an *settle* gach aon tráthnóna agus bhíodh sé ag amhrán, tigh ana-shuáilceach ab ea mo thigh se ar an gClochán Dubh. Níor ardaigh mo mháthair a láimh riamh chugainn, agus bhreá linn a bheith ag obair i dteannta m'athar mar ní raibh sé riamh lochtach, milleánach. Rincfeadh sé ar phláta duit, agus mhúineadh sé rince do dhaoine. Nuair ná bíodh sé ag amhrán bhíodh scéalaíocht. Bhfuil a fhios agat, anois, nuair a bhím ag cuimhneamh siar, tagann na scéalta san chugam.'

'Ní raibh aon uisce reatha againn … Ní raibh aon leithris, bhí an spás cúng, ní raibh teilifís ná ríomhaire, … Agus fós, sé a thugaim liom as an dtigín beag san ná cuimhne na cluthaire, an chompoird, agus na cuideachtan.'

Ach bhí an cion bunaithe ar thuiscint láidir ar dhualgas teaghlaigh. Cuimhníonn mná, gan aon tseirbhe, ar phostanna rathúla, nó fiú amháin deiseanna pósta, a thabhairt suas chun teacht abhaile agus aire a thabhairt do thuismitheoirí a bhí ag dul in aois agus in easláinte:

'Ní fada ina dhiaidh sin gur buaileadh breoite mo mháthair, agus chaitheas teacht

home, like many others in those days. Indeed, I was happy to come. That was life, and I would not have left my mother alone without help'.

That easeful sense of duty extended to neighbours:

'And then Cáit Máire came into our lives. It began quite simply. Her mother had to go to hospital in Cork, and she asked me to take Cáit Máire while she was away. John and I were delighted. But Cáit Máire was very small at the time, and she got used to being in our house. She refused to go home when her mother came. There was no real decision about it. But she stayed from day to day, and was back and forth between the houses. She is a beloved daughter to me, and she was the same to John and she is still in and out of my house even though she has her own house in Arda Mór. Her son Seán is the light of my life'.

In an era when most marriages were arranged, the relationships recalled seemed intimate and equal. One woman noted:

'In those days, a girl could send a man an offer (or marriage) just as easily as a man could send one to a woman.'

Husbands and long marriages are re-called and evaluated with affection. I was most struck by the simplicity of the feel-ings expressed – no tension, or ambiva-lence, or striving for effect.

'I met my husband when I was nine-teen and I couldn't have met a better man … He was kind, he was good humoured,

abhaile, ar nós mórchuid nach mé ins na saolta sin. Go deimhin, ní raibh aon leisce orm. B'shin é an saol, agus ní fhágfainn mo mháthair gan chabhair'.

An tuiscint éasca seo ar dhualgas, bhain sé le comharsain chomh maith:

'Agus ansan tháinig Cáit Máire chugainn. Mar seo a thosnaigh sé: chaith a máthair dul 'on ospaidéal go Corcaigh, agus fiafraíodh domsa aire a thabhairt don leanbh an fhad a bhí sí as baile. Bhíomar an-shásta. Bhí Cáit Máire an-óg ag an am, agus fuair sí taithí ar an dtigh seo. Ní rachadh sí abhaile nuair a tháinig a máthair. Ní raibh aon tsocrú mar gheall air, d'fhan sí ó lá go lá, siar agus aniar idir an dá thigh. Bhí sí mar iníon agam féin agus ag John, agus bíonn sí fós isteach is amach cé go bhfuil a tigh féin in Arda Mór anois aici. Táim leachta anuas ar a mac, Seán.'

'I dtréimhse nuair ba chleamhnas fur-mhór gach aon phósadh, bhí cuma dhlúth, chomhionann ar an ngaol a tugtar chun cuimhne. Dúirt aon bhean amháin:

'Bhí sé de bhéas an uair sin go bhféadfadh bean scéala pósta a chur go dtí fear díreach chomh maith is a d'fhéadfadh fear scéala a chur go dtí bean.'

Tugtar chun cuimhne agus déantar breithmheas ar chéilí agus ar phóstaíocha fada go ceanúil. Chuaigh simplíocht na mothú-chán a cuireadh in iúl i bhfeidhm go mór orm – gan aon teannas, gan aon débhríochas, gan aon chur i gcéill.

'Naoi mbliana déag a bhíos nuair a bhuaileas lem' fhear céile. Ní fhéadfainn bualadh le fear níos fearr … Bhí sé deas, geal-

he was good company. In the end I decided that if I could marry him, I would be happy … I met my husband … He was a nice, gentle man, good to me and to my children … I met him in Kruger's and I liked him straight away … I didn't go far to marry. I was born a hundred yards away from where I live now, across the stream here in Keelerih. I liked Maurice my husband. And although all the rest of my family went to America, I stayed here and married him. He was always good to me, and he still is'.

I was struck as well at an aspect of marriage that is rarely discussed now: that perceiving your spouse as competent in the role is a significant determinant of happiness.

And, indeed, these were mighty women. One of the women observed: 'The women of this area have always struck me as being strong, resolute and admirable … you would be greatly aware of the women.' They not only reared large families but often cooked every part of family meals in three-legged pots over an open fire. They were skilled at managing the 'top coals' when baking bread, at avoiding 'white patches' when salting butter, at baking, quilting, sewing, knitting and mending. And as if that were not enough, one woman recalling Wren's Day, tells this story:

'My mother always loved feeding people who came to the house. She prepared a huge meal for them. She played a set for

 gháireach, cuideachtúil. Cheapas, ar deireadh, dá bpósfainn é, go mbeinn sásta … Fear deas, macánta, críochnúil, a bhí go maith dhomsa agus dár gclann … I dtigh Kruger a bhuaileas leis, agus thaitin sé liom ón gcéad uair sin … Níor chuas i bhfad chun pósadh. Céad slat as an dtigh seo ina bhfuilim anois a saolaíodh mé, le h-ais Tobar Bhréanainn i gCill a' Ruith. Bhuaileas le Maras, m'fhear céile, agus thaitin sé liom. Chuaigh an chuid eile den teaghlach ar fad go Meiriceá, ach d'fhanas anseo ag baile agus phósas Maras. Bhí sé i gcónaí go maith dhom, agus tá fós'.

Chuaigh réimse eile den phósadh ná pléitear puinn anois i bhfeidhm go mór orm: do chéile a aithint a bheith cumasach ina ról, déanann sé cinntíocht sonraitheach ar shonas an phósta.

Agus go deimhin mná tréana is ea na mná seo. Deir duine acu: 'Tuigeadh dom i gcónaí go raibh mná na háite seo láidir, daingean, measúil … thógfá ceann do na mná.' Ní amháin gur thógadar muirir mhóra, ach is minic a ullmhaíodar gach aon bhlúire de bhia an teaghlaigh i gcorcáin trí gcos ós cionn na tine oscailte. Bhíodar cumasach ag láimhseáil sméaróidí ar chlúid an oighinn agus iad ag bácáil, ar sheachaint an cheanainn agus salann á chur ar im acu, ag bácáil, ag fuáil, ag cniotáil agus ag deisiú. Agus munar leor sin, insíonn aon bhean amháin an scéal seo agus í ag caint ar Lá an Dreoilín:

'Ba bhreá lem' mháthair i gcónaí bia a thabhairt do dhaoine a tháinig 'on tigh. D'ullmhaigh sí béile breá dhóibh. Sheinn sí *set* dóibh agus rinceadar *set*. Nuair a bhí

them and they danced a set. When they'd done that, they sat at the table for a meal. She left the kitchen and went upstairs. They were eating when they heard a baby cry. The cries came from upstairs. It was Hain. She was born that Wren's Day. My mother did not let on to anyone that she was in labour. The guests went upstairs to see the baby. We used to have such fun.'

In parallel vein, their fathers' and husbands' traditional male skills are also fondly noted: their physical strength, their skills at farming and salting fish and building:

'He was a stonemason, clever with his hands … He quarried stone from the quarry on the land, using only a crowbar … there was a spring on the land, and he piped water from it … There was no other house in the parish with hot and cold water at that time'.

These traditional roles also brought constrictions in the women's lives:

'And now I was married, I could not go out without my husband. I would stand out in the garden here to listen to the music coming from the hall in the cinema, which doubled as a dance hall. It used to break my heart … we stayed at home alone with the children.'

But their natural exuberance and the embrace of motherhood brought new meaning and happiness to their lives: 'And as the children grew up, I had company again, and fun, and music, and I still do. If I hear a nice tune, I dance around the kitchen with the brush!'

san déanta, shuíodar chun boird chun béile. D'fhág sí an chistin, agus chuaigh sí in airde staighre. Bhíodar ag ithe nuair a chualadar leanbh ag gol in airde staighre. B'shin í Hain. Saolaíodh í sin ar Lá an Dreoilín. Níor lig mo mháthair uirthi le h-éinne go raibh pianta uirthi. Chuaigh na cuairteoirí in airde staighre chun an leanbh a fheiscint. Bhíodh an-chuideachta againn.'

Comhthreormhar leis sin, tugtar cuntas ceanúil ar scileanna traidisiúnta a n-athracha agus a gcéilí pósta: neart a gcoirp, a scileanna feirmeoireachta, agus iascaireachta agus tógála:

'Saor cloiche cliste ab ea é … Bhíodh cró aige ag baint chloiche as choiréal a bhí ar an bhfeirm aige … bhí tobar ar an dtalamh aige, agus thug sé le píobáin 'on tigh é … Ní raibh aon tigh eile sa pharóiste go raibh uisce te agus fuar an uair sin ann.'

Thug na rólanna traidisiúnta cúngrach chomh maith isteach i saol na mban:

'Ach anois agus mé pósta, ní fhéadfainn dul gan m'fhear céile. Sheasaínn amuigh sa gharraí anseo agus bhínn ag éisteacht leis an gceol ag teacht aniar ón halla, agus bhriseadh sé mo chroí … d'fhanamar inár n-aonar ag baile i mbun na leanbh.'

Ach thug a meanma nádúrtha, agus grámhaireacht an mháithreachais brí agus sonas nua ina saol: 'Agus faoi mar a bhí an chlann ag fás, bhí cuideachta arís agam, agus spórt, agus ceol, agus tá fós. Má chloisim port deas, bím ag rince timpeall na cistineach leis an scuab!'

'Well, then I married Mike. A match of course, as was the custom of the time, and we settled down. We have eleven children, including two sets of twins. I loved my children growing up, and the house full of boys and girls, my own and their friends. My children are the best thing in my life. Every single on one of them is so good to me, and they come and see us regularly.'

Even the potentially fraught area of in-law relationships was managed with ease – all the more remarkable given that these women more often than not lived a significant part of their married lives with their in-laws:

'My mother was very happy with Mike, and he was always very good to her. The day I got married was the best day of my life I think'.

'My father-in-law, Peats a' tSíthigh, was one of the greatest influences of my life. He made it easy for me to fit into my new home, and he was a sound advisor, and a great confidante for me as long as he lived.'

'My marriage was arranged. I was happy enough. I had met a good man, a fine man, and my parents-in-law lived with us. We got on well. My father-in-law lived about twelve years with me, and there was never a cross word between us. We raised six children, and that was not easy, but my father-in-law helped me. I could go out and milk the cows, or go to town for a couple of hours. There was no fear I would find a child in a wet nappy when I came home

'Bhuel, ansan phósas Maidhc, cleamhnas, gan amhras, mar ba nós san am, agus luíomar le chéile, agus tá aon duine dhéag muirir orainn, dhá chúpla ina measc. Bhaineas an-chleachtadh as mo chlann ag fás, agus as an tigh a bheith lán de bhuachaillí agus de chailíní óga, mo cuid fhéin agus a gcairde. Siad mo chlann an rud is fearr im' shaol. Bíonn gach aon duine acu chomh maith dhom, agus tagann siad chugam go rialta.'

Fiú amháin réimse leochaileach muintire céile, pléadh go héasca leis – rud is inspéise fós nuair a cuirtear san áireamh gur chaith na mná seo tréimhse sonraitheach dá saol in aontíos le muintir a gcéile:

'Bhí mo mháthair an-cheanúil air, agus bhí sé an-mhaith dhi i gcónaí. An lá a phósas an lá ab' fhearr im' shaol, is dóigh liom'.

'Bhí ana-thionchar ag athair mo chéile, Peats a' tSíthigh, orm. Chabhraigh sé liom socrú isteach im' thigh nua, agus thug sé comhairle chiallmhar dom an fhad a mhair sé.'

'Cleamhnas ab ea mo phósadhsa. Bhíos sásta. Bhí buailte le fear maith, le fear breá, agam. Bhí muintir mo chéile inár dteannta, agus dheineamar go maith. Mhair athair mo chéile dhá bhliain déag inár dteannta, gan focal riamh eadrainn. Thógamar seisear leanbh, rud ná raibh fuirist, ach chabhraigh sé i gcónaí linn. D'fhéadfainn dul amach agus ba a chrú, nó dul 'on Daingean ar feadh cúpla uair a' chloig, agus ní bheadh aon bhaol nuair a thiocfainn abhaile, go mbeadh aon leanbh fliuch nó salach ... Níor

… And we didn't feel life go by us. The children were fine and healthy … they all grew up well, and I am thankful to God for that much. And I am thankful that Paudi and I are well, and that we still have plenty to talk about, after all these years.'

Intimacy with the world of spirit

In the West Kerry Gaeltacht, the world of spirit seems palpably near, intimately woven into daily life. A devoutly Christian community, they nonetheless stay connected to an older, more primitive kind of spiritual world. They recall landscapes filled with liosanna, phiseoigs, banshees, fairy forts and fairy craft on the sea. That world of mystery entered their lives in the form of strange sights and sounds. It was a world that sometimes terrified them, intimating accidents and deaths but often consoled them to, offering up dreams and apparitions of beloved family members who were dead.

On this connection to mystery was built an unshakable faith:

'Will I see God? I expect to, I feel I deserve to, and I also expect to see all those who have gone before, that is our faith'.

'My faith is a great help … I remember when I first came here, we used to look out at the Sound, and see the Blasket boats coming across for Mass,

mhothaíomar an saol ag gabháil tharainn. D'fhás ár gclann go breá sláintiúil. Táimid buíoch do Dhia as an méid sin. Agus táim buíoch do Dhia go bhfuil ár sláinte agam féin agus ag Páidí, agus go mbainimid cuideachta fós as comhluadar a chéile.'

Dlúthchaidreamh le saol an spiorad

I saol Gaeltachta Chorca Dhuibhne, mothaítear an saol eile an-chomhgarach, fite fuaite leis an saol laethúil. Pobal deabhóideach Críostaí, ach mar sin féin maireann an ceangal le domhan spioradálta níos sine, níos cianaí. Is cuimhin leo tír lán de liosanna, de phiseoga, de mhná sí, d'áitribh púcaí ar talamh agus d'árthaigh sí ar farraige. Tháinig an saol rúindiamhrach sin chucu mar ghlórtha agus mar radharcanna do-thuigthe. Saol ab ea é a scanraigh go minic iad, ag tuar báis agus cinniúna, ach bhain sólás chomh maith leis, nuair a tháinig aislingí agus brionglóidí óna gcuid féin ar an saol eile.

Ar an gceangal seo le rúndiamhair, thógadar creideamh nach féidir a athrú:

'An bhfeicfidh mé Dia? Is dóigh liom go bhfeicfead, agus creidim go bhfeicfead chomh maith iad san atá imithe romham, sin é ár gcreideamh'.

'Cabhraíonn mo chreideamh go mór liom … Is cuimhin liom fadó nuair a tMána anseo, a bheith ag féachaint amach ar an mBealach agus naomhóga an Bhlascaoid a fheiscint ag teacht isteach chun Aifrinn, sé nó seacht de cheannaibh acu ina sraith ar an

six or seven of them in a line on the sea. They were a wonderful sight'.

But like their relationship with the landscape, it is a faith full of human intimacy as exemplified in one woman's description of her devotion to the late Pope: 'I had the greatest affection for Pope John Paul II. He was like somebody I had known all my life'. When he died she framed his picture and prayed to him to grant a request:

'So I waited a good long time and nothing was coming. So one night on my way to bed, I stopped in front of the picture. "Look here, John Paul," I said, "I put a frame on you … so now it's time for you to get to work for me, I am tired of waiting." Two days later I got what I had been asking for.'

For some, this intimacy extended all the way up to the mother of the deity:

'He (her father) had a great devotion to Our Lady, and he died singing to her'.

Their faith seems the bedrock of, or perhaps grew out of, the benign sense of simple goodness and obligations to each other that so characterises this community. That profound connection between being good and doing good is captured by their simple philosophy:

'I prefer to think well of people and try to do right by people'.

'In the end living a good life is the important thing, is that not so?'

bhfarraige. B'iontach an radharc iad'.

Ach faoi mar atá ina gcaidreamh leis an dtírdhreach, tá an creideamh lán den dlúthchaidreamh daonna, mar a léiríonn bean ina cuntas ar a deabhóid don bPápa deireannach. 'Bhí an-chion agam ar an bPápa Eoin Pól II. Ba gheall le duine é go raibh aithne lem' shaol agam air,' Nuair a cailleadh é, chuir sí fráma ar a phictiúir, agus bhí sí ag lorg iarratais air:

'Agus d'fhanas tamall maith fada leis an bPápa Eoin Pól, agus ní raibh faic ag teacht! Aon oíche amháin agus mé ag dul a chodladh, stadas agus d'fhéachas air. "Cogar anois, a Eoin Pól," arsa mise, "chuireas-sa fráma ortsa … Is dóigh liom go bhfuil sé in am anois agat dul ag obair dom, táim cortha de bheith ag fanacht leat." Dhá lá ina dhiaidh sin, fuaireas an rud a bhí uaim.'

Uaireanta, chuaigh an dlúthchaidreamh seo suas ar fad chomh fada le máthair Dé:

'Bhí ana-dheabhóid don Mhaighdean Mhuire aige, agus cailleadh é ag amhrán chuici.'

Tá an creideamh seo ina bhunchloch, nó b'fhéidir gur fhás sé as an dtuiscint dhearfach atá acu ar mhaitheas nádúrtha, ar dhualgaisí i leith a chéile, cáilíochtaí atá chomh sonraitheach sa phobal seo. Léirítear an domhaincheangal idir a bheith go maith agus an maitheas a dhéanamh ina bhfealsúnacht shimplí:

'B'fhearr liom mo dhícheall a dhéanamh ar son daoine, agus meas a bheith agam ar gach aon duine.'

'Is é an rud atá tábhachtach ná deashaol a chaitheamh, nach shin é é?'

Conclusion

It has become almost a cliché to quote Tomás O'Crohan's lyrical description of the islanders of the Blaskets[*]:

'I have written minutely of much that we did, for it was my wish that somewhere there should be a memorial of it all, and I have done my best to set down the character of the people about me so that some record of us might live after us, for the like of us will never be again.'

The women of the wider West Kerry Gaeltacht here show how vital and enduring the essential character of the people is. At a psychological level, Tomas O'Crohan's world lives on in real time, despite the physical transformation of place, work and prosperity. The women have recalled in vivid, poetic and loving detail a world that is no more. They have recalled it in the exquisite Irish that continues to thrive in that fragile human community. They have evoked a world of near perfection in caring for each other. One woman's description of how as children they helped each other climb the steep, dangerous cliffs of the Blaskets could serve as a good metaphor for how they did it:

'There were no fences to protect us from the sheer cliffs, yet nobody fell. We helped each other up and down, hand over hand.'

It is a lesson that we in modern Ireland could usefully learn.

Conclúid

Is geall le clísé é cuntas liriciúil Thomáis Uí Chriomhthain ar oileánaigh na mBlascaod a thabhairt:[*]

'I have written minutely of much that we did, for it was my wish that somewhere there should be a memorial of it all, and I have done my best to set down the character of the people about me so that some record of us might live after us, for the like of us will never be again.'

Léiríonn mná leithinse Chorca Dhuibhne anseo chomh bríomhar agus chomh leanúnach is atá bun-charactaer na ndaoine. Ag leibhéal na síceolaíochta, maireann saol Thomáis Uí Chriomhthainn san am i láthair, in ainneoin athraithe fisiciúla an cheantair, na h-oibre agus an rachmais. Cuimhníonn na mná, go soiléir, go mion, agus go fileata ar shaol ná fuil ann níos mó. Cuimhníonn siad air sa ghlan Ghaeilge ghleoite atá go rathmhar fós sa phobal leochaileach daonna seo. Tugann siad chun beochta saol geall le bheith foirfe i gcúram a chéile. Ráiteas mná amháin, agus í ag caint ar conas a chabhraigh leanaí le chéile agus iad ag dreapadóireacht ar fhaillteacha géara dainséaracha an Bhlascaoid mar mheafar maith ar an slí inar thugadar an cúram seo:

'Ní raibh aon chlaí idir sinn féin agus an fhaill dhiamhair a bhí faoinár mbun, ach níor thit aon duine. Chabhraíomar go léir lena chéile, gach aon fhear ag tabhairt lámh don bhfear lastuas.'

Tá ceacht ansan go bhféadfaimisne in Éirinn an lae inniu í a fhoghlaim.

[*]O' Crohan, T. (1937) *The Islandman*. Oxford University Press, London.

Senator Mary Henry MD

Born in Cork, she represents Trinity College in Seanad Éireann, and is a Trustee and Chairperson of Trinity College Association and Trust and President of Cherish, and Member, European Committee of the International Medical Parliamentarians Organisation.

Corcaíoch, ball de Sheanad Éireann ar son Choláiste na Tríonóide, Cathaoirleach agus Iontaobhaí ar Chumann Choláiste na Tríonóide, Uachtarán ar Cherish, ball den Choiste Eorpach d'Eagras Idirnáisiúnta na bPairlaiminteoirí le Leigheas.

Health

Health issues in general were as big a problem in Ireland for men as for women. Some of the diseases which caused such devastation years ago here are those of the developing world now. We have managed to control the diseases of infection and malnutrition and the diseases of our life styles have come in to replace them.

The word 'tuberculosis' was rarely spoken. Families were described as having 'weak chests'. While not knowing the epidemiological background of the disease everyone realised it was infectious, and association with, and more importantly still marriage with, members of these families was frowned upon by the healthier members of the population. Some priests heard confessions outside the church rather than within, showing priests realised close contact through the grille of the confession box could be dangerous.

When I was a child in Co. Cork I knew families with 'weak chests'. There appeared to me to be an amelioration in the situation for them at the same time as rural electrification took place. It seemed that with the arrival of the electric light some of those who went off to the sanitoria came home. This was a change, in the past they had all died. Dr Noel Browne who was then Minister for Health in the country was given great credit by the Irish population. He and his officials certainly deserved praise but the simultaneous arrival on the international scene of anti-tuberculosis drugs helped Dr Browne succeed.

Sláinte

Bhain fadhbanna sláinte le fir agus le mná chomh maith céanna in Éirinn. Galair a dhein slad anso blianta ó shoin, feicimid anois sa tríú domhan iad. Smachtaíomar galair tógálacha nó míchothú trí dhul chun cinn sóisialta nó leighis, ach tá galair an rachmais tagtha ina n-áit.

Is annamh a dúradh an focal 'eitinn' os ard. Teaghlaigh go raibh sé coitianta iontu, deirtí go raibh 'cliabhrach lag' acu. Cé nár tuigeadh cúlra eipidéimeolaíoch an ghalair, tuigeadh go raibh sé tógálach, agus seachnaítí othair, cuid mhaith, agus go h-áirithe, ní raghfaí i gcleamhnas le ball de theaghlach mar sin. Bhíodh sagairt a éistíodh le faoistiní othair eitinne amuigh i ngarraí an tséipéil, rud a léiríonn gur thuigeadar an baol tógála a bhain le bosca cúng na faoistine.

Nuair a bhíos im' leanbh i gCo. Chorcaí, bhí aithne agam ar theaghlaigh 'lag-chliabhacha'. Feictear dom féin gur fheabhsaigh cúrsaí dóibh le teacht an leictreachais. Ag an am sin a thosnaigh daoine ar theacht abhaile ó na h-ospaidéil eitinne. Go dtí sin, cailltí iad go léir. Thug an pobal an-chreidiúint don Dr Noel Browne a bhí ina Aire Sláinte ag an am sin. Níl aon bhaol ná go bhfuil moladh ag dul dó féin agus dá chuid oifigeach, ach is iad na druganna frith-eitinneacha a tháinig chun cinn díreach ag an am sin a chuir ar a gcumas an obair a dhéanamh.

Medical advances such as vaccinations against polio and improved sanitation reduced the incidence of many diseases which caused mothers, the carers of those with disease, to see their young children slip away. Poems such as Padraic Colum's 'Mavourneen' so poignantly tells the tale of the death of a child: 'Oh, men from the fields come softly within' because 'Mavourneen is going from you and from me. Where Mary will fold him with mantle of blue'. The death of children in the country was bad but there was less malnutrition there than in the slums of Dublin, which were described as some of the worst in Europe in the first half of the last century.

Women were in charge of health in the home. Some women were known as 'curers' and many today whose elderly relations have died regret not having made sure to note their recipes. One recipe I was told about for a septic finger or toe involved sour cream. This, indeed, could have had a scientific background, the lactic acid from the cream being good in such circumstances. Herbal teas are in fashion now but they were less so twenty years ago when these ladies died with their knowledge.

Women were in charge of health in the hospitals, too. The hospital consultants, mostly male, were important but to this day the departure of the nuns or matrons of the voluntary hospitals are bemoaned by those who can remember them. 'There was no MRSA in their days', goes up the cry! Irish nurses were rightly considered

Laghdaigh rudaí ar nós fás vacsaíní in aghaidh galair ar nós *polio* agus áiseanna feabhsaithe séarachais galair a ghoideadh leanaí óna máithreacha, mar b'iad na máithreacha banaltraí na linne. Feicimid i ndánta cosúil leis an gceann le Padraic Colum 'Mavourneen' cuntas truamhéileach ar bhás linbh: 'Oh men from the fields, come softly within' go bhfuil mar 'Mavourneen is going from me and from you. Where Mary will fold him with mantle of blue.' Bhí bás linbh olc go leor faoin tuaith, ach ba lú an t-ocras faoin tuath ná i gceantair bhochta Átha Cliath, cuid de na ceantair ba bhoichte san Eoraip sa chéad leath den chéad seo caite.

Ar na mná a bhí freagracht as shláinte an teaghlaigh. Bhí bua an leighis ag cuid acu, agus is mó duine inniu gur oth leo gur ligeadar an sean-eolas 'on uaigh lena muintir a d'imigh rompu. Chuala trácht ar an 'gcístín uachtair', císte beag plúir agus uachtair a cuirtí ar mhéar nimhneach. Bheadh bonn eolaíoch leis seo, bheadh leigheas sa tsearbh lactach sa bhainne. Tá tae luibheanna faiseanta anois, ach bhíodar díreach chomh coitianta fadó, agus is mó bean atá caillte agus eolas imithe léi.

Mná a bhí i mbun cúraim in ospaidéil chomh maith. Bhí na dochtúirí comhairleacha, fir de ghnáth, tábhachtach, ach caointear fós imeacht na mban rialta nó na sean-mhátrún i measc daoine gur cuimhin leo iad. 'Ní raibh aon MRSA lena linn sin!' a deirtear. Bhí meas domhanda ar bhan altraí na hÉireann, agus bhí

some of the finest in the world and entry into our large teaching hospitals was highly competitive, most of the successful entrants coming from middle-class families. Those who could not train here as nurses went to England, where hospitals were always keen to recruit Irish girls.

Some women doctors made very important contributions to health care in Ireland. Dr Kathleen Lynn, heroine of the Easter Rising, was one. She, with others, founded St Ultan's Hospital for sick children in Dublin. Dr Victoria Coffey, another Dublin paediatrician, set up a congenital malformations register. Dr Mary Hearn was a tower of strength to the poor of Cork. And there were others in public health and general practice, too, who tried to help poor women in particular.

There is one area where women were on their own, that is in the area of pregnancy and childbirth. Women feature in our constitution solely in the home and as mothers. Those women who were sexually active were likely to become pregnant because contraceptives were outlawed and even information on contraception or family planning was forbidden by law no matter what the health of the woman. If she was alive she was fit for pregnancy and childbirth. The Roman Catholic church's rules were enforced by the state and some priests would query women, married of course, why they were not producing a child year after year. This was eloquently put in verse by Austin Clarke in his poem, 'The Redemptorist'.

coimhlint dhian chun áiteanna a bhaint amach inár n-ospaidéil teagaisc, furmhór na gcailíní ag teacht ón meánaicme. Cailín ná faigheadh áit anseo, théadh sí go Sasana, mar a raibh tóir ar chailíní Éireannacha mar bhanaltraí.

Bhí dochtúirí ban a dhein mórchuid ar son cúraim sláinte in Éirinn. An Dr Kathleen Lynn, banlaoch Éirí Amach 1916, sin duine acu. Bhí sí i measc na buíne a bhunaigh Ospaidéal Naomh Ultan do leanaí breoite i mBaile Átha Cliath. Dochtúir leanbh eile, an Dr Victoria Coffey, d'eagraigh sí clárú ar anchuma ó bhroinn. Rinne an Dr Mary Hearn éacht i measc bochtán Chorcaí. Agus bhí go leor eile sa chóras sláinte poiblí agus i gcleachtadh ginearálta a dhéan a ndícheall cabhrú le mná bochta go háirithe.

Bhí aon réimse amháin ina raibh mná ina n-aonar, sé sin le linn toirchis agus saolaithe linbh. Ní luaitear le mná sa bhunreacht ach an baile agus an máithreachas. Bhí na mná seo, gníomhach go gnéasach, agus bhí gach seans ann go mbeidís torrach toisc go raibh frithghiniúint coiscthe, agus go raibh fiú amháin eolas a thabhairt ar fhrithghiniúint nó ar phleanáil clainne in aghaidh an dlí, cuma cad mar gheall ar shláinte na mná. Má bhí sí ina beathaidh, bhí sí ábalta leanbh a iompar agus a thabhairt ar an saol. Chuir an stát rialacha na hEaglaise Caitlicí i bhfeidhm, agus bhí sagairt ann a cheisteodh mná, mná pósta gan amhras, ná raibh leanbh acu bliain i ndiaidh bliana. Faighimid léargas soiléir air sin i ndán Austin Clarke 'The Redemptorist'.

The maternal mortality rates were shocking. 'The pill' arrived in Ireland in the 1960s and was prescribed as a 'cycle regulator'. In those days the contraceptive pill had high doses of hormones which were not suitable for older women with medical problems such as deep vein thrombosis, who may already have had large families. Our maternal mortality rate is now one of the lowest in the world, that is the number of women who die during pregnancy or in childbirth per 100,000 live births. One or two women, at worst, die each year in 60,000 deliveries approximately. In the 1960s it was 25 to 30. In the early part of the last century, before antibiotics and blood transfusions, hundreds of women died each year.

While social and medical improvements were important, wider access to contraception in the 1970s and 80s, after several court cases, meant ill women avoided pregnancy and the numbers dying soon fell to single figures. From the mid 1980s on, the present situation prevailed. If women could avoid putting their lives at risk, they did. How sad this help came so late for Irish women.

There were few women doctors working in the maternity hospitals. As a young doctor in the Rotunda Hospital in the 1960s, I saw women with appalling rheumatic heart disease breathing their last breath in pregnancy and childbirth. Rheumatic heart disease was very common in Dublin in those days and the big worry was not so much about the woman but whether she would stay in this world long enough to deliver a

Bhí rátaí mortlaíochta máithreacha scanrúil. Shroich 'an pill' Éirinn ins na seascaidí agus dáileadh mar chógas é chun timthriall míosta a rialú. San am sin, bhí dáileog trom hormóin ann, nár oir do mhná níos sine, go raibh fadhbanna leighis ar nós trombóis doimhin féitheach acu, nó go raibh clann mhór orthu cheana féin. Tá ceann de na rátaí mortlaíochta máithreacha is ísle ar domhan anois againn, sé sin an líon ban a chailltear de dheascaibh toirchis nó saolaithe de réir gach 100,000 saolú beo. Cailltear bean, nó ar a mhéid, beirt, gach aon bhliain, as 60,000 breith. Ins na 1960s, cailleadh idir 25 agus 30. Sa chéad chuid den aois seo caite, roimh theacht na n-antaibheathach, cailleadh na céadta bean gach aon bhliain.

Cé go raibh dul chun cinn sóisialta agus i gcúrsaí leighis tábhachtach, bhí rochtain níos fearr ar an bhfrithghiniúint de bharr cuid mhaith cásanna cúirte ins na 1970s agus 1980s. Chiallaigh sé seo go bhféadfadh mná breoite toircheas a sheachaint, agus laghdaigh uimhreacha na mbás. Ó lár na 1980s ar aghaidh, tá an scéal mar atá sé inniu. Nuair ab' fhéidir le mná gan a mbeatha a chur i mbaol, chosnaíodar é. Nach é an trua gur tharla sé chomh déanach san do mhná na hÉireann.

Ní mór na dochtúirí baineanna a bhí ins na h-ospaidéil. Agus mé im' dhochtúir óg in Ospaidéal an Rotunda ins na 1960s, chonac mná a bhí an-bhreoite le galar réamatach croí ag fáil bháis de dheascaibh toirchis agus saolaithe linbh. Bhí galar réamatach croí coitianta i mBaile Átha Cliath an uair sin,

live child. Those who were left as orphans would be cared for by the church in many cases.

Women or very young girls who became pregnant outside marriage were rapidly married off, so we had no unmarried mothers, which was a big relief to everyone. A friend of mine who was carrying out a social study on single mothers in the 1960s wrote to the then bishop of Galway, Bishop Michael Browne, asking for anonymous details of single mothers in his diocese. The reply came that there were none, which I am sure was true. If they were not married off they were banished to convents for single mothers here, or to England, by their families. Years later I met some of the children of these girls who were sent to England. The children had been adopted in England, sometimes successfully, sometimes not, but their rage at the treatment of their mothers by the country of their birth was universal.

Women in the home were only covered for certain parts of health care. For many years we had to campaign for optical and dental benefits to be extended to the wives of insured workers. It was, apparently, alright for women to be half-blind and toothless.

Our diseases now are more those of lifestyle and degeneration. We have become more and more overweight and obese. Between 1992 and 2002 the average Irish person increased in weight by six kilograms, in old-fashioned terms

agus ní hí an bhean a chuireadh tinneas ar dhaoine, ach an mairfeadh sí fada a dóthain chun leanbh beo a thabhairt ar an saol. Cuid mhaith de na dílleachtaithe a saolaíodh mar seo, fágadh faoi chúram na heaglaise iad.

Mná nó cailíní óga a bhí ag iompar linbh roimh phósadh, pósadh go tapaidh iad, agus ní raibh aon mháithreacha singile againn, rud a chuir áthas ar gach éinne. Cara liom a raibh staidéar sóisialta ar bun aici ins na seascaidí, scríobh sí go dtí easpag na Gaillimhe san am, an tEaspag Michael Browne, ag lorg eolais gan mionsonraí ainmneacha ar mháithreacha singile ina dheoise. Tháinig an freagra ar ais ná raibh a leithéid ann, rud, a déarfainn, a bhí fíor. Munar pósadh na cailíní, chuireadh a muintir isteach i gclochair do mháithreacha singile anseo nó cuireadh go Sasana iad. Blianta ina dhiaidh sin, bhuaileas le cuid de leanaí na mban san a díbríodh go Sasana. Uchtáileadh i Sasana iad, go sásúil uaireanta, uaireanta gan a bheith, ach coitianta iontu go léir, bhí fearg leis an slí inar chaith a dtír dúchais lena máithreacha.

Ní bhfaigheadh mná clúdach árachais ach do riachtanais áirithe. Chaitheamar feachtas a eagrú ar feadh blianta go bhfaigheadh mná cóir súl agus fiaclóireachta trí árachas sláinte a bhfear. Ba chuma, de réir dealraimh, má bhí bean leath-chaoch, mantach.

Baineann galair na linne seo lenár gcineál saoil, agus le meathlú. Táimid ag éirí níos troime agus níos troime, agus murtallach. Idir 1992 agus 2002, chuir an gnáth-Éireannach suas sé chileagram meáchan, sin nach mór cloch sa tsean-thomhas. Dá dheascaibh sin,

nearly one stone! This has lead to a huge increase in the incidence of type II diabetes in Ireland with all the woes associated with its side effects, such as heart disease and stroke, kidney failure, diseases of the arteries and nerves in the legs. We have much more power over preventing this condition than the 'weak chested' had in the early part of the last century in dealing with TB.

While women are less prone to serious mental illness such as schizophrenia or psychosis than men, many women spent decades in our large mental hospitals. Some would say many of them showed little evidence of serious mental illness and, once in, it was very hard to get out. The treatment of mental illness is now in the community, but lack of social and professional support is common. Lack of 'talk therapy' with psychologists is complained about frequently, patients and their families claiming there is too much reliance by psychiatrists and family doctors on drug therapy. Social isolation is a big issue in dormitory towns and the effects of this and the stress of commuting is becoming more and more obvious in the ill health of those who have to endure such a life.

Social services can make a huge difference to the lives of people. Women, as the carers in society, often lack the care they need for themselves. Women live longer than men and old age and infirmity can make them vulnerable to isolation. The home help service often provided by local women has been a 'godsend'! Practical help is provided and also inclusion in the life of

tá fás mór i gcineál II Diaibéitis, agus an bráca go léir a leanann é, galar croí, stróc, teip duán, galair artairí agus néaróga na gcos. Tá smacht i bhfad níos mó againn ar chosc na ngalar seo ná mar a bhí ag daoine 'lag-chliabhacha' an chéid seo caite ag streachailt leis an eitinn.

Cé gur lú na galair throma meabhrach ar nós scitsifréine nó síocóise a bhíonn ar mhná ná ar fhir, is mó bean a chaith blianta fada in ospaidéil meabhairghalar. Táthar ann a déarfadh nach mór an fhianaise tromghalair intinne a bhí ar chuid mhaith acu, agus nuair a cuireadh isteach iad, ba dheacair dóibh teacht amach. Pléitear le meabhairghalair sa phobal anois, ach bíonn an tacaíocht phroifisiúnta agus shóisialta easnamhach go minic. Déantar gearán go minic mar gheall ar easpa 'teiripe cainte', agus maíonn othair agus a dteaghlaigh go bhfuil siciatraithe agus dochtúirí teaghlaigh ag brath ró-mhór ar theiripe drugaí. Rud mór i mbruachbhailte is ea an t-aonrú sóisialta, agus tá a dheascaibh seo, agus an brú a bhaineann le comaitéireacht le feiscint ina measc siúd a chaitheann a saol mar sin.

Féadann seirbhísí sóisialta difríocht mhór a dhéanamh i saol duine. Mná, a ghlacann cuid mhaith de chúram an phobail orthu féin, is minic a bhíonn an aire a mbíonn gá acu féin leis in easnamh orthu. Maireann mná níos sia ná fir, agus is minic a fhágann an aois agus an éiglíocht leochaileach, aonarach iad. Is mór an gar dóibh an 'cabhróir baile', bean áitiúil. Cabhair phraiticiúil, agus rannpháirtíocht

the community. This means a great deal as we get older.

Once again, back to my memories as a young doctor, this time in Sir Patrick Dun's Hospital. What we called 'bread and tea' anaemia was very common amongst old people who lived alone and did not have proper meals. They were malnourished if not underweight and were often severely anaemic. The arrival of 'Meals on Wheels' rectified so much of that. Old people got proper meals several times a week and the social contact was very important, too.

We are told every day that we are one of the richest countries in the world. While we are living longer, which is good, we want a healthy old age. Often this can best be achieved by watching our life styles. Even though the incidence of heart disease has improved, that of cancer in Ireland is one of the highest in Europe and with the worst results. Deaths from lung cancer in Irish women are 73% higher than the average in Europe. New breast cancer cases are 40% above average. Deaths from cancer in Irish women is 16% above the norm, while deaths from cancer in Irish men is below average. Wealth does not always mean health. Our riches must be used intelligently.

sa phobal, táid ana-thábhachtach agus sinn ag dul in aois.

Ag filleadh arís ar mo chuimhní mar dhochtúir óg, in Ospaidéal Sir Patrick Dun an babhta seo. Bhíodh an rud ar a dtugaimis anaemacht 'arán agus tae' ana-choitianta i measc seandaoine a bhí ina gcónaí ina n-aonar, agus gan iad ag ithe i gceart. Bhíodar míchoth-aithe, ró-lom, agus fíor-anaemach go minic. Nuair a tháinig na 'Béilí ar Rothaí' ceartaíodh cuid mhór do san. Fuair seandaoine béilí cearta go minic sa tseachtain, agus bhí an teagmháil shóisialta ana-thábhachtach chomh maith.

Deirtear gach aon lá linn go bhfuilimid ar cheann de na tíortha is saibhre sa domh-an. Táimid ag maireachtaint níos sine, rud maith, ach teastaíonn sean-aois shláintiúil uainn. Go minic, is trí shúil a choimeád ar ár stíl beatha is fearr a chintímid é seo. Cé go bhfuil rátaí galair croí ag feabhsú, tá ár ráta ailse ar cheann de na rátaí is airde san Eoraip, and tá na torthaí níos measa. Tá rátaí báis ban Éireannach ó ailse scámhóg 73% níos airde ná meán-ráta na hEorpa. Tá nua-chásanna ailse cíche 40% os cionn an mheáin chéanna. Cailltear 16% os cionn an mheáin de mhná na hÉireann leis an ailse, cé go bhfuil rátaí báis na bhfear faoi bhun an mheáin. Ní h-ionann i gcónaí saibhreas agus sláinte. Caithfear ár saibhreas a chaitheamh go ciallmhar.

Angela Bourke

Angela Bourke, author of *Caoineadh na dTrí Muire: Téama na Páise i bhFilíocht Bhéil na Gaeilge* (1983), *The Burning of Bridget Cleary: A True Story* (1999), and *Maeve Brennan: Homesick at* The New Yorker (2004). Joint editor of *The Field Day Anthology,* vols 4 & 5: *Irish Women's Writing and Traditions* (2002), she is Associate Professor of Irish at UCD.

Angela Bourke, údar *Caoineadh na dTrí Muire: Téama na Páise i bhFilíocht Bhéil na Gaeilge* (1983), *The Burning of Bridget Cleary: A True Story* (1999), agus *Maeve Brennan: Homesick at* The New Yorker (2004). Comheagarthóir ar *The Field Day Anthology,* imill 4 & 5: *Irish Women's Writing and Traditions* (2002), agus Comhollamh le Gaeilge sa Choláiste Ollscoile, Baile Átha Cliath.

A Shared Fabric of Stories

As these women from Corca Dhuibhne tell their life stories against their home background of mountains and the sea, we realise that they share more than a beautiful landscape. Each owns part of a common fabric of memory and storytelling that is anchored in this place and stretches back through time. Perhaps this accounts for the youthfulness of their faces and voices, for their ancestors, dead for many years, continue to walk strongly in the stories they tell, and by comparison with them, these hardy women who have seen so much of life are young girls still. In the twenty-first century, recollections can be isolating, especially in old age, but these women's individual memories weave together in a warm tapestry of local storytelling that evidently continues to empower them.

Their life histories draw confidently on the storyteller's art: many of them even use direct speech to tell of conversations that took place a hundred years ago or more. An effective technique in writing as well as in oral storytelling, dialogue makes the telling more immediate, and gives authority to the teller. Clearly, personal narratives and even certain kinds of conversation belong to the ancient tradition of storytelling in Irish. Stories are valuable cultural capital – think of Peig Sayers, whose narrative ability earned her fame at home and found readers for her autobiography all over the world – but the

Brat Seanchais

Ag éisteacht le mná Chorca Dhuibhne ag cur síos ar a saol, i dtimpeallacht na farraige agus na sléibhte, tuigimid go mbaineann siad le pobal samhlaíochta agus scéalaíochta, atá lonnaithe sa cheantar álainn seo agus a shíneann siar is aniar ó aois go haois. An óige atá le feiceáil ina n-éadan agus le cloisteáil ina nglór, meabhraíonn sí dúinn go maireann a sinsir, atá ar shlí na fírinne le fada, beo ina gcuid cainte agus ina gcuimhne. Le hais na seandaoine atá fós ag siúl thart i seanchas an cheantair, is cailíní óga iad na mná stuama seo, a bhfuil oiread sin den saol curtha díobh acu. Más údar uaignis uaireanta dóibh féin a gcuimhne san aonú haois is fiche seo, is léir gur údar mór misnigh freisin í, agus gur faoi bhrat cluthar seanchais agus scéalaíochta a mhaireann siad.

Tá féith na scéalaíochta le tabhairt faoi deara go láidir sna hinsintí éagsúla: is minic a insítear sa chaint dhíreach faoi chomhráití a bhí ann céad bliain ó shin nó níos mó, mar shampla. Nós éifeachtach é seo sa litríocht scríofa agus sa litríocht bhéil araon, a chuireann beocht san insint agus a thugann údarás don chainteoir, agus is léir gur cuid den traidisiún ársa scéalaíochta an seanchas pearsanta agus an comhrá féin. Caipiteal cultúrtha de chineál an-luachmhar atá sna scéalta – cuimhnigh ar Pheig Sayers, a raibh cáil uirthi sa bhaile agus léitheoirí ar fud an domhain aici toisc a bua scéalaíochta – ach is caipiteal siom-

networks of acquaintance and the branching genealogies that are so often stitched into them constitute symbolic capital of another kind: what has come to be known as 'social capital'. Sociologists associate social capital with formal networks, like clubs and organisations, especially in cities, where people constantly come and go, but here it seems more like a birthright. These women's lives and life stories demonstrate the importance of memory and of telling stories of the past for the development and maintenance of community. The landscape they live in is like a huge theatre, where the drama of life is played and replayed, with loving and detailed depictions of the characters who have gone before.

Peig Sayers is probably the most famous of all Irish women storytellers. Born in Vicarstown, Dún Chaoin, in 1873, she moved to the Great Blasket island when she married aged just nineteen, and lived there for fifty years before moving back to the mainland in 1942. Three of her ten children died in infancy; two more before they reached adulthood, and all the others emigrated to the United States, only one of whom returned. Her husband's death in 1923 left her a widow at fifty, just after the establishment of the Irish Free State. Women's status in public life was beginning the steady decline that continued until 1937, when the new Constitution relegated women to second-class citizenship, so her increasing authority and prestige in this period are quite remarkable.

balach de chineál eile, 'caipiteal sóisialta', mar a thugtar air, atá sna gréasáin aithne agus sna craobha ginealaigh atá fite isteach is amach leo. Tráchtann lucht socheolaíochta ar an gcaipiteal sóisialta mar rud a bhraitheann ar ghréasáin fhoirmeálta cosúil le clubanna agus eagraíochtaí, go háirithe sna cathracha, áit a mbíonn daoine ag teacht agus ag imeacht an t-am ar fad, ach is cosúla le ceart folaíochta anseo é. Léiríonn saol agus scéalta na mban seo tábhacht an tseanchais agus na cuimhne i bhforbairt agus i gcaomhnú pobail. Is amh-arclann fhairsing an tírdhreach a maireann siad ann, a mbíonn drámaí an tsaoil á léiriú agus á n-athléiriú ó aois go haois inti, agus mionchur síos grámhar le cloisteáil ar na carachtair atá imithe rompu.

B'fhéidir gurb í Peig Sayers is cáiliúla de scéalaithe ban na hÉireann, gan trácht ar a ceantar féin. Rugadh i mBaile Viocáire, Dún Chaoin, í sa bhliain 1873; phós sí isteach san Oileán agus í díreach naoi mbliana déag d'aois, agus chaith caoga bliain istigh ann, sular aistrigh sí amach arís go Dún Chaoin i 1942. Cailleadh triúr dá deichniúr clainne i dtús a n-óige, agus beirt eile faoi 1920; níor fhill ach mac amháin den chuid eile a d'imigh go Meiriceá. Fágadh ina baintreach í nuair a cailleadh a fear i 1923. Bhí sí caoga bliain d'aois, agus Saorstát Éireann díreach bunaithe ag an am. Uaidh sin ar aghaidh go dtí gur glacadh le Bunreacht na hÉireann i 1937, bhí stádas na mban ag dul i léig sa saol poiblí, rud a léirigh an cháipéis sin go soiléir. Díol mór spéise mar sin an t-údarás agus an gradam a bhain Peig amach.

Her own neighbours used to visit her house in the evenings to exchange news and stories, while scholars travelled from all over Ireland and western Europe in summer to learn Irish from her and listen to her opinions. She herself had been listening to stories and learning to tell them since childhood, gaining a perfect mastery of the various rhythms of her native language. When two women from Dublin persuaded her to dictate her life story to her son, it was adopted into the national school curriculum immediately on its publication in 1936. Many who read it at school have since been severe in their criticism, but its themes of life's hardship and the will of God were not calculated to endear it to young people, while the need to study it for examinations made it unlikely that readers would appreciate the keen intelligence and independent mind it revealed.

One irony in all this was the way Peig was celebrated as unique and exceptional, at the same time as her storytelling was hailed as a national heritage. Market forces typically demand that individuals be singled out for stardom, while the prevailing interpretation of this one woman's life must have owed a great deal to the political needs of the new state. Reading the traditional stories Peig told, alongside her autobiography, we find much less patient acceptance than we might expect, and much more feisty independence and keen interest in human relationships.

Thagadh a comharsana féin isteach ag airneán chuici, agus thagadh scoláirí ó thíortha na hEorpa agus na hÉireann ag foghlaim Gaeilge uaithi, agus ag éisteacht lena comhairle. Bhí seanscéalta na Gaeilge agus seanchas na háite cloiste aici óna hóige, agus rithimí na cainte agus na scéalaíochta go paiteanta aici. Beirt bhan as Baile Átha Cliath a thug uirthi scéal a beatha féin a insint dá mac chun go scríobhfadh sé uaithi é agus go bhfoilseofaí é, agus a luaithe is a tháinig sé ar an margadh i 1936, cuireadh ar chúrsaí scoile é. Is minic an leabhar céanna cáinte ag foghlaimeoirí ó shin, ach b'fhéidir nárbh é ab oiriúnaí mar ábhar léitheoireachta do dhaoine óga, lena bhéim ar chruatan an tsaoil agus ar thoil Dé, agus ar ndóigh an té a mbeadh air nó uirthi scrúdú a dhéanamh air, níorbh é nó í ab fhearr a bhainfeadh taitneamh as an bpearsantacht ghéarchúiseach ná as an intinn neamhspleách a léirigh sé.

Íoróin sa scéal seo ar fad, an chaoi ar ceiliúradh Peig mar eisceacht iomlán i measc na mban, san am céanna ar ceiliúradh a cuid scéalaíochta mar oidhreacht náisiúnta. Riachtanaisí an mhargaidh a dhealaíonn duine amháin amach as an slua le aitheantas a bhronnadh air nó uirthi, agus riachtanaisí polaitiúla an stáit nua ba chúis le cuid mhaith den tuiscint a baineadh as saol Pheig. Má léitear na seanscéalta a d'inis sí i dtaca le scéal a beatha, tá i bhfad níos lú den fhadfhulaingt le léamh iontu, agus i bhfad níos mó den stuaim neamhspleách agus den spéis i gcaidreamh daoine lena chéile ná mar a shílfí.

But the greatest imbalance of Peig's celebrity is in the neglect and amnesia that surround the memory of other women in Irish oral tradition, and specifically in the tradition of Corca Dhuibhne. Oral story-telling depends on audiences, and on mutual respect: the individual exists within a network and her individual agenda can only prosper if it is advanced with subtlety. In fact all this carefully constructed verbal art is an essential lubrication on the wheels of society – a way of keeping people in communication, for they understand only too well their dependence on one another. Small communities around the Irish coast a few generations ago had something in common with the seventeenth-century Court of Versailles, where the nobles found themselves confined together, in pressing need of sophisticated modes of communication. Tomás Ó Criomhthain's [O'Crohan's] *Allagar na hInise* (1928), published in translation in 1986 as *Island Cross-Talk: Pages from a Blasket Island Diary*, shows how refined were the many modes of indirection used. The women who speak in *Bibeanna* show the same courtesy, the same appreciation of language, and the same ability to draw their examples and analogies from far and wide, past and present.

Traditional storytelling was educational: a way of conserving and transmitting knowledge and ideas. Stories about the fairies, 'the good people', are often oblique ways of talking about the difficulties of life,

Ach is é an leatrom is mó a thagann ón stádas a bronnadh ar Pheig, an dearmad a dhéantar go minic ar mhná eile i dtraidisiún béil na Gaeilge, agus i dtraidisiún Chorca Dhuibhne go háirithe. Braitheann saol an tseanchais agus na scéalaíochta ar phobal cainte agus éisteachta, agus ar chúirtéis idir daoine: ball den phobal atá sa duine aonair, agus is go cáiréiseach a chaithfidh sí aon aidhm phearsanta a chur chun cinn. Déanta na fírinne, is íle iad an chaint ealaíonta agus an scéalaíocht ar rothaí an tsaoil: bealaí le daoine a choinneáil i gcaidreamh le chéile, mar gur rímhaith a thuigeann siad gur ar scáth a chéile a mhaireann siad. D'fhéadfaí pobal beag ar chósta na hÉireann sa tseanaimsir a chur i gcomparáid le cúirt Versailles na Fraince sa 17ú haois – na huaisle ar fad bailithe le chéile in aon áit amháin, agus géarghá acu le modhanna sofaisticiúla cumarsáide. Léiríonn *Allagar na hInise*, a d'fhoilsigh Tomas Ó Criomhthain i 1928, na cineálacha deisbhéalaíochta a bhíodh á gcleachtadh san Oileán, agus tá an chúirtéis chéanna le feiceáil i gcaint na 'mBibeanna', an tuiscint chéanna ar shaibhreas na Gaeilge, agus an cumas céanna cur síos ar chúrsaí an tsaoil sa bhaile agus i gcéin, sa tseanaimsir agus san aimsir nua.

Modh oideachais a bhí sna seanscéalta, mar is léir ón téarma 'béaloideas': bealach le heolas agus tuiscintí a chaomhnú, agus a chur ar aghaidh ó ghlúin go glúin. Bealach cliathánach le labhairt ar dheacrachtaí an tsaoil a bhíonn sna síscéalta go minic, nó le

or of commenting on undesirable behaviour. This collection includes a number of references to abduction, and it is not always clear whether the abductors are human or otherworldly.

The *lios*, or fairy-fort, can function as a metaphor, even as it lies visibly among the fields as a roughly circular green mound. It stands for a hidden, secret, underground life; for freedom from rules and hard work; and from the hunger that was once so prevalent; for music and fun and sexual love, but also for a terrible, chilly isolation, and for dangers that seem specific to young women and children. Growing out of the speech and storytelling of this area, Nuala Ní Dhomhnaill's poetry in Irish explores the ramifications of this metaphor, especially in a series called 'Bean an Leasa' – the woman of the *lios*. Éilís Ní Dhuibhne does the same in short stories, and in her 1994 play *Dún na mBan tré Thine*. The *lios* represents the unconscious, for the individual and for the community, so that the stories offer mental and emotional sustenance to those who listen to them throughout their lives.

Abduction from all that is familiar may be real, physical and violent, for women and children are indeed vulnerable; or it may be an emotional consequence of one of life's social transitions: going into service, as Peig did, or marriage. All over Ireland stories have been told of women supposed dead, who returned to their fathers' houses to eat food left out overnight. Often they explain that they are

breith a thabhairt ar iompar nach bhfuil le moladh. Tá cuid mhaith scéalta sa chnuasach seo faoin bhfuadach, agus ní léir i gcónaí an iad na daoine maithe nó na daoine saolta a rinne.

Meafar atá sa lios, ar go leor bealaí, cé gur áit é freisin atá le feiceáil i measc na bpáirceanna. Saol rúnda, faoi thalamh, a léirítear ann: saoirse ó rialacha, on obair chrua agus ó ocras na seanaimsire; ceol agus spraoi agus grá collaí, ach uaigneas uafásach freisin, agus contúirtí faoi leith ann do mhná óga agus do pháistí. Déanann Nuala Ní Dhomhnaill, a bhfuil an oiread sin dá cuid friotail ag fás as caint Chorca Dhuibhne, réimsí an mheafair seo a iniúchadh ina cuid filíochta, go háirithe i sraith dánta faoi 'Bhean an Leasa'. Déanann Éilís Ní Dhuibhne an rud céanna ina cuid gearrscéalta, agus sa dráma *Dún na mBan tré Thine* (1994). Is léir go seasann an lios don saol fochomhfhiosach, ag leibhéal an duine agus ag leibheal an phobail, agus tugann na scéalta a bhaineann leis lón intinne agus lón anama don dream a chloiseann i rith a saoil iad.

B'fhéidir gur fuadach fisiciúil, dáiríre, atá i gceist i gcuid de na scéalta faoi mhná a sciobadh amach as an saol a raibh taithí acu air, mar is cinnte gur tharla éigean de chineálacha éagsúla minic go leor; nó b'fhéidir gur mar sin a tuigeadh an stoitheadh a tharla go rialta nuair a chuaigh cailín óg ar aimsir, mar a rinne Peig, nó nuair a phós sí. D'insítí scéalta ar fud na hÉireann faoi mhná óga a fuair bás, mar a síleadh,

captive in the *lios*, where they dare not eat for fear of remaining there forever. Sometimes, most poignantly, when such a woman asks that her husband come to rescue her, he decides not to, having married again since her apparent death. Stories like these explore the tensions between economic and emotional needs, and the ongoing diffiulties among step-children, stepmothers, and their extended families. They also register the wrenching and inexplicable loss of early death, once so common among childbearing women. Another whole range of stories, central to many women's lives, dealt with religious matters, with narratives about Christ and his mother, about mendicant friars, and about the natural world.

Peig Sayers was not a lonely, misunder-stood artist, but a splendid storyteller among splendid storytellers. We possess transcriptions of long, elaborate stories told by Cáit Ruiséal and her sister Máire, and by Méiní, the Blasket Island nurse and midwife, who also told her life story to Leslie Matson for publication in English in 1995. It is only a few years since Cáit 'An Bab' Feiritéar died, aged 88. A grand-daughter of Cáit Ruiséal, she was also the mother of filmmaker Breandán Feiritéar, and took part in numerous recordings, films and radio programmes. At her graveside in Dún Chaoin in June 2005, Breandán Ó Buachalla quoted the poetry of Seán Ó Ríordáin, speaking of the door Bab opened on sunny Dun Chaoin after-

ach a thagann ar ais go dtí teach a n-athar, ag ithe an bhia atá fágtha amuigh thar oíche. Is minic a mhíníonn siad gur istigh sa lios atá siad, agus faitíos orthu aon ghreim a ithe ann, ar fhaitíos nach scaoilfear as iad go brách. Baineann truamhéala faoi leith leis na cinn ina n-iarann an bhean ar a fear í a fhuas-cailt ón slua sí, ach go dteipeann sé uirthi, mar go bhfuil sé pósta in athuair ó cailleadh í. Tráchtann scéalta mar seo ar an teannas idir riachtanaisí eacnamaíochta agus riachtanaisí pearsanta, agus ar na deacrachtaí a leanann leaschlann agus leasmháithreacha, agus a muintir. Agus cuireann siad síos ar an gcroí a bhíonn briste, doleigheasta, i ndiaidh an bháis anabaidh, go háirithe an bás i dtinneas clainne, a bhíodh chomh coitianta sin fadó. Réimse eile a bhí riamh go lárnach i saol na mban, na scéalta cráifeacha, faoi Chríost agus a mháthair, faoi bhráithre bochta agus faoin saol nádúrtha.

Ní ina haonar mar ealaíontóir eisceach-túil a mhair Peig Sayers, ach mar shárscéalaí i measc sárscéalaithe. Maireann scéalta breátha fada casta a d'inis Cáit Ruiséal agus a deirfiúr Máire freisin, agus Méiní Uí Dhuinnshléibhe, a d'inis scéal a beatha do Leslie Matson, le go bhfoilseodh sé é mar *Méiní, the Blasket Nurse* (1995). Níl sé i bhfad ó cailleadh Cáit, 'An Bab' Feiritéar, sárscéalaí eile; gariníon le Cáit Ruiséal agus máthair an scannánóra Breandán Feiritéar; rinne sí an-chuid taifead fuaime, scannán agus cláracha raidió. Thagair Breandán Ó Buachalla d'fhilíocht Sheáin Uí Ríordáin nuair a labhair sé os cionn a huaighe i reilig

noons, into the world of storytelling and tradition, and of the warm welcome she always extended to the stranger. That world lives on in the weave of narrative, which now includes television programmes for TG4, as well as conversations among individuals and groups, thanks to the generations of women and men who have invested so much of their energy in the careful cultivation of communication.

Dhún Chaoin i mí an Mheithimh 2005, faoin doras a d'osclaíodh sí isteach i saol an tseanchais agus an dúchais i nDún Chaoin i solas an tráthnóna, agus an fháilte a chuireadh sí roimh an strainséir. Maireann an brat seanchais a bhíodh á fhí aici i gcónaí, i gcláracha do TG4 agus sa ghnáthchomhrá, moladh leis na glúnta ban is fear a chaith a ndúthracht le forbairt chúramach a dhéanamh ar an gcumarsáid daonna.

Ivana Bacik

Reid Professor of Criminal Law, Criminology and Penology at Trinity College Dublin. She is a Senior Lecturer and also a Fellow of Trinity College. An academic and general writer, and a well known broadcaster.

Ollamh Reid sa Dlí Choiriúil, sa Choireolaíocht, agus sa Phionóseolaíocht i gColáiste na Tríonóide. Léachtóir Sinsireach agus Comhalta de Choláiste na Tríonóide. Scríbhneoir acadúil agus irise, agus craoltóir aitheanta.

The Bibeanna programme reminds us very powerfully of the remarkable transformation that has so recently occurred in the lives of women in Ireland. The factor that has perhaps contributed most to this dramatic shift in women's expectations, aspirations and life experiences within two generations has been the change to the traditional model of 'family'.

The stereotype of the 'Irish family' is a familiar one. It comprises a breadwinning father, a stay-at-home mother, and a large brood of children. This stereotype is reflected in our highest laws. The 'Family' (with a capital 'F') is granted a unique status in Article 41 of the Irish Constitution. The protections granted to the Family in that document have been interpreted by the Supreme Court in the most conservative and traditional sense, and have been limited to the family based upon marriage.

Article 41 of the Constitution names the family as the basic unit upon which society is founded; it grants special recognition to women's 'place within the home'; and it provides that where women are mothers, they are not to be obliged to work outside the home to the neglect of their 'duties' within it. Fathers are not mentioned anywhere in the Constitution, except in a religious context in the Preamble (which states that our 'divine lord' 'sustained our fathers through centuries of trial').

Apart from the Constitutional text, other laws and policies in Ireland continue to reinforce this traditional family stereo-

Meabhraíonn an tsraith Bibeanna go láidir dúinn an claochló suntasach atá tagtha i gcrích le fíordhéanaí i saol na mban in Éirinn. An fachtóir is mó, b'fhéidir, a chabhraigh leis an athrú drámatúil ins na hionchais, na barrmhianta, agus ins an taithí saoil a bhíonn ag mná thar dhá ghlúin anuas ná an t-athrú ata tagtha ar shamhail traidisiúnta an 'teaghlaigh'.

Aithnímid go léir steiréitíopa an 'Teaghlaigh Ghaelaigh' thraidisiúnta. Bíonn athair ag tuilleamh, máthair sa bhaile, agus muirear mór leanbh. Tá macalla an steiréitíopa sin le cloisint ins na dlithe is airde againn. Tá stádas faoi leith bronnta ar an 'Teaghlach' (le T mór) in Airteagal 41 de Bhunreacht na hÉireann. Bhain an Chúirt Uachtarach an chiall is coimeádaí agus is traidisiúnta as an gcosaint a bronntar ar an Teaghlach sa doiciméad sin, agus theorannaíodar iad féin don teaghlach bunaithe ar an bpósadh.

Ainmníonn Airteagal 41 don Bhunreacht an teaghlach mar an bun-aonad ar a bhfuil an sochaí bunaithe; tugann sé aitheantas speisialta 'd'áit na mná age baile'; agus soláthraíonn sé, san áit go bhfuil mná ina máithreacha, nach bhfuil aon iachall orthu obair lasmuigh den teach, má chiallaíonn san faillí ina 'ndualgaisí' laistigh de. Ní luaitear aithreacha in aon áit sa Bhunreacht, ach amháin sa Réamhrá (a deir gur neartaigh an Tiarna Dia ár n-aithreacha trí chianta tástála.)

Lasmuigh den téacs bunreachtúil, leanann dlithe agus polasaithe eile in Éirinn de bheith ag tacú leis an steiréitíopa seo. I

type. By comparison with other EU countries, we have a relatively low rate of female participation in the workforce; childcare facilities are poor; and we offer less maternity or parental leave provision than almost anywhere else in Europe. There is no legal entitlement to paternity leave for fathers. Thus cultural stereotypes of woman as carer and man as breadwinner are reinforced, in theory at least.

On the other hand, although rates of female participation in employment are low, they are rising rapidly, as is the proportion of non-marital births. Marriage rates and birth rates have been transformed in recent years, and divorce rates have risen since legalisation through constitutional referendum in 1995. There are almost twice as many women at work today as there were ten years ago, and almost one third of births each year are to women who are not married. Campaigners are increasingly vocal in seeking recognition for forms of family that do not fit the traditional model; gay rights groups are lobbying for legislation for same-sex partnerships; and young and older people alike are rejecting traditional models of family life.

This is the strange dichotomy of 'family' in Ireland. On the one hand, in a modernising society, old stereotypes and roles are being re-defined or rejected outright, resulting in great changes to the traditional roles of women; but this is not reflected in the laws or institutions of the State.

However, the traditional stereotypes

gcomparáid le tíortha eile san AE, tá ráta íseal rannpháirtíochta ag mná sa lucht saothair; níl córas sásúil cúraim leanbh againn; agus is lú an saoire máithreachais, nó tuismitheoireachta, againne ná in aon áit eile san Eoraip, nach mór. Níl aon cheart dlí ar shaoire aithreachais. Tacaíonn an méid seo le steiréitíopaí cultúrtha den bhean mar bhean chúraim agus don bhfear mar fhoinse tuillimh airgid, ar a laghad go teoiriciúil.

Mar sin féin, cé go bhfuil ráta rannpháirtíochta ban sa bhfórsa oibre íseal, tá sé ag dul i méid go tapaidh, díreach faoi mar atá an coibhneas leanbh a saolaítear lasmuigh de phósadh. Tá rátaí pósta agus breithe tititho le blianta beaga anuas, agus an ráta colscartha ag éirí ó ritheadh reachtaíocht de thoradh reifrinn sa bhliain 1995. Tá nach mór dhá oiread ban ag obair is a bhí deich mbliana ó shoin, agus saolaítear trian do leanaí nuashaolaithe do mháithreacha singile. Tá feachtais ag lorg aitheantais do shamhaileanna den phósadh ná hoireann don samhail traidisiúnta ag éirí níos glóraí; tá grúpaí a lorgaíonn cearta daoine aeracha ag cur brú ag lorg reachtaíochta do pháirtithe aon-inscine; tá daoine, idir shean agus óg, ag eiteach samhail thraidisiúnta an teaghlaigh.

Sin é diceatóime aisteach an 'teaghlaigh' in Éirinn. Ar láimh amháin, tá seanasteiréitíopaí agus seana-rólanna á n-ath-shainmhíniú nó á n-eiteach, rud a athraíonn go mór áit na mná sa tsochaí; ach ní fhreagraíonn dlithe nó institiúidí an Stáit do seo.

Ar aon chuma, an steiréitíopa traidi-

still enshrined in law are themselves based on a myth. It is simply not true that the Irish family ever took a homogenous form – just as it was never true that all our maidens danced at the crossroads, married young, stayed at home and had lots of children.

Indeed, throughout much of the twentieth century, contrary to popular belief, marriage rates in Ireland were relatively low. Consequently there were very high levels of permanent bachelor and spinsterhood, due to the legacy of the Famine and to prevailing economic conditions – the view was taken that individuals should not get married unless they could afford it financially. High rates persisted both of 'postponed marriage' (i.e. the high proportion of those aged 25–34 who were single) and 'permanent celibacy' (i.e. the proportion of the never married population aged 45 years or older).

In this climate, single people coped differently, depending on their gender. Alcohol was one of the main devices older bachelors used to get by in rural areas. By contrast, women chose to emigrate, if they could, or at least move to urban centres-thus leading to the disproportionately high numbers of men in rural areas, and women in cities. In the 1940s, for example, one author has concluded that Ireland had 'one of the highest rates of female migration and emigration in the Western world'.

By the 1950s, however, public discourse had changed from actively supporting celibacy and postponing marriage, to

siúinta féin atá fós cumhdaithe ag an dlí, níl ann ach miotas. Níl sé fíor in aon chor go raibh an teaghlach Éireannach riamh aonghnéitheach – díreach faoi mar ná raibh sé riamh fíor gur rinc gach aon chailín ag an gcrosbhóthar, gur phós sí óg, gur fhan sí age baile agus go raibh muirear mór uirthi.

Go deimhin, i gcaitheamh mórchuid den fichiú aois, in ainneoin tuairim an phobail, bhí rátaí pósta in Éirinn íseal go maith. Dá bhrí sin, bhí líon mór daoine, fir agus mná, singil, cuid d'oidhreacht an Ghorta, agus cuid chomh maith de choinníollacha eacnamaíocha na linne – glacadh leis nár cheart do dhaoine pósadh muna mbeadh an chóir acu chuige ó thaobh airgeadais. Lean rátaí arda do 'phóstaíocha déanacha' (i.e. an líon ard de dhaoine idir 25–34 a bhí singil) agus 'd'aontumhacht bhuan' (i.e. an coibhneas den phobal in aois 45 nó breis nár phós riamh.)

San am san, dhéileáil daoine leis sin ar shlite difriúla, ag brath ar inscin. Bhain sean-bhaitsiléirí an-úsáid as alcól mar thaca i gceantracha tuaithe. Ar an láimh eile, roghnaigh mná an imirce, nuair ab' fhéidir é, nó ar a laghad taisteal go ceantar cathrach. Dá bhrí sin, bhí breis ban ins na cathracha agus breis fear faoin dtuath. Ins na 1940s, mar shampla, tháinig aon údar amháin ar an tuairim go raibh 'ceann de na rátaí imirce agus taistil ban is mó in Iarthar Domhain' in Éirinn'.

Faoi na 1950s, áfach, d'athraigh an dioschúrsa poiblí ó bheith ag tacú go dearfach

encouraging both marriage and high fertility within marriage. Thus the generations that matured after Second World War began to marry at a higher rate and a younger age. What we now see as the typical Irish pattern of big families resulted at that time, but this pattern only lasted until the late 1970s and early 1980s, when the marriage rate began to decline again and the proportion of the population that stayed single began to increase once more. With economic recession in the 1980s came a return to postponing marriage. In the last decade, marriage rates have again increased; a by-product of the economic boom. At the same time, the proportion of people choosing to cohabit outside marriage has also increased dramatically.

Thus, the family has changed more over the years than we might perhaps think. Much of the change, as can be seen, has been caused by economic developments. In particular, between 1937 and 1997, there was a massive increase in the proportion of married women working outside the home in Ireland – from 5.6% to 32.4%. Similarly, over the fifty years from 1937, there was a 30% drop in the birth-rate from 18.6 to 13.4 per 1,000, along with a rise from 3% to 20% in the proportion of births outside marriage. More recent census figures show that this proportion has increased again, so that births outside marriage now represent up to one-third of all births.

Other recent demographic, social and cultural changes described above have clearly impacted significantly upon the

le h-aontumhacht agus le pósadh déanach go dtí a bheith ag moladh luathphósta agus muirear mór. Mar sin, na glúnta a tháinig chun aibíochta tar éis an Dara Cogaidh Domhanda, phósadar níos líonmhaire agus níos óige ná ar chuaigh rompu. An rud go nglactar anois leis mar phátrún tipiciúil pósta in Éirinn, is ón tréimhse sin a thagann sé, ach is pátrún é nár mhair ach go dtí déanach ins na seachtóidí. Ansin thosaigh an ráta pósta ag titim arís, agus thosnaigh an coibhneas den daonra a d'fhan singil ag fás arís. Leis an gcúlú eacnamaíoch ins na 1980s, tosnaíodh arís ar phósadh a chur ar athló. Sna deich mbliana seo caite, tá an ráta pósta éirithe arís – toradh an fhoráis eacnamaíoch. Ag an am céanna, tá fás drámatúil tagtha orthu siúd a roghnaíonn aontíos gan pósadh.

Mar sin, tá an teaghlach athraithe níos mó ná mar ba dhóigh leat i gcaitheamh na mblian. As cúinsí eacnamaíocha, mar a fheicimid, a eascraíonn furmhór na n-athraithe. Go háirithe, idir 1937 agus 1997, bhí fás ollmhór ar an gcoibhneas ban a bhí ag obair lasmuigh den bhaile in Éirinn – ó 5.6% go 32.4%. Go comhuaineach, thar an leathchéad bliain tar éis 1937, laghdaigh an ráta beireatais 30% ó 18.6 go dtí 13.4 an 1,000, agus mhéadaigh an coibhneas beireatais lasmuigh de phósadh ó 3% go 20%. Léiríonn figiúirí daonáirimh níos déanaí go bhfuil an coibhneas seo méadaithe arís, i dtreo gur lasmuigh de phósadh a saolaítear suas le trian den ráta beireatais iomlán anois.

Is léir go raibh tionchar sonraitheach ag athruithe déimeagrafacha, sóisialta agus

lives of women in Ireland. The change in the lives of rural women, as the 'Bibeanna' programme reminds us, is perhaps most marked.

The years since 1990, in particular, must be acknowledged as having marked a great move forward in the liberation of women, economically, socially and sexually. During this time, it is undeniable that women have made very considerable advances. There have been two women Presidents, and one woman Tánaiste; two out of eight Supreme Court judges are now women. Since the women's movement first became organised in Ireland in the 1970s, feminist concepts have become mainstream.

Unfortunately, despite the immense progress, many substantive inequalities for women remain. Women make up a larger proportion of low-paid workers than men, and there are ongoing problems with occupational gender segregation. The victims of domestic violence are overwhelmingly female, and after nearly thirty years of equal pay legislation, a huge gender pay differential remains. Proper childcare remains unaffordable for most, and abortion unavailable.

Within the political sphere, there has been little increase in the number of women legislators since the historic election of Constance Markievicz in 1918. At 13% (22 out of 166 TDs), the proportion of women in the Dáil is lower than the European average (17%), lower than the average for the Americas (16%), lower than the Asian average (16%) and equal only with the average

cultúrtha ar shaol ban na hÉireann. Is i measc ban tuaithe, mar a chuireann cláracha Bibeanna i gcuimhne dhúinn, is mó a mothaítear an tionchar seo.

Caithfear a admháil gur déanadh, ins na blianta ó 1990 i leith go háirithe, dul chun cinn mór i saoirse na mban, go h-eacnamaíoch, go sóisialta, agus go collaíoch. I gcaitheamh an tréimhse seo, tá dul chun cinn mór déanta ag mná. Bhí beirt bhan mar Uachtaráin, bean mar Thánaiste; beirt as ochtar breitheamh sa Chúirt Uachtarach, is mná iad. Ó cuireadh tús eagraithe le gluaiseacht na mban ins na 1970í, tá coincheapanna feimineacha tagtha go lár an aonaigh.

Ainneoin dul chun cinn mór, áfach, tá éagothroimí substaintiúla fós i gcoinnibh ban. Tá i bhfad níos mó ban ná fear ar íosráta pá, agus tá fadhbanna leanúnacha le deighilt saothair de réir inscine. Mná, den mór-fhurmhór, a fhulaingíonn foréigean sa bhaile, agus ainneoin go bhfuil reachtaíocht chomhionannais pá i bhfeidhm le deich mbliana fichead, fós tá difríochtaí ollmhóra pá de réir inscine. Ní hacmhainn d'furmhór ban cúram sásúil leanbh a bheith acu, agus níl ginmhilleadh ar fáil.

Sa réimse polaitiúil, is beag méadú tagtha ar líon na dteachtaí baineanna sa Dáil ó thoghchán stairiúil Constance Markievicz i 1918. 13% de mhná atá sa Dáil (22 bean as 166 TD) níos ísle ná an meán Eorpach (17%), níos ísle ná meán mór-ranna Mheiriceá (16%) agus cothrom le meán tíortha fo-Shaháracha na

for sub-Saharan Africa (13%). By comparison, the percentage of women in Australian Parliament is now 23% (up from 1 per cent 60 years ago), in Sweden women make up nearly 45% of parliamentarians, in Denmark 38% and in Finland 37%.

Even in very recent years, there has been little improvement in the political representation of women. In the 2002 elections, there were fewer women candidates than in 1997, and no female candidates ran at all in ten constituencies. Ireland now ranks 59th out of 120 nations in the world when it comes to women's parliamentary representation. Thus, much remains to be done to further equality for women, and the feminist struggle is far from over.

Yet while the campaigning must continue, young women growing up now, to a far greater degree than ever before, can share the same aspirations as their male contemporaries. They can look forward to greater choices, greater material security and greater happiness than any previous generations of women. While Catholic religious traditions continue to hold sway in some areas, generally a more prosperous, diverse and tolerant Ireland has emerged in the last few decades, and this has vastly improved the lives of women country-wide.

However, the danger is that in the rapid transformation of society, the recent experiences of rural women may be forgotten. Indeed, the lives of ordinary women in rural Ireland through much of the twentieth century have remained largely undocumented

hAfraice (13%). Mar chomparáid, tá 23% de mhná i bPairlimint na hAstráile (fásta ó 1% trí fichid bliain ó shoin), sa tSualainn mná is ea 45% don bPairlimint, 38% sa Danmhairg agus 37% sa bhFionlainn.

Fiú le blianta beaga anuas, is beag feabhas tagtha ar ionadaíocht pholaitiúil na mban. I dtoghchán 2002, bhí an líon iarrthóirí ban níos ísle ná mar a bhí i 1997, agus ní raibh aon iarrthóir mná in aon chor i deich thoghcheantar. Tá Éirinn anois sa 59ú áit ar domhan maidir le hionadaíocht ban mar theachtaí pairiliminte. Mar sin, tá obair mhór fós le déanamh chun comhionannas a bhaint amach do mhná, agus saothar na bhfeimineach i bhfad ó bheith críochnaithe.

Mar sin féin, agus cé go gcaithfidh an feachtas leanúint, tá mná óga an lae inniu agus na haidhmeanna agus na huaill-mhianta céanna acu is atá ag a gcomhleacaithe fireanna. Is féidir leo brath ar roghanna níos leithne a bheith acu, breis rachmais, agus sonas níos mó ná aon ghlúin rompu. Leanann traidisiúin reiligiúnda Caitliceacha i réigiúin áirithe, ach go ginearálta, feicimid, le deicheanna de bhlianta, Éire níos rachmasaí, níos ilchineálaí, agus níos fulangaí, agus tá saol na mban ar fud na tíre feabhsaithe dá bharr seo.

An baol atá ann, áfach, agus an sochaí ag claochló go tapaidh, ná go ndearmadfar scéalta agus taithí ban tuaithe. Go deimhin, is beag clárú a deineadh ar shaol ban tuaithe i gcaitheamh na fichiú aoise in Éirinn, go dtí le déanaí. An tuairisc agus

until recently. The value of programmes like Bibeanna lies in their discovery and recovery of the voices of these silenced women – and in their force as a powerful reminder of our recent past.

an t-athshlánú ar ghlórtha na mban gan urlabhraí seo, sin é luach cláracha ar nós Bibeanna – é sin agua an meabhrú fórsúil a thugann siad ar an saol díreach imithe uainn.

Songs of the Women

An Mairnéalach Loinge

A song of seduction. A young sailor, attractive to women, and fond of the drink, says he seduced only one woman! However, he abandoned that one, and she is now alone and disgraced. She wishes that he may never see God, and says, sadly, that she would have followed him anywhere, barefoot, such was her love for him. This is one of Caitlín Bean Uí Shé's songs.

Is máirnéalach loinge mé 'shiúlaigh a lán,
Agus deir siad gur stróille mé 'mheallann na mná,
'S níor stracas riamh a gcóta ná níor leonas a gcnámha,
Is níor luíos ar an leabaidh ach an t-aon uair amháin.

Agus cailín gan clóca, níl gnó 'gam 'na diaidh,
Ní lú ná tá don stróinséir, don chrónchailleach liath,
Má táimse ar na bóithre óm stór-chroí le bliain,
Agus shiúlóinn Clár Fódla gan bróga 'na diaidh.

Agus scrios ar do chois is bain sos as do láimh
Tá an lionn dubh im' aice 's tá bean 'a tí im' pháirt
Tá mo choróin gheal im' phóca, is ní leor í le fáil,
Is tá 'n *jug* ar a' mbord is nach cóir é bheith lán.

Is a mháirnealaigh loinge nár fheicir-se Dia
Mar do dheinis mé 'mhealladh nuair a bhíos féin gan chiall
Do shiúlóinnse 'n bóthar 's an comhgar id' dhiaidh,
Ach téir ins a' donas mar a bhfuileann tú riamh.

Ó Beir mo Dhúthracht

A song written by an Seabhac, Pádraig Ó Siochfhradha, a noted Irish scholar of the last century, one of the main writers and collectors of the early years of Irish independence. This song praises his native Dingle, and is still sung with great pride in his native place. This version is also from Caitlín Bean Uí Shé.

Ó beir mo dhúthracht go dúthaigh Duibhneach,
Sí tír mo rún í tá dlúth lem' chroí-se.
Dúthaigh m'óige 'gus fód mo shinsear,
Mo ghrá go deo í 's a glóire draíochtúil.

Mo ghrá dá sléibhte 's dá néalta in airde,
Barr Chnoic Bréanainn, 's gur naofa a cháil sin,
Binn Os Gaoith is na síonta á tnáthadh,
Is Dún Conraoi thoir do claíodh le Bláthnaid.

Tabhair mo ghrása do Shráid a' Daingin,
Do Chuan Fionntrá is Cuan Ard na Caithne,
Do Chom an Áir is Gleann álainn Gealt thoir,
Mo chumha go bráth gan mé ar fán 'na measc súd.

B'aoibhinn domhsa go h-óg nuair 'bhíos ann,
I mBaile an Ghóilín ar bhord na taoide ann,
Ag éisteacht ceolta um nóin sna coillte,
An lon 's an smóilin, a nglór dob' aoibhinn.

Dá mbeinnse ansúd thiar, is súch do mhairfinn,
Ar fhaichí drúchta ag siúl gach maidin,
Ag caint 's ag comhrá le comharsain chneasta,
Is luí ar a' bhfód ann go deo an fhaid a mhairfinn.

Amhrán an Dreoilín

Another of Caitlín Bean Uí Shé's songs, this was composed by her uncle, Mícheál Ó Maoileoin, Clochán Dubh. It is part of the strong Corca Dhuibhne tradition of composing songs about significant events, and is particularly interesting in that it is an expression of family solidarity and pleasure in one another's company. (Dating the composition is assisted by the reference to Neil a' Bhánaigh, whose hands were lacerated from filleting fish, indicating that this song was composed during the relatively brief period of fish processing in Corca Dhuibhne. It also tells us how hard this fish processing was.)

Maidean gheimhridh, do dheineamair smaoineamh
Go raghaimis timpeall ár bparóiste féin
Go bhfaighimís síntiús i measc ár ndaoine,
Is go gcuirfimis sceimhle i gcroí gach n-aon.

Bhí an mhaidean fuar fliuch, is bhí an ghaoth aduaidh ann,
Is bhíomair 'ár suí suas le h-éirí lae.
Bhí againn mórchuid de lataí móra,
Is ár gcapall stuama is a ceann san aer.

Do bhí rinceoir againn, is do bhí ceoltóir againn,
Is bhíodar go ródheas 'na n-ábhar féin,
Bhí again óinseach go raibh air cóta,
Is an buachaill ceolmhar ó lár an tsléibhe.

Fuaireamar ón gcléireach an scilling ghléigeal,
Is chuir san féin orainn éirí croí,
Dá leanfadh an méid sin ar feadh an lae dhúinn,
Do bheadh ag gach éinne againn sabharn buí.

Ach ní rabhamar sásta go gcuamar go Baile Uí Churráin suas
I measc na ngearrcaigh is na gcearca fraoigh,
Is tar éis ár mbráca, ní bhfuaireamar náid ann,
Ach na gadhair a sáthadh linn an Caol aníos.

Age Seid an Gháirdín, bhí Neil a' Bhánaigh,
Is a dhá láimh gearrtha age clipí éisc
Do scread go hard is do bhéic go dána,
Ná faighimis *farthing* 'na baile féin.

Ach ní stadamar don stáir sin go gcuamar go Baile na n-Áth suas,
Is ní raibh coca ná stáca ná raibh imithe le gaoith,
Is i mBarra an Mháma 'sea briseadh ár láir bhocht,
Ach thugamar a ceann linn chomh fada leis a' gCill.

Is sinn a bhí go sásta, cé go rabhamar traochta tnáite,
Mar bhí age cách again sabharn buí
Is ar a' gClochán Dubh do dheineamar stáitse ann,
Ag ithe bárdail ar bhord a' *Ghreen*.

An Seanduine

This song is common throughout Ireland, a young woman advising girls not to marry an old man. In this version, by Peig a' Rí, the last line of the refrain is unusual, as it explicitly desires the old man's death. The last line of the last verse: 'I would flay him, and his hide would make shoes', is her own composition, showing how versions of songs grow and change in the oral tradition.

Comhairle a fuaireas-sa amuigh ar a' mbóthar
Ó rógaire sagairt, an seanduine 'phósadh,
Ba chuma leis siúd ach go méadóinn a phóca,
Is go siúlóinn-se 'mach leis na buachaillí óga.

Ó dhera 'sheanduine, leatsa ní gheobhadsa,
Ó dhera 'sheanduine, loscadh 'gus dó ort,
Ó dhera, 'sheanduine, leatsa ní gheobhadsa
Luigh ar do leabaidh is gur marbh a gheofar tú.

Má phósann tú seanduine, pósann tú cladhaire,
Caithfidh sé a bhalcaisí romhat ar a' staighre,
Ag éirí dhó ar maidin beidh sé a' crónán le cladhaireacht,
Agus siar sa tráthnóna beidh sé a' seimint go meidhreach.

Ó dhera 'sheanduine, leatsa ní gheobhadsa,
Ó dhera 'sheanduine, loscadh 'gus dó ort,
Ó dhera, 'sheanduine, leatsa ní gheobhadsa
Luigh ar do leabaidh is gur marbh a gheofar tú.

Dá bhfaighinnse mo sheanduine báite i bpoll móna,
Thabharfainn abhaile é 's dhéanfainn é 'thórramh,
Píp is tobac agus cláracha comhrann,
Is bhainfinn an croiceann dó is dhéanfadh sé bróga.

Ó dhera 'sheanduine, leatsa ní gheobhadsa,
Ó dhera 'sheanduine, loscadh 'gus dó ort,
Ó dhera, 'sheanduine, leatsa ní gheobhadsa
Luigh ar do leabaidh is gur marbh a gheofar tú.

Cóirigh mo Leabaidh

This is a local version of an international song, known in English as Lord Randal, or Henry My Son. In all the ballads a young man has been poisoned, usually by a woman, although that is not specified in this version. Typically, he is questioned by his mother and makes a verbal testament. As usual in this song, every verse ends with 'Make my bed…' This song, again from Peig a' Rí, has the appearance of a fragment of a longer version.

Cad a dh'fhágfair age'd athair, a bhuachaillín óig,
Cad a dh'fhágfair age'd athair, a lao ghil 's a stór,
Mo chuid ba agus capall, a mháithrín ó,
Agus cóirigh mo leabaidh, táim breoite go leor.

Cad a dh'fhágfair age'd mháthair, a bhuachaillín óig,
Cad a dh'fhágfair age'd mháthair, a lao ghil 's a stór,
Cóiste 'gus capall, a mháithrín ó,
Agus cóirigh mo leabaidh, táim breoite go leor.

Cár mhaith leat a bheith curtha, a bhuachaillín óig,
Cár mhaith leat a bheith curtha, a lao ghil 's a stór,
I dteampall Chill Mhuire, a mháithrín ó,
Agus cóirigh mo leabaidh, táim breoite go leor.

Bean cois Leasa

In this song, a woman weeps for her child who has been abducted into the Lios or Fairy Fort. She is calling on the Fairy King to explain why he stole away her beloved child, and is wandering the countryside, distracted, and unable to rest. There is a modern view that changelings, and fairy abductions in general might be explained by diseases that, untreated, cause a child to fail to thrive and ultimately die. In any case, this is a song from Peig a' Rí.

Tháinig bean go sruth cois leasa
Le héirí lae ag gol 's ag caoi
Seo mar dúirt sí ag bualadh a basa,
Is ag glaoch go hard ar Rí na Sí.

'Cad fáth ar mheallais leat mo leanbh,
Á chur fé dhraíocht le cealg síoraí,
Táimse 'nois sa tsaol gan taitneamh
Cad fáth ar ghoidis searc mo chroí.

As na sléibhte, trí's na gleannta
Mar ar dhéan mo leanbh súgradh tráth,
Faoi bhláth 'gus mínscoth ag fás 'na theannta,
Ansúd im' fhánaí táim gach lá.

Im' fhánaí tnáite, le croí cráite,
I ndiaidh mo linbh an fhoilt bhuí,
Táimse 'nois sa tsaol gan taitneamh,
Cad fáth 'r fhuadaís searc mo chroí.'

Oileán Dhún an Óir

Another very common song in Corca Dhuibhne Gaeltacht. A song of exile, it enumerates all the beauties and advantages of West Kerry, and expresses a wish to be back there. This version comes from Cáit Chosaí.

Is buachaillín óg mé tá i bhfad bhfad i gcéin,
Is mo mhuintir a dh'fhágas go ró-luath sa tsaol,
Táimse lag tuirseach is go brách brách fé bhrón,
Ó dh'fhágas an baile 'tá le hais Dhún an Óir.

Mo chéad slán chun Ard na Caithne cé gur fada mé uaidh,
Is chun muintir an Fhearainn, mo ghrá iad go mór,
Chun gach sárfhear is cailín dár fhágas im' dheoidh,
Insa mbaile tá in aice le hOileán Dhún an Óir.

Ó ba bhreá iad na fearaibh ann is ba gheanúil iad na mná,
Bíd a' rince gach Domhnach in aice Bhéal Bán,
Bíonn an cnagaire a' seimint dóibh le binnghuth a cheoil
Ins a' mbaile tá in aice le hOileán Dhún an Óir.

An té 'chífeadh ar maidin an drúcht ar a' bhféar,
Ba dhóigh leat gurb é Gairdín Pharrthais é,
Nó bláth bán na bprátaí nó an coirce sa bhFómhar.
A dh'fhásann sa mbaile tá le hais Dhún an Óir.

Ó iarraimse ar Íosa 's ar Rí gheal na nGrás,
'S ar na hAingil atá ins na Flaithis go hard,
Mé do thabhairt slán abhaile thar stoirm is gaoth,
Go dtí'n mbaile 'tá 'n aice le hOileán Dhún an Óir.

Tá an tEidhneán seo Cumhra

This song, and the one immediately following, comes from the collection of Síle and Aidan Mulcahy, and features on the CD they published, *Tobar na Sinsear*. Copies may be ordered from Oifigí Chomharchumann an Leitriúigh, Halla Le Chéile, Bréanann, Trá Lí, Co. Chiarraí, Éire. Tá an tEidhneán seo Cumhra is another song of abandonment, but this time, it is the girl who abandons the young man, and there is no element of seduction. The young man is describing his sorrow, and imagining how ideal life would be if only his love had been returned.

Tá an t-eidhneán seo cumhra, 's ní luíonn drúcht air ná fearthainn
Tá an samhradh 'teacht grianmhar agus triallfadsa 'bhaile
Do bhéilín a bhí ró-bhreá, is do chúilín a bhí fite
'S age Droichead na Feorainne tá mo stóirín le fada.

Tógfadsa mo sheolta go mómharach ar maidin,
Is Aifreann an Domhnaigh, sé mo lom is leatsa a chailleas é,
Is cumha ní bheadh i do dhéidh orm dá mb'áil leat gan mé 'mhealladh,
Sea, slán is beannacht Dé leat, is táim im' aonar ag dul abhaile.

'S ag móinteán na Coille Cumhra sea thugas rún duit agus taitneamh
Do gheallais-se dhomhsa ná déanfá mo mhalairt,
Is trua nach é an bás a bhí i ndán dom ná mé a chrochadh,
Sula dtugas-sa grá duit, a dhian-ghrá is tú id' chodladh.

'S dá mbeinnse 's mo stóirín tráthnóna, cér mhiste,
A' seoladh na ngamhna, nó á dtabhairt go dtí an uisce
Do dh'ólfainnse mo dhóthain, is ní mór ná go mbeinn ar meisce,
Is go bhfaighinnse blas na póige ar do bhéilín mómharach na bráide gile.

Is maith an fear ar a' sleán mé, is ní fearr ná ar a' sluasaid,
Súiste im' dheasláimh ar an úrlár is mé ag bualadh,
Fágfadsa an áit seo, tá an tsráid ina chíorthuathail,
Is leanfad mo chúilín fáinneach ins gach áit dá bhfaighead a tuairisc.

(Labhartar, ní cantar, an véarsa deireanach.)

Cuimín na Tíre

This is a song composed by a (real) widowed father, mourning both his wife, who has died, and his only daughter who has emigrated from the port of Tralee to America. An interesting note is that, despite her father's despair, the girl returned and settled back on the family holding. She was, in fact, an ancestor of Méin from whom Aidan Mulcahy collected the song. Information about the CD containing this song can be found in the notes with the previous song.

Tá smúit agus brón ar m'intinn is ar m'aigne fhéin,
I gCuimín na Tíre san oíche 's gan duine ach mé fhéin,
Nuair a dh'éirím san oíche, bím a' smaoineamh is a' machnamh dom fhéin,
Go bhfuil mo ghrá sínte thíos i gCill Sheanaigh ó inné.

Do dh'fhág Cáit ansúd mé go dubhach is gan duine ach mé fhéin,
Is do chuaigh sí i mbord árthaigh ón Spá le fairsinge an lae,
Do seoladh anonn í mar a ndeaghaidh an dúthaigh ón nDaingean go léir,
'S ní thiocfaidh sí chugamsa le haon chuntas faid a mhairfidh mé fhéin.

Cuirfeadsa caint chuici scríte i mblúire páipéir,
Is cuirfidh sí cabhair chugamsa, flúirse is nach ait é mo scéal.
Ceannóidh sé plúr dom, siúcra, tobac is tae.
Is beadsa insa chúinne go súgach i ndeireadh mo shaoil

B'fhéidir le hÍosa gur bréag atá siad a' rá,
Is go dtiocfaidh sí arís chugam fé shíodaí is airgead bhán,
Go mbeidh aici bólacht do bhuaibh óga is fear álainn óg,
Is go mbeid siúd im chaoineadh is mé sínte lag marbh ar bord.

Is Cáit, arú a rún, ná lig 'on *phoorhouse* mé i ndeireadh mo shaoil,
Mo mhála ar mo ghualainn, 'siúl na dúthaí 's nach fairsing é a réim,
Ón gCaisleán go dtí an nDaingean,'s as súd siar go Paróiste an Fheirtéar,
'Lorg ionad chun suan, is mé ag fuarghol i ndeireadh gach lae.

Explanatory notes

There are terms and ideas in the book [and in the DVD, information from Dovinia +353 66 9156100] that many readers may not understand. The following notes are intended to be of assistance. Further information can be found in the large body of literature on Irish folklore and traditions produced by scholars in Ireland and elsewhere.

Present day urban dwellers will find some of the material here surprising and primitive. It is. All over the western world in the early twentieth century, this was rural life. This book will resonate with women in all those places, and with their descendants.

Some of the items here refer to material in the background archive, some sixty hours of recording that did not make its way into the finished programmes, much of which is of equivalent quality to that broadcast.

Identification

In this community, although we knew surnames and used them in formal situations, people were normally identified in other communally recognised ways. This was ancient custom. It was also the case that many many families in a small area shared a surname, so it was necessary to distinguish individuals by other means. The listing here is not exhaustive.

1. **Patronymics and matronymics**

    Patronymics were more common: Jim Mhaidhc = Jim son of Mike. Tomás Phádraig = Thomas, son of Patrick.

    Matronymics were not so common, but neither were they rare. Seán Léan: John son of Helen. Céit Mhéin = Kate daughter of Méin.

    Multigenerational names: Patronymic and matronymic names usually referred only to the immediate parent. Sometimes, however, two or even three generations could sometimes be used: Mary Mháire Team: Mary, daughter of Máire, daughter of Tom. Aindí Pheaid Aindí: Andy, son of Pat, son of Andy.

2. **Trade**

    Seán a' Ghréasaí: John, son of the cobbler. Peaidí an Ghabha: Paddy son of the blacksmith. Máire an Táilliúra: Mary, daughter of the tailor.

3. **Location**

    William a' Chnoic = William from the hill. Máire an Tobair: Mary who lived near the well. Seán Fhána: John from Fahan. Táilliúir a' Chlasaigh: a double identifier, the Tailor who lived on the Clasach.

4. **Physical characteristic**

Cosaí: the long legged. This has led to Cáit Chosaí, and indeed has held over to a third generation in the person of Séamas Chosaí, James (grand)son of Cosaí. Peaidí Rua: redhaired Paddy. Bríde Bhán: fair-haired Bridget. Nóra Mhór: Tall Nora. Giolla Mantach, a name from a seventh century document referring to this area, and meaning the servant with missing teeth.

5. **Idiosyncrasy**

Seán na Pípe: John who was rarely seen without his pipe. Pilib a' Cheoil: Philip the musician. Vancouver: a man who travelled widely. Actually, Vancouver was shortened to Couver. The community thought the place name was two words, and used what they perceived to be the second. Klondike: a man who went on the gold rush to Klondike at the end of the nineteenth century. Diarmaid Súgach: another seventh century record, Merry Diarmaid, merry from alcohol, that is.

6. **Political affiliation**

Kaiser: for a man who supported Kaiser Wilhelm in the First World War, against the run of common opinion. Parnell: again, a man who defied public opinion to support Parnell, the Irish politician and land agitator who incurred the displeasure of the clergy by having an affair with a married woman, Kitty O'Shea.

7. **Assigned Names**

Kruger, a famous character, was so named by his teacher, Seán Ó Dálaigh, during the time of the Boer War in South Africa. Kruger and a classmate spent their playtimes at war games in which Kruger was always the Boer. So his teacher called him Kruger, and his friend the Colonel, and the names identified them throughout their long lives. Oscar: a name still given to a man who was christened John, but who was so small at birth that his grandfather jokingly called him Oscar, the name of the giant of the Fianna. The name stuck.

It should be noted that names assigned under categories 4, 5, 6 and 7 above were not always complimentary. Therefore it was not normal to use them directly to the owner unless one was absolutely certain of their acceptability!

Agricultural Practices

Measurement of land

From time immemorial, land in Ireland was measured according to the number of cattle it could maintain. This was stated as 'the grass of x cows'. It indicated quality as well as quantity. A small holding of good land could maintain as many cattle, and therefore be as valuable, as a much larger holding of poor land. In West Kerry, the grass of three or four cows was average. A holding with the grass of six cows or more was considered good.

Trying a hen

Poultry was an important economic element of subsistence farming, and eggs were one of the few sources of cash. Hens, however, have a tendency to lay out in the hedgerows, thus depriving the housewife of their eggs. Careful housewives tried their hens regularly. A finger inserted rectally would establish the presence of an egg, so the housewife would know how many eggs she should have the following morning, and would be able to watch for a hen that was 'laying out'.

Ways of keeping animals in check

Ruchall: A sort of hobble or spancel, which was intended to immobilise the hind legs of a cow given to kicking out at her milker. These cows were common enough, and indeed some were so evil tempered that even hobbled they kicked out and spilt the valuable milk. A spancel could also be used on the forelegs of a cow given to trespassing.

Cornasc: a tether binding foreleg and horn.

Buarach: a tether, which bound the hind legs of a cow, and also held the tail in place. Used at milking time, to prevent a cow from kicking, and the tail from swishing into the milker's face.

Pigs in the Parlour

There were never pigs in the parlour. There was usually not a parlour for a pig to be in. But in the kitchen, yes, we had pigs there, in very specific circumstances. A farrowing sow was the only pig brought in to a house. Sows are not naturally great mothers. They have been rumoured to eat their young, and what they certainly do is turn over and sleep on top of them, smothering them. Piglets, or bonhams as they were known in Corca Dhuibhne were a valuable source of cash and food. A pig or two was killed for the winter, and the remainder sold at the pig fair. The loss of a bonham was an economic blow, and woe betide the child on whose watch one was smothered. The sow was kept inside from farrowing time for about a week or ten days, until the bonhams were considered strong enough to wriggle to safety.

Cuigeann

This was the process of churning the cream into butter. Siobhán Uí Dhubháin gives a full account of the process from dairy to market. It was carried out at least once a week, more often in very warm weather. The making of butter was connected to family luck, and certain conventions attended its making. One of the most important was that any visitor to the house on churning day helped with the churning. This was necessary to protect the family luck.

Ceanann

Ceanann literally means 'white head'. In butter making, if you have 'ceanann' in your butter, it means the salt has been mixed in unevenly, leaving white spots, and rendering the butter unsaleable, a real crime!

Buaile

In Corca Dhuibhne, the buaile was the yard where farmyard manure was prepared, the midden.

Middens survived in Corca Dhuibhne until after the middle of the last century. Middens were in the yard outside the animal houses, which were often joined to the family dwelling. Here, dung was cleared out daily from the cow houses, stables and henhouses,. This manure, well rotted down, was used to fertilise the fields for the spring sowing.

Pig Killing

In a subsistence economy such as existed in Corca Dhuibhne in the last century, pigs were a very important part of domestic food supply, and, indeed, a source of rare cash. However, pig killing was not a pleasant task. Bríd Ní Cheallacháin hid when pig-killing day came. She couldn't bear the screaming. You'd hear them, the women say, a mile away. But another woman says, 'Ah, she wouldn't be screaming that long at all, not if she was killed properly. You'd put her up on the table, and tie her legs. Her head would be dangling off one end of the table. The butcher had to have a good sharp knife. The knife was inserted down the throat until it reached the heart. The blood was collected in a bucket. She was covered with hessian sacks, and boiling water was poured over them. This removed most of the hair from the skin.

Then she was scraped with a knife, and when all that was done, the carcase was hung up and cleaned out. Some of the intestines were washed and kept to put the black pudding in, and the bladder was in great demand as a football. The young boys were watching out for it. Sheep's blood was also used for pudding. There was a special sheep intestine, my uncle used to keep it, it was salted in a wooden barrel, and a man came out from Tralee to buy it. 'Sheep casings' he called it, used for sausages. Nothing went to waste. And all that home raised bacon tasted wonderful. This is what happened all over the rural world at that time, and is what happens still in less developed areas.

Potato Pits

Potatoes were occasionally stored in a windowless room, but often were stored in the field. A shallow pit was dug, floored with rushes, and the potatoes were piled into this and built up in a roof-shape. The potatoes were covered with rushes, sometimes mixed with other plant material, and the whole was covered with earth, in a nice sloping roof shape. The structure was called a pit. People would have a number of pits, as there was an optimal size, which was quite small. This kept the potatoes very well, but unfortunately they were prone to rat infestation.

Social Customs

Bóithrín na Marbh

The Boreen of the Dead is the name of many a road in Ireland. The custom was to take the longest road route from the dead person's house to the graveyard. The proverb said 'An comhgar chun an bhídh is an timpeall chun an teampaill' – the shortcut to the meal and the long way to the cemetery. Bóithrín na Marbh was usually a track that went out of a village by a circuitous route. It was often of no other use to the village and so its use was frequently restricted to funerals.

The Stations

Mass was said in one house in every townland in every parish every year. So if there were six houses in your townland, you could expect the stations every six years. The priest came and heard confession, and then Mass was celebrated in the kitchen with all the neighbours present, from the infant to the aged. It was a huge celebration. The house was painted from top to bottom, and every table and chair was scrubbed with sand and a brush. Presses and dressers were painted. Tablecloths were put out to air, or borrowed discreetly if the family didn't own any. A simple but substantial meal was provided, often with the priest being fed in a solitary state in a separate room.

Platforms

Platforms were used for dancing on Sunday afternoons. Built by groups of young people who collaborated on purchase and erection, they existed mainly between the twenties and the forties of the last century. They preceded and for a time co-existed with the dance halls. They were readily accessible, they were usually only a few miles apart, which was necessary for people without means of transport. The crowd paid a fiddler or melodeon player, and usually the dances were sets. Set dances, which have seen a great resurgence in popularity in recent years, were the Irish version of common European folk dances, and every parish had its own variations on the basic order of a set.

Pattern Day

Pattern Day means Patron Day, the festival associated with the patron of a parish, such as the Festival of Kathleen's Day in Ventry on 25 November or Minard Pattern on 29 August. Pattern days usually began with the Mass of the Saint, followed occasionally by 'the rounds', a series of clockwise movements around a well, a graveyard or a church, and then by much merriment, music and dance. A hangover from earlier religion was Domhnach Chrom Dubh, the Sunday of Crom Dubh, a pagan god who is still remembered on the last Sunday in July in Castlegregory. There is evidence that many patterns were suppressed by the priests because of the excesses associated with them in earlier days. Now, many have been revived.

The Match

The Match was, as well as a football game, an arranged marriage. Most marriages up to the middle of the last century were arranged marriages. The arrangement could be initiated either by the man or by the woman. People were generally consulted about their prospective partner. If a young man or woman refused, the refusal would be accepted. A match was an economic arrangement, in which whichever partner moved into the property paid a dowry. The dowry was decided according to the value of the property and all its ancillary rights, such as turbary rights, or beach rights. Love did not form a necessary part of these marriages, but respect and good manners did. Love quite often grew with the passage of life. As a model of marriage, these matches seem to have had a success rate as high as any other – at least as high.

It is worth noting that only people with some property made matches. If you were impoverished you could marry anyone you liked, or had to be content with anyone who would have you.

346

Shrove and the Skelligs List

Shrove Tuesday is the Tuesday before Ash Wednesday, the first Wednesday of Lent. The period from the Epiphany on January 6 to Shrove Tuesday was the period when marriages were arranged and weddings took place, a large number of weddings occurring on Shrove Tuesday itself. It was most unusual for a marriage to take place outside Shrovetide, and no marriage could occur during Lent. The Skelligs List comes from the time when there was a functioning monastery on Skelligmore Island. The monks on Skellig did not accept the change from the Julian to the Gregorian calendar, a change that removed ten days out of a particular year, in order to bring the temporal year in tune with the solar year. Therefore, all festivals on Skellig began ten days later than they did on the mainland. The theory, therefore, was that if you didn't manage to arrange your marriage in time for Shrove Tuesday, you could still solemnise it on the Skellig rock, where Lent would not begin for another ten days. People who failed to make a match had their names entered on the Skelligs List, a joking reference to their inability to find a spouse, and many a satirical poem was written about this time of year.

The Ball Night

These were not balls in the high society manner. Instead, they were huge parties, to which everybody came, from the oldest to the babies. They were held in honour of visitors returning from America, or to bid farewell to departing immigrants, or sometimes to spend the money made on the Wren's Day. There was either porter or Guinness, and either port or sherry for the few ladies who indulged, and tea, sandwiches and currant bread for everybody. Musicians were paid for their work, people danced literally till daylight, there were songs and stories. Sometimes the priests attempted to prevent these parties, but there is little evidence of their being successful.

The Set

See above under Pattern Day

The Shed

In the little village of Muiríoch, beside the stream, there is a large building that began life as a fish processing plant, when this was a thriving industry in the area in the early decades of the last century. When this industry ended, the Begley family decided to recycle their building and use it as a dance hall. It retained its old name, Murreigh Shed, Seid na Muirí, and many a wonderful memory of that Shed lives on.

Doing a Line

Doing a line was the equivalent of 'going steady', or 'being in a relationship' for later generations. It is interesting that in an area where marriages were routinely arranged, and everybody knew that, no restrictions were placed on associations between young people before the match was actually made. Many a match was put in motion as a result of a romance.

The Wren's Day

This is St Stephen's Day, or Boxing Day. It was the young people's best day of Christmas. They dressed up in fancy dress, with false faces, and went around from house to house, playing, singing, dancing and collecting money. Children began going in the Wren as young as six years old, with groups of older children. Young adult Wrens competed fiercely with one another as they do to this day in Dingle, where the drumming competition on the Small Bridge (the biggest bridge in town, naturally) is well worth seeing, as is the procession of competing Wrens around the town.

Lár Bháin

On Wren's Day (26 December) the major wren groups would include, the lár bháin (white mare). This is a hobby horse made of wood and hoops covered with a white sheet, with a carved wooden head, carried on the shoulders of a wren boy. The origins are unclear.

The Wake

The Irish wake has been comprehensively described. Here is an outline of what would have happened in West Kerry following a death in the early part of the last century. Most people died at home. Various customs attended the actual time of death. Sometimes a window was opened to allow the soul to move freely out. Candles were lit, and prayers were said. Some keening still occurred during this period. Women would come and wail over the body, expressing grief at the loss. After death, the body was left untouched for at least two hours. After that time, it was washed, always by women, usually designated for this function by the community. The only duty permitted to a man was to shave the male dead. Then the body was dressed, usually in a specific religious habit, one that was frequently already to hand if the death was that of an old person. In earlier times, the body was laid on the kitchen table, which was covered with a white linen sheet, and another white linen sheet was placed over the body. A rosary beads was entwined around the hands, and the body remained in the house overnight for the neighbours to come and pay their respects and pray for the dead. Coffins were made to order, and the carpenter came and measured the dead person, so that it would be of the appropriate size. It was obligatory to provide plentiful refreshments for all those attending wakes, and where the death was not a tragic loss, wakes were often a celebration of a good long life. More recently, where funeral parlours are not used, the dead person is laid out on a bed, and visitors go to the bedroom to view the body, say a prayer, and sympathise with relatives before going to the kitchen or living room for refreshments. It is quite improper, to this day, for a body being waked at home to be left alone for any period before it is coffined and moved to the church for Requiem Mass.

Women's Work

Men wouldn't make dinner, they wouldn't make tea, they wouldn't take anything out of a press, but wait for everything to be put in front of them. There was help for women in some houses at that time, grandmothers and aunts, but not in all, and even with help, women worked very hard. Cooking heavy pots of potatoes, straining the water off, doing this a couple of times a day, baking

every day, and trying to keep fire to the baking oven, hauling in turf, every single thing to be done by hand. Those women worked barefoot, winter and summer. I remember seeing women with legs weeping with windgall from the cold.

(Note: windgall was really wind gall, caused by the chafing of wet clothing against bare skin. The skin became inflamed and irritated at the point of contact with clothing. People with dry skin were thought to be more susceptible, but nobody was immune in cold wet weather.)

The women say: And the washing – do you remember washing and the slish we had to beat the clothes with, a sort of flat bat? We beat and beat them. And all the water we had to draw to rinse them! Buckets and buckets, and then we had to heat it. The white sheets had to be washed, and then we put Reckitt's Blue on them, and put them out on grass to bleach. Then we put them on a stone wall, with two stones to hold them down while they dried.

Then they had to be ironed. There was no electric iron at that time. There was a big chunk of iron you put into the fire until it was red, and then you put that into the chamber of the iron. It was heavy, hard work, and of course, the iron got cold far too quickly and had to go back into the fire again.

And with all that, cows had to be milked, calves had to cared for, and domestic fowl, and old people and children, the house had to be kept clean, and painted, and windows had to be cleaned and floors scrubbed, and socks knitted and darned, and jumpers had to be knitted every winter. Women never stopped in those days. Even at night, they were knitting or darning.

Sometimes, socks were knitted for sale. Joe Curran's in Dingle sold socks, and any woman could knit a pair in a night, sometimes two pairs!

Pishogues

Pishogues are customs which possibly date back to religion older than Christianity, and which are considerably weaker now than in the past, but nonetheless are not entirely extinct. They exist all over the world. Throwing a pinch of spilt salt over your shoulder is a common international example.

Monday was a great day for pishogues. Hair would never be cut on a Monday. 'Lomadh an Luain', the Monday shaving, it was said to be the last shaving, so that anybody who cut hair on a Monday would not live to need another haircut.

Moving to a new house was also forbidden on a Monday. If you moved on a Monday, you would spend the rest of your life moving, probably unwillingly.

There was also one Thursday in every year, which was Black Thursday. Any venture begun on that day was doomed to failure. The problem was that nobody knew which Thursday this was, so there was a reluctance to begin any new venture on a Thursday.

May Morning and Hallowe'en were two of the nights with which most pishogues were associated. These are comprehensively described in Irish folklore studies, and it is only necessary to say here that magical events were abroad on both of these evenings.

Another custom still widely followed is that you must leave a house by the door by which you entered it. This applies of course only to visitors, not to residents.

Brenda Ní Shúilleabháin was a school principal before turning to television production. She has produced such documentaries as *Do Mhargadh Déanta* – on matchmaking, and *Tréigint*, on marital desertion among many others. She was script translator for *Dúil*, nominated for a Short Film Oscar in 2004. She is a regular commentator on tv and radio, writes frequently for *Foinse*, and has contributed to the *Irish Times* and other national print media.

MERCIER PRESS

Douglas Village, Cork

www. mercierpress. ie

Trade enquiries to CMD Distribution

55A Spruce Avenue, Stillorgan Industrial Park, Blackrock, County Dublin

ISBN: 978 1 85635 543 8

10 9 8 7 6 5 4 3 2

A CIP record for this title is available from the British Library

This publication has received support from the Heritage Council under the 2006 Publications Grant Scheme.

Mercier Press receives financial assistance from the Arts Council/ An Chomhairle Ealaíon

Tá Cló Mercier buíoch de Bhord na Leabhar Gaeilge as tacaíocht airgeadais a chur ar fáil.

Printed and bound by J.H. Haynes & Co. Ltd, Sparkford.